सफलता के 21 महामन्त्र

(विश्वप्रसिद्ध विद्वान् स्वेट मार्डेन के चुनिन्दा लेखों का हिन्दी अनुवाद)

अनुवादक

ओमप्रकाश शर्मा

वाणी प्रकाशन

प्रकाशन के उत्कृष्टतम 62 वर्ष

पेपरबैक पहला संस्करण : 2019
पेपरबैक दूसरा संस्करण : 2025

vaniprakashan.com

वाणी प्रकाशन
4695, 21-ए, दरियागंज, नयी दिल्ली-110 002
फ़ोन : + 91 11 23273167, 23275710
शाखाएँ
अशोक राजपथ, पटना-800 004, बिहार
कॉफ़ी हाउस कैम्पस, महात्मा गांधी मार्ग, प्रयागराज-211 001, उत्तर प्रदेश
महात्मा गांधी अन्तरराष्ट्रीय हिन्दी विश्वविद्यालय, वर्धा-442 001, महाराष्ट्र
sales@vaniprakashan.in
vaniprakashan@gmail.com

Safalta Ke 21 Mahamantra
by Swett Marden
Translated by Omprakash Sharma

ISBN : 978-93-5229-227-1
Personality Development

मूल्य : ₹ 300

जी.एस. ऑफ़सेट, दिल्ली-110 095 में मुद्रित

वाणी प्रकाशन का लोगो मक़बूल फ़िदा हुसैन की कूची से

स्वेट मार्डेन की पुस्तकें आज पूरे विश्व में प्रसिद्ध हैं। असंख्य व्यक्ति उन्हें पढ़कर लाभ उठा चुके हैं और अपने जीवन को बदल चुके हैं। इसी महान् लेखक की पुस्तकों को पढ़कर अनेक नवयुवकों ने जीने की सही राह देखी है।

जीवनदायी एवं प्रेरणाप्रद इन लेखों का संग्रह उसी विद्वान् लेखक एवं विचारक की अनेक पुस्तकों से किया गया है और इनका सरल हिन्दी अनुवाद उन पाठकों के लिए प्रस्तुत किया जा रहा है, जो किसी कारणवश हतोत्साहित हो गये हैं अथवा जिन्हें निराशा ने अपने मकड़जाल में जकड़ लिया है, जिनका आत्मविश्वास डगमगाने लगा है, जिन्हें अपनी शक्तियों पर भरोसा नहीं रह गया है, जिन्हें अपनी सफलता में सन्देह होने लगा है और जो अपनी जीवन-धारा को बदलना चाहते हैं। यदि आप भी ऐसे ही लोगों की श्रेणी में आते हैं, तो आप इस पुस्तक को अवश्य पढ़ें। हमें विश्वास है कि यह पुस्तक आपके डगमगाते हुए आत्मविश्वास को स्थिर करके, आपमें नयी चेतना, नयी स्फूर्ति, नयी शक्ति एवं नया उत्साह संचरित करके तथा आपकी योग्यता को बढ़ाकर आपके जीवन को नया मोड़ देने में अद्वितीय सहायक सिद्ध होगी।

अनुक्रमणिका

सम्पादकीय

स्वेट मार्डेन की पुस्तकें आज पूरे विश्व में प्रसिद्ध हैं। असंख्य व्यक्ति उन्हें पढ़कर लाभ उठा चुके हैं और अपने जीवन को बदल चुके हैं। इसी महान् लेखक की पुस्तकों को पढ़कर अनेक नवयुवकों ने जीने की सही राह देखी है।

जीवनदायी एवं प्रेरणाप्रद इन लेखों का संग्रह उसी विद्वान् लेखक एवं विचारक की अनेक पुस्तकों से किया गया है और इनका सरल हिन्दी अनुवाद उन पाठकों के लिए प्रस्तुत किया जा रहा है, जो किसी कारणवश हतोत्साहित हो गये हैं अथवा जिन्हें निराशा ने अपने मकड़जाल में जकड़ लिया है, जिनका आत्मविश्वास डगमगाने लगा है, जिन्हें अपनी शक्तियों पर भरोसा नहीं रह गया है, जिन्हें अपनी सफलता में सन्देह होने लगा है और जो अपनी जीवन-धारा को बदलना चाहते हैं। यदि आप भी ऐसे ही लोगों की श्रेणी में आते हैं, तो आप इस पुस्तक को अवश्य पढ़ें।

यदि आप इस जीवनदायी एवं प्रेरणाप्रद पुस्तक को केवल इसलिए पढ़ रहे हैं कि इसमें अनेक शिक्षाएं मौजूद हैं, तो आप इसे अवश्य पढ़ें, परन्तु यदि आप यह सोचकर इस पुस्तक को पढ़ेंगे कि आप भी इसमें लिखी बातों की नक़ल करके अपनी जीवन-धारा को बदल लेंगे, तो यह बहुत ही ख़तरनाक होगा। पुस्तक में लिखी हुई बातों की नक़ल करने के लिए आप इसे न पढ़ें, अपितु इसे पढ़ने के साथ ही आप अपनी क्षमताओं का पता लगायें और इसे किसी सन्दर्भ ग्रन्थ की भांति पढ़ें। इसके साथ ही आपको यह भी सीख लेना चाहिए कि आप अपने जीवन को कैसे और अधिक समृद्ध करें। इसके लिए आप अपनी विशिष्टता का सर्वोत्तम उपयोग करें; क्योंकि प्रत्येक व्यक्ति का अपना अलग व्यक्तित्व होता है, जो ईश्वरप्रदत्त एक देन होता है। आपका जन्म भी अपनी एक पृथक् विशिष्टता के साथ हुआ था, जिसे आप बदल नहीं सकते। फिर भी मेरी यह मान्यता है कि अपने व्यक्तित्व को और भी उन्नत करके तथा उसे और भी व्यापक बनाकर, आप भी अपना कल्याण कर सकते

हैं।

अपनी विशिष्टता का सर्वोत्तम उपयोग करने से आप अपने जीवन को इतना उन्नत कर सकते हैं, जिसका कोई हिसाब नहीं। किसी भी व्यक्ति, किसी भी समाज, यहां तक कि किसी भी राष्ट्र की उन्नति तभी हो सकती है, जब वह व्यक्ति, वह समाज या वह राष्ट्र अपनी विशिष्टता का अधिकाधिक सदुपयोग करे। ऐसा करने पर ही आपको अपने काम में अपार आनन्द मिलेगा और ऐसा अवसर भी प्राप्त होगा, जिससे आपके लिए आगे की सफलता का मार्ग भी खुल जाये।

इस सम्बन्ध में एक उदाहरण देकर मैं अपनी बात को विराम दूंगा। किसी कम्पनी ने एक व्यक्ति को अपना अध्यक्ष बना दिया। पुरानी कम्पनी में उसके सभी संगी-साथियों ने बड़ी धूमधाम से उसे विदाई दी। अभी दो वर्ष भी नहीं गुज़रे थे कि नयी कम्पनी पर अचानक कोई संकट आ पड़ा, जिसकी ज़िम्मेदारी अध्यक्ष के नाते उस व्यक्ति के सिर आ पड़ी और उसे इस्तीफ़ा देना पड़ा। पूरी विफलता उसी के पल्ले पड़ी। वह केवल दो वर्ष तक ही अध्यक्ष रह सका। ऐसा क्यों हुआ? वास्तव में, उस व्यक्ति ने सोचा था कि उस कम्पनी का अध्यक्ष बनना बहुत बड़ी बात है, परन्तु उसमें अध्यक्ष का पद और उसकी ज़िम्मेदारियों को निभा सकने की योग्यता एवं क्षमता नहीं थी। उसने अपनी योग्यता का परिचय नहीं दिया। किसी कम्पनी के अध्यक्ष की ज़िम्मेदारियां बिल्कुल अलग प्रकार की होती हैं। अध्यक्ष की न केवल प्रतिष्ठा होती है, अपितु उसकी आमदनी भी अधिक होती है। मैं केवल इतना ही कहूंगा कि उस व्यक्ति ने अपने को देखने और समझने की कोशिश ही नहीं की। इसका अर्थ यह हुआ कि आपको भी अपने काम को पूरी तरह से जान लेने के बाद ही उसमें हाथ डालना चाहिए, अन्यथा आपको भी सफलता प्राप्त नहीं हो सकती।

यदि आप भी ऐसे ही लोगों की श्रेणी में आते हैं, तो आप इस पुस्तक को अवश्य पढ़ें। हमें विश्वास है कि यह पुस्तक आपके डगमगाते हुए आत्मविश्वास को स्थिर करके, आपमें नयी चेतना, नयी स्फूर्ति, नयी शक्ति एवं नया उत्साह संचरित करके तथा आपकी योग्यता को बढ़ाकर आपके जीवन को नया मोड़ देने में अद्वितीय सहायक सिद्ध होगी।

पहला महामन्त्र

अवसर के लिए तैयार रहें

यूनान के मूर्तिकारों ने एक कविता को पत्थर की मूर्ति में ढाला था। उस कविता का शीर्षक था—'समय का स्वरूप कैसा है।'

'उसके माथे पर लहराते हुए बाल हैं, उन्हें पकड़ो।'

यह मानव-जीवन के लिए एक प्रेरणा थी, रूपक के रूप में एक जीवन-सन्देश था।

यह मूर्ति लिसिपस नामक विश्वप्रसिद्ध मूर्तिकार ने बनायी थी, जो सिकन्दर के समय में हुआ था। उसकी इस मूर्ति का आज कहीं पता नहीं चलता, परन्तु कैलिस्ट्राटस नामक व्यक्ति ने उसका चित्र अवश्य देखा था। उसने उस मूर्ति का वर्णन इस प्रकार किया है—"अवसर एक सुन्दर युवक है, जिस पर भरपूर यौवन छाया हुआ है। उसका मोहक चेहरा देखते ही बनता है। उसके लम्बे-लम्बे बाल हवा में लहरा रहे हैं और उसका मस्तक तेज से चमक रहा है। उसके गाल लालिमा से दमक रहे हैं और वह इस प्रकार खड़ा है, मानो अभी उड़ने वाला हो। उसके पैरों की अंगुलियां और अंगूठे ही पृथ्वी पर टिके हुए हैं। उसके पैरों में पंख लगे हुए हैं और लम्बे-घुंघराले बालों का गुच्छा उसकी आंखों के ऊपर भौंहों तक लहरा रहा है, परन्तु उसके सिर का पिछला भाग एकदम गंजा है।"

कैलिस्ट्राटस ने उस मूर्ति का जो चित्र देखा था, उसका वर्णन करते हुए उसने लिखा है कि उस मूर्ति के हाथ में एक उस्तरा भी था।

किसी ने उससे पूछा—"तुम कौन हो ?"

उसने उत्तर दिया—" मैं समय हूं। मैं सबको अपने वश में कर सकता हूं।"

"पर तुम इस प्रकार अपने पैरों की अंगुलियों पर क्यों खड़े हो ?"

"मैं सदा गतिशील रहता हूं।"

"तुम्हारे पैरों में ये पंख क्यों लगे हुए हैं ?"

"मुझे गतिशील रहने के लिए बहुत तेज़ उड़ना होता है।"

"और तुम्हारे हाथ में यह उस्तरा क्यों है ?"

"इससे लोगों को यह पता भी चलता रहता है कि मुझसे तेज़ धार वाला इस संसार में कोई नहीं है।"

"तुम्हारे माथे पर ये बाल क्यों लटक रहे हैं ?"

"भोले इंसान ! जो चाहे, मुझे इन बालों से ही पकड़ सकता है।"

"तुम्हारे सिर के पिछले भाग पर बाल क्यों नहीं हैं ?"

"जब मैं उड़ जाता हूं, तो कोई मुझे पीछे से न पकड़ सके ।"

"तुम्हें यह सुन्दर रूप क्यों दिया गया है ?"

"अनजान बन्दे ! यह तेरे लिए चेतावनी है। चेतावनी देने के लिए ही मेरा स्वरूप तेरे द्वार पर खड़ा रहता है।"

मैथ्यू का कहना है—"बहुत सीमा तक व्यक्ति अवसर का दास है। किसी व्यक्ति की शक्ति अथवा ध्येय में सफलता की प्राप्ति—ये सब बड़े महत्त्व की वस्तुएं हैं, परन्तु इन सबसे अधिक महत्त्वपूर्ण वस्तु है—उसकी परिस्थितियों की शक्ति। परिस्थितियों की उपेक्षा करना मनुष्य के वश की बात नहीं है।"

मैथ्यू ने इस बात को एक घटना के द्वारा इस प्रकार स्पष्ट किया है—"बात इंग्लैण्ड के राजा जार्ज तृतीय के समय की है। गांव के किसी डॉक्टर को राजमहल में बुलाया गया। राजा जार्ज तृतीय उस समय अचेतावस्था में पड़ा हुआ था। चिकित्सक ने अपनी बुद्धि के अनुसार उसका उपचार किया और राजा के शरीर से थोड़ा-सा रक्त निकाल दिया, जिससे राजा की बेहोशी दूर हो गयी। लेकिन जब राजा को पता चला, तो वह उस चिकित्सक पर बहुत बिगड़ा। राजा बड़ा अत्याचारी था, परन्तु उस चिकित्सक ने अपनी कार्यकुशलता से उसे प्रसन्न कर दिया। धीरे-धीरे राजा का क्रोध दूर हो गया और वह हंसने लगा। उसके पश्चात् तो राजा ने उस चिकित्सक को अपनी चिकित्सा के लिए राजमहल में ही रख लिया और उस चिकित्सक का भाग्य खुल गया।"

उस चिकित्सक के बारे में आप जो चाहें, कह लें, परन्तु इसमें कोई सन्देह नहीं कि इस प्रकार की योग्यता वाले सैकड़ों डॉक्टर रहे होंगे, परन्तु उनमें से किसी को भी ऐसी स्थिति में राजमहल के भीतर जाने का अवसर नहीं मिला होगा।

परन्तु क्या आप सोचते हैं कि उस चिकित्सक को यह सफलता अचानक ही प्राप्त हो गयी ? नहीं, ऐसी बात नहीं है। इस सफलता में उस चिकित्सक के

जीवन-भर के अनुभव और उसकी योग्यता का भी हाथ था।

उस चिकित्सक को अचानक एक अवसर मिला, परन्तु यदि उस अवसर से लाभ उठाने की योग्यता उसमें न होती या वह चिकित्सक उसके लिए पहले से तैयार न होता, तो राजमहल में उसकी अज्ञानता ही प्रकट होती और प्राप्त अवसर भी बेकार सिद्ध हो जाता।

इसी बात को समझाने के लिए ओलवुल नामक एक अन्य विद्वान् की कथा भी आपकी सहायता कर सकेगी। हो सकता है, आपने यह कहानी पहले भी सुनी हो। आज दुनिया जानती है कि ओलवुल एक प्रसिद्ध वायलिनवादक था, परन्तु इस बात को कोई नहीं जानता कि उसने कितने लम्बे अरसे तक एकान्त में रहकर अपनी कला का कितना गहन अभ्यास किया था। कई बार तो उसे यह भी सुध न रहती थी कि कब रात आरम्भ हुई और कब दिन निकल आया। लम्बे समय तक उसे कोई भी न जानता था, परन्तु अवसर ने उसके द्वार पर दस्तक इस प्रकार दी।

उन दिनों मालब्रेन नामक गायिका बहुत प्रसिद्ध थी। एक बार जब वह नार्वे के किसी अज्ञात स्थान से गुज़र रही थी, तो उसके कानों में वायलिन की मधुर ध्वनि पड़ी। नार्वे का एक युवक वायलिनवादन में तल्लीन था। वह आवाज़ उसकी खिड़की में से आ रही थी। इस प्रकार का भावपूर्ण संगीत मालब्रेन ने अपने जीवन में पहले कभी नहीं सुना था। उसने आस-पास के लोगों से उस युवक का परिचय प्राप्त किया और उससे मिलने की सोची, परन्तु उस दिन कार्यक्रम होने के कारण वह वहां से शीघ्र ही चली गयी। संयोग की बात कि संगीत-समारोह के आयाजकों से उसकी किसी बात पर कहा-सुनी हो गयी और मालब्रेन ने उस समारोह में गाने से इनकार कर दिया।

आयोजकों के हाथ-पांव फूल गये, परन्तु उनमें से किसी ने ओलवुल का नाम सुन रखा था। आयोजकों ने उसे ही बुला लिया। उस रात ओलवुल ने नार्वे की उस महफ़िल में कई घण्टों तक वायलिनवादन किया और कुछ ही घण्टों में वह अज्ञात व्यक्ति संसार का शिरोमणि वायलिनवादक बन गया।

यह एक अवसर था, अपितु एक क्षण था, जिसने आकर ओलवुल के द्वार पर दस्तक दी, परन्तु ओलवुल भी तैयार था। यदि ऐसा न होता, तो वह कभी इतनी प्रसिद्धि प्राप्त न कर सकता था। उसने हाथ में आये अवसर का भरपूर लाभ उठाया।

एक अन्य घटना से यह तथ्य और भी अधिक स्पष्ट हो जाता है। एण्टोनियो नामक एक लड़का एक धनी व्यक्ति फ़ैलेरा के घर में बरतन मांजने का काम किया करता था। घर के काम-काज से उसे जब भी फुर्सत मिल जाती, तो वह पास के एक मूर्तिकार की दुकान पर चला जाया करता था, जहां लोग पत्थर काटकर मूर्तियां बनाया करते थे। एण्टोनियो बिल्कुल अनपढ़ था, परन्तु वह हर बात को बड़े ध्यान से देखा करता था और जब भी कोई काम करता, तो उसे पूरी तरह तन्मय होकर ही करता था। उसे जब भी समय मिलता, वह उस दुकान पर पत्थर काटने का काम करने लगता। धीरे-धीरे वह मूर्तियां भी बनाने लगा।

एक दिन की बात है, उसके मालिक ने अपने घर पर नगर के अनेक गण्यमान्य व्यक्तियों तथा राज्याधिकारियों को दावत पर बुलाया। एक बहुत सुन्दर हॉल में भोजन की मेज़ लगी हुई थी। सब काम ढंग से चल रहे थे, परन्तु मेज़ के बीचोबीच सजावट की एक प्रमुख चीज़ तैयार करते समय एकाएक किसी ग़लती के कारण वह चीज़ बिगड़ गयी। अतिथियों के आने का समय हो रहा था। बरतन मांजने वाला लड़का एण्टोनियो भी उस समय वहां मौजूद था। वह भी हाथ बंटा रहा था। जब उसने मुख्य बैरे की हालत बिगड़ती देखी, तो वह उससे बोला—"उस्तादजी ! आज्ञा हो, तो मैं कुछ सेवा करूं ?" बैरे ने काम न बनता देखा, तो लापरवाही से बोला—"अच्छा, तुम ही कुछ कर देखो।"

ख़र्च की कोई चिन्ता न थी। एण्टोनियो ने तुरन्त ढेर सारा मक्खन मंगाया और उस जमे हुए मक्खन से एक ऐसी आकर्षक मूर्ति बना दी, जिसे देखकर बैरे की सांस में सांस आ गयी। अभ्यागतों के आने का समय हो गया था। एण्टोनियो का मालिक उस समारोह से बहुत प्रसन्न दिखाई दे रहा था, परन्तु उसे क्या पता था कि किस व्यक्ति के लिए एक सुनहरा अवसर आ पहुंचा था ?

उन अभ्यागतों में एक व्यक्ति मूर्तिकला का पारखी था। उसका ध्यान बार-बार उस मूर्ति की ओर जा रहा था। अन्त में, हारकर उसने अपना मौन तोड़ा और पूछा कि यह मूर्ति किसने बनायी है? बैरे ने एण्टोनियो को बुलाकर उसके सामने खड़ा कर दिया। मूर्ति विशेषज्ञ ने कहा—"यह मूर्ति कला का बहुत उत्तम नमूना है। यदि इस व्यक्ति को मूर्तिकला की शिक्षा दिलायी जाये, तो यह एक दिन विश्वप्रसिद्ध मूर्तिकार बन सकता है।"

एण्टोनियो के मालिक ने उसी समय घोषणा कर दी कि मूर्तिकला की शिक्षा के लिए एण्टोनियो को अवश्य भेजा जायेगा और उसका सारा ख़र्च वह

उठायेगा। उस बरतन मांजने वाले लड़के को क्या पता था कि अवसर कब और किन परिस्थितियों में आ पहुंचेगा, परन्तु उसने इतने दिन जो श्रम किया था, वह उसके काम आया और उत्पन्न परिस्थितियों से बिना किसी हिचकिचाहट के उसने लाभ उठाया। आज वही मूर्तिकार कैनोवा नाम से विश्वप्रसिद्ध मूर्तिकारों में गिना जाता है। यदि वह लड़का अवसर से लाभ उठाने के लिए तैयार न होता, तो वह बूढ़ा होने तक बरतन ही मांजता रहता। कोई उसका नाम भी न जानता।

हारवर्ड विश्वविद्यालय में प्रोफ़ेसर सार्जेण्ट नामक एक व्यक्ति वहां की व्यायामशाला के निदेशक हो चुके हैं। यह बात उस समय की है, जब वह वाडोइन कॉलेज में एक सामान्य विद्यार्थी के रूप में शिक्षा ग्रहण कर रहे थे। उनके मन में अवसर से लाभ उठाने की इच्छा सदा बनी रहती थी। वह उसी समय से अपने जीवन में कोई महान् कार्य करने की भूमिका तैयार कर रहे थे।

उन्होंने अपनी जीवनी में लिखा है—"जब मैं कॉलेज में प्रवेश पाने के लिए तैयारी कर रहा था, उस समय मैंने व्यायामशाला में कार्य करना आरम्भ किया था। मैं व्यायामशाला की सफ़ाई और उसकी रखवाली किया करता था। दो वर्ष पश्चात् मैं उस व्यायामशाला का अध्यक्ष बना। कार्य करते हुए ही मैं वहां का स्नातक बना। व्यायाम सम्बन्धी उपकरणों के आविष्कार करने की प्रेरणा मुझे कॉलेज में प्रवेश लेते समय ही मिली थी। उस समय उपकरण बहुत भारी और बेडौल हुआ करते थे, परन्तु मैं इस बात पर विश्वास करता था कि उपकरण सुन्दर और उचित ढंग के हों। मैंने उन उपकरणों में परिवर्तन करना और सुन्दर उपकरणों का निर्माण करना आरम्भ कर दिया। उसी वर्ष कॉलेज में एक प्रदर्शनी का आयोजन किया गया, जिसमें दर्शकों ने मेरे बनाये उपकरणों की बहुत प्रशंसा की। इस पर मेरा वेतन एकदम बढ़ा दिया गया। मेरे इस काम से आकृष्ट होकर एक बड़े विश्वविद्यालय ने मुझे साठ डालर वेतन पर कार्य करने का आमन्त्रण दिया।"

प्रोफ़ेसर सार्जेण्ट आगे लिखते हैं—"महत्त्वपूर्ण बात यह नहीं है कि आपको वेतन कितना मिलता है, महत्त्वपूर्ण बात यह है कि आपको जब भी अवसर मिले, आप उसे पकड़ लें। वेतन भले ही अपर्याप्त हो, काम को कभी वेतन से नहीं तौलना चाहिए। मैंने पांच डालर प्रति सप्ताह पर काम आरम्भ किया था, परन्तु इन पांच डालरों ने ही मेरे बारह गुना वेतन का द्वार खोला था। बाद में मुझे उन दोनों ही विश्वविद्यालयों की व्यायामशालाओं के निदेशक का पद भी दिया

गया। यदि मैं उस समय पांच डालर का भी अवसर प्राप्त न करता, तो दो-दो विश्वविद्यालयों के निदेशक का पद तो क्या, साठ डालर तक पहुंचने की भी नहीं सोच सकता था।"

शायद आप इस बात की कल्पना भी नहीं कर सकेंगे कि किसी कारख़ाने में दो डालर पाने वाला एक लड़का तीस वर्ष की आयु में उसी कारख़ाने की प्रबन्ध समिति का सदस्य भी बनाया जा सकता है, परन्तु यह एक सत्य घटना है।

जॉन ग्राण्ट नामक एक युवक लोहे की दुकान पर काम करता था, जहां से उसे केवल दो डालर प्रति सप्ताह वेतन मिला करता था। जिस दिन उसने उस दुकान में काम करना आरम्भ किया था, उसके मालिक ने उससे कहा था—"इस व्यापार के सम्बन्ध में जितनी भी छोटी-मोटी बातें हों, तुम उन्हें समझने का प्रयत्न करो। उन बातों को जानकर तुम जितनी जल्दी अपने को योग्य प्रमाणित कर दोगे, उतनी ही जल्दी तुम्हें तुम्हारी सेवाओं का पारिश्रमिक भी मिल जायेगा।"

ग्राण्ट को वहां काम करते हुए कई सप्ताह बीत गये। वह जो भी काम करता, पूरी सावधानी से करता। उस दुकान पर विदेशों से भी माल आता था। माल प्रायः फ्रेंच और जर्मन कम्पनियों से आया करता था। ग्राण्ट ने देखा कि बिल भी फ्रेंच और जर्मन भाषा में ही हुआ करते थे, इसलिए माल के बिलों की जांच प्रायः मालिक ही किया करते थे। ग्राण्ट उन बिलों को बड़े ध्यान से देखने लगा और उसने फ्रेंच और जर्मन भाषाओं का अध्ययन करना आरम्भ कर दिया।

एक दिन उस कम्पनी का मालिक किसी अन्य काम में व्यस्त था। अनेक बिल एकत्र हो चुके थे। मालिक की मेज़ पर एक पेपरवेट के नीच बिलों का ढेर दबा हुआ था। मालिक बार-बार उन बिलों को देखता और परेशान होकर पुनः अपने काम में लग जाता।

ग्राण्ट ने यह देखा, तो वह मालिक से बोला—"श्रीमानजी! यदि आप आज्ञा दें, तो इन बिलों को मैं जांच लूं?"

मालिक ने उसकी ओर नज़र उठाकर देखा और बिलों का ढेर उसकी ओर बढ़ा दिया।

ग्राण्ट ने उन बिलों को इतनी अच्छी तरह से जांचा कि भविष्य में बिलों की जांच-पड़ताल का काम ग्राण्ट को ही सौंप दिया गया। एक महीने बाद मालिक ने उसे अपने कार्यालय में बुलाया और वहां कम्पनी के दो साझीदारों ने उससे

बातचीत की। मुख्य सचिव ने उससे कहा—"मैं चालीस वर्षों से यह व्यापार कर रहा हूं, परन्तु मुझे तुम एक ऐसे लड़के मिले हो, जिसने अवसर को प्राप्त किया, उसे समझ-बूझकर पकड़ा और उसमें सुधार करके काम किया। अब हम सबकी यही इच्छा है कि विदेशी माल वाला विभाग तुम्हें सौंप दिया जाये। यह एक बहुत महत्त्वपूर्ण पद है और हम चाहते हैं कि हमारे पास कोई ऐसा व्यक्ति हो, जो यह काम स्वतन्त्रतापूर्वक कर सके। हमारे पास अनेक नवयुवक काम करते हैं, परन्तु तुमने उन सबसे बाज़ी मार ली, तुमने अवसर को पहचाना और अपने-आपको योग्य प्रमाणित कर दिखाया।"

उसी दिन से ग्राण्ट का वेतन बढ़ाकर दस डालर प्रति सप्ताह कर दिया गया, परन्तु ऐसे व्यक्ति के लिए दस डालर क्या होते हैं? पांच वर्ष बाद ही उसे 1800 डालर मिलने लगे। इतना ही नहीं, उसे माल ख़रीदने के लिए फ्रांस और जर्मनी भी भेजा जाने लगा। उसके मालिकों ने तीस वर्ष की आयु में ही उसे उस कम्पनी का एक सदस्य भी बना लिया।

ग्राण्ट की सफलता का कारण यही था कि उसने अवसर को पहचाना और आलस्य व ग़प्पबाज़ी में समय नष्ट करने की अपेक्षा अपने को उस कार्य के योग्य बनाया। अवसर से लाभ उठाने के लिए ऐसा करना बहुत आवश्यक होता है और ऐसा करने वाले ही सदा लाभान्वित होते हैं।

बोस्टन नगर की रेलवे यातायात के अध्यक्ष मिस्टर हटल का कहना है—"ठीक काम करने वाले व्यक्ति ही मालिकों के कृपापात्र बनते हैं। जो लोग व्यक्तियों को अपने यहां काम पर रखते हैं, उनमें से कोई यह नहीं चाहता कि उन पर सदा अपनी आंख गड़ाये रखें। यदि किसी मालिक को अपने सहायक का काम देखने के लिए सारा दिन उसके कन्धों पर झुकना पड़े, तो उससे अच्छा यही रहेगा कि ऐसे व्यक्ति की निगरानी करने की अपेक्षा वह स्वयं काम कर ले। फिर यह बात भी निश्चित है कि मालिक ग़लत काम करने वाले नौकर की जितनी जल्दी हो सके, छुट्टी कर देता है।"

जार्ज की आयु उस समय मात्र बारह वर्ष की थी, जब वह फ़िलाडेल्फ़िया नामक नगर में काम करने गया था। उसे अपने काम से इतनी मज़दूरी मिल जाती थी कि वह अपना पेट भर लेता था और पचास सेण्ट बचा भी लेता था। इस प्रकार वह वर्ष-भर में पचीस डालर बचा लिया करता था। यह भी एक अवसर ही था कि उसने अपने-आपको इतना योग्य बना लिया और इस अवस्था

में अधिकाधिक लाभ उठाने का प्रयास किया।

उसने लिखा है—"मैं केवल इतना ही काम नहीं किया करता था, जितना मुझे सौंपा जाता था। मैं वह सब काम कर डालता था, जितना करने की मुझमें शक्ति होती थी। काम करते समय मैं अपना सारा ध्यान और शक्ति उस काम में ही लगा दिया करता था। मेरी सदा यही इच्छा रहती थी कि मेरा मालिक यह अनुभव करे कि वह मुझसे जितनी आशा करता है, मैं उससे कहीं अधिक उपयोगी हूं।

"मैंने कभी किसी काम को करने में संकोच नहीं किया। आग जलाना, सफ़ाई करना, झाड़ू लगाना, ऐसे सभी काम किये, जिन्हें करना आजकल के नवयुवक मानहानि की बात समझते हैं। मैं उन दिनों सन्देश ले जाने वाले एक चपरासी के रूप में काम किया करता था। मैंने उस अवसर का भी लाभ उठाया। मेरी इच्छा पुस्तकें पढ़ने की होती थी। इसके लिए मैं रात को पुस्तकों की दुकान पर जाकर यह देखा करता था कि पुस्तकें कैसे दिखाई जाती हैं और बेची जाती हैं। मैं यह भी सीख गया कि पुस्तकें कितने दामों पर बिकती हैं। मैं उन सब बातों को बड़े ध्यान से देखा करता था, जो किसी पुस्तक-विक्रेता की दुकान पर काम करने में उपयोगी हो सकती हैं।

"मैं जो नौकरी करता था, वह बहुत छोटी थी, परन्तु मैंने प्रारम्भ से ही अपनी महत्त्वाकांक्षाएं ऊंची रखीं। मेरा विचार था कि काम और समय भले ही कैसा भी हो, परन्तु मेरी आकांक्षाएं सदा ऊपर की ओर ही रहें।

"मैं उन दिनों एक थिएटर हॉल के पास ही रहा करता था और वहां काम करने वाले कई अभिनेताओं को भी जानता था। यदि मैं चाहता, तो बिना किसी ख़र्च के नाटक देख सकता था। मेरे आस-पड़ोस के लड़के ऐसा करते भी थे, परन्तु जब मैंने इस बात पर विचार किया, तो इस निर्णय पर पहुंचा कि मैं ऐसा नहीं करूंगा; क्योंकि मुफ़्त के प्रलोभन में पड़कर मेरे वास्तविक काम में ढील पड़ सकती थी। अनेक युवकों के सम्बन्ध में ऐसा ही होता है। कम-से-कम नाटक आदि देखने के सम्बन्ध में तो मेरा निर्णय यही था। मैं सदा अपने काम में ही रुचि लेता था और उसे पूरा करने के बाद ही आनन्द प्राप्त किया करता था। मुझे इसी में आनन्द मिला करता था।

"कुछ समय पश्चात् जब मैं एक समाचार-पत्र के कार्यालय में काम करने लगा, तो मैंने यह निश्चय किया कि एक दिन मैं इस समाचार-पत्र का मालिक

बनूंगा। तब मैंने अपने काम को इस प्रकार नया मोड़ दिया कि समय आने पर मैंने उस समाचार-पत्र को ख़रीद लिया और अपनी इच्छानुसार उसकी कार्य-प्रणाली में परिवर्तन किया।"

चाइल्ड्स जब नवयुवक था, तो सदा प्रसन्न रहा करता था। ऐसी परिस्थिति में नवयुवक प्राय: मनोरंजन की ओर भागते हैं, परन्तु उसकी दृष्टि में मनोरंजन की कोई आवश्यकता नहीं थी; क्योंकि उसने पहले ही अपना सारा ध्यान केवल प्रकाशन व्यवसाय तथा उससे सम्बन्धित जानकारी प्राप्त करने में लगा दिया था।

निश्चित अवसर की प्रतीक्षा करते हुए, जब तक वह नौकरी करता रहा, अपने मालिक के प्रति सदा सच्चा बना रहा। वह चाहता था कि जब तक वह किसी महान् अवसर के लिए तैयार न हो जाये, तब तक पैसा कमाये और उसे बचाकर रखे। इस प्रकार की तैयारी के बाद भी ऐसा अवसर वर्षों बाद आया। इतने वर्षों तक राशि एकत्र करना, समझ-सोचकर उसका उपभोग करना, सहृदयतापूर्ण व्यवहार और उपयोगी जीवन—इस बात का संकेत है कि यह सब उसके दृढ़निश्चय के कारण ही सम्भव हो सका, जिसे उसने अपने जीवन के प्रारम्भिक काल में ही निश्चित कर लिया था और उसी समय से अवसर की ताक में था।

न्यूयार्क नगर की विशाल परिवहन-व्यवस्था के अध्यक्ष श्री हरबर्ट थे। उस समय प्रतिदिन दस लाख से भी अधिक यात्री नगर की परिवहन-व्यवस्था से लाभ उठा रहे थे। उनके सहकर्मियों ने उनके काम की प्रशंसा के रूप में उन्हें एक लाख डालर का वेलेण्टाइन पुरस्कार प्रदान किया। यह पुरस्कार उन्हें इसलिए प्रदान किया गया था कि श्री हरबर्ट पर न्यूयार्क नगर की परिवहन-व्यवस्था से सम्बन्धित मूल्यवान् सम्पत्ति के अतिरिक्त यात्रियों के जीवन की सुरक्षा का भार भी था।

न्यूयार्क-जैसे नगर के भीड़-भाड़ वाले रास्तों में प्रतिदिन कोई-न-कोई दुर्घटना होना सामान्य-सी बात मानी जाती थी, परन्तु लोग इस बात पर आश्चर्य प्रकट करते थे कि इतनी व्यस्त सड़कों पर भी किसी विशेष दुर्घटना का न होना इस बात का प्रमाण है कि इस व्यवस्था के पीछे कोई ऐसा व्यक्ति है, जिसका स्वभाव बहुत शान्त और सरल है। उस दिन लोगों ने अनुभव किया कि सड़क पर यात्रा करने वाले प्रत्येक व्यक्ति का मित्र हरबर्ट ही था।

बात इससे भी तीस वर्ष पहले की है। हरबर्ट उस समय तेरह वर्ष का बालक था और शहर में अन्य मज़दूरों के साथ बर्फ़ की गाड़ी चलाने का काम किया करता था। अठारह वर्ष की आयु में वह रेलवे में काम करने लगा। लांग इंग्लैण्ड कम्पनी नयी रेल लाइन बना रही थी, जहां यह लड़का रोड़ी लादने का काम किया करता था। उसी समय उसके मन में यह महत्त्वाकांक्षा जागृत हुई कि मुझे इस रेलवे कम्पनी का प्रधान बनना है। बस, उसी समय उसने यह दृढ़निश्चय कर लिया कि ऐसा करने के लिए मैं पूर्ण प्रयत्न करूंगा। कुछ महीनों पश्चात् उसे प्रतिदिन एक डालर मज़दूरी मिलने लगी। उस समय वह रेलवे लाइन बिछाये जाने वाले स्लीपरों की देखभाल किया करता था। हरबर्ट ने लिखा है–"उन्हीं दिनों मैंने यह अनुभव करना आरम्भ कर दिया था कि मैं रेलवे कारपोरेशन का अध्यक्ष बनने के मार्ग पर चल पड़ा हूं।"

इसके कुछ ही दिनों बाद उसे एक स्थान पर स्विचमैन बना दिया गया, जहां पास में ही बुशविक स्टेशन था। उसने वहां काम करने वाले लोगों से जान-पहचान बढ़ायी और उनसे कहा–"जब भी मैं अपने काम से छुट्टी पर रहूं या मेरी ड्यूटी न हो, तो आप लोग मुझे अपनी सहायता के लिए बुला सकते हैं।" वास्तव में, उसका उद्देश्य रेलवे के सभी कामों से परिचित होना था।

हरबर्ट ने लिखा है–"मैं अपने काम के साथ ही अनेक बार रात के बारह बजे तक उस छोटे-से स्टेशन पर काम करता रहता था। धीरे-धीरे मैं सब प्रकार का हिसाब-किताब रखने लगा, जिसमें गाड़ियों व इंजिनों की ख़रीद की रसीदें, उन पर ड्यूटी, यात्रियों की गणना तथा अन्य आंकड़े आदि सम्मिलित थे। यह काम मेरे लिए बहुत उपयोगी सिद्ध हुआ। मुझे इस काम के लिए कोई राशि न मिलती थी, परन्तु इस प्रकार मैंने रेलवे कम्पनी के सभी स्तर का ज्ञान प्राप्त कर लिया। संसार में बहुत कम ऐसे प्रबन्धक होंगे, जिन्हें अपनी कम्पनी के सभी कामों की पूरी जानकारी हो।"

हरबर्ट ने आगे लिखा है–"स्विचमैन का काम अस्थायी था; क्योंकि उसका सम्बन्ध केवल रेलमार्ग के निर्माण से था। जब वह पूरा हो गया, तो मुझे नौकरी से अलग कर दिया गया। हालांकि मुझे यह बात बहुत बुरी लगी, परन्तु मैं फिर भी अपने निश्चय पर दृढ़ था। मैं रेलवे कम्पनी के एक बड़े अधिकारी के पास गया और उनसे यह इच्छा प्रकट की कि मैं इसी रेलवे कम्पनी में काम करना चाहता हूं तथा आप मुझे जो भी काम देंगे, वह मुझे स्वीकार होगा।"

अधिकारी बोला—"यहां तो तुम्हारे लिए कोई काम नहीं है, परन्तु यदि तुम किसी अन्य विभाग में जाना चाहो, तो तुम्हें नौकरी पर रखा जा सकता है। वहां तुम्हें गाड़ियों में सफ़ाई आदि का काम करना होगा।"

"मैंने तुरन्त वह काम स्वीकार कर लिया और रेलवे के एक महत्त्वपूर्ण विभाग का ज्ञान प्राप्त किया। कुछ ही दिन पश्चात् मुझे प्रातःकाल आने वाली मालगाड़ी के ब्रेक नियन्त्रण के काम पर लगा दिया गया। उस समय मुझे पता चला कि मेरा भी कुछ मूल्य है। अब तक मुझे इस रेलवे कम्पनी में काम करते हुए दो वर्ष हो चुके थे और मुझे चालीस डालर प्रतिमाह वेतन मिलता था, जिसमें से अठारह डालर मैं अपने भोजन पर ख़र्च किया करता था और बीस डालर अपनी मां व बहिन को ख़र्च के लिए भेज दिया करता था।

"मेरे इस प्रकार कार्य करने के कारण रेलवे में मेरे साथी समझ गये कि मैं शीघ्र ही रेलवे कम्पनी का अध्यक्ष बनकर रहूंगा। अब वे सब मुझे प्रेज़ीडेण्ट हरबर्ट कहकर पुकारा करते थे। वास्तव में, यह उनका एक प्रकार से मुझ पर ताना हुआ करता था; क्योंकि उनमें से बहुतों का कहना था कि तुम कण्डक्टर भी बन जाओ, तो बहुत होगा।"

अवसर आने पर हरबर्ट कण्डक्टर बने और उन्हें उनकी योग्यता के कारण सीनियर पद दिया गया, परन्तु एक दुर्घटना के लिए हरबर्ट को उत्तरदायी ठहराया गया और उन्हें नौकरी से अलग कर दिया गया।

उन्होंने लिखा है—"मैं दोबारा रेलवे कम्पनी के सुपरिण्टेण्डेण्ट के पास गया, तो उन्होंने मुझे ब्रेकमैन के पद पर रख लिया। मैंने इसे अपनी ग़लती का परिणाम समझकर स्वीकार कर लिया। सौभाग्य की बात कि शीघ्र ही वह रेलवे कम्पनी किन्हीं अन्य व्यक्तियों ने ख़रीद ली। नये प्रबन्धकों को फ़ौरन पता चल गया कि हरबर्ट ही एकमात्र ऐसा व्यक्ति है, जो सर्वाधिक उपयोगी सिद्ध हो सकता है। फिर अचानक एक दिन इसकी परीक्षा भी हो गयी।

"रेलवे कम्पनी के मालिक एक बार फिर बदले। इस बार जिस व्यक्ति को मुख्य प्रबन्धक बनाया गया, वह इस काम के बारे में कुछ भी नहीं जानता था। वह प्रत्येक काम के लिए मुझ पर ही निर्भर रहने लगा; क्योंकि मैं ही वहां सबसे पुराना व्यक्ति था। अन्य अधिकारियों ने भी मेरे काम की जांच-पड़ताल की और वे भी समझ गये कि मेट्रोपॉलिटन स्ट्रीट रेलवे कम्पनी के लिए सर्वाधिक उपयोगी व्यक्ति हरबट ही हो सकता है।"

हरबर्ट में अवसर की प्रतीक्षा और कार्य करने की योग्यता—ये दोनों ही गुण थे। उसने कार्य करने की योग्यता के बल पर उस रेलवे कम्पनी का कुशल प्रबन्ध करके दिखा दिया और प्राप्त अवसर का भी भरपूर लाभ उठाया। कुछ दिन हुए हरबर्ट ने कहा था—"जिस व्यक्ति में कार्य करने की क्षमता और ईमानदारी है तथा जिसका स्वास्थ्य सही है, उसे कोई भी परिस्थिति आगे बढ़ने से रोक नहीं सकती। वह अवश्य ही आगे बढ़ेगा। हो सकता है कि कुछ समय के लिए उसके काम में कोई रुकावट आ पहुंचे, परन्तु ये सब अल्पकालीन घटनाएं होती हैं। इस प्रकार के कष्टों और अत्याचारों को झेलने के बाद ऐसे व्यक्ति की शक्ति बढ़ जाती है और तब उसे आगे बढ़ने से कोई रोक नहीं सकता। वास्तविकता यह है कि ऐसे व्यक्ति की खोज में बड़ी-बड़ी कम्पनियां लगी रहती हैं।"

आज ऐसे ही व्यक्ति की आवश्यकता है, जो अपने उत्तरदायित्व को पूरी तरह से संभाल सके, पर ऐसे व्यक्ति बहुत थोड़े होते हैं और ऐसे व्यक्तियों को प्राप्त करने के लिए लोगों में ज़बरदस्त होड़ लगी रहती है।

***

दूसरा महामन्त्र
मार्गदर्शक शक्ति

निश्चयात्मक प्रवृत्ति मनुष्य के जीवन में मार्गदर्शक शक्ति के रूप में कार्य करती है, परन्तु इस प्रवृत्ति का उपभोग वही व्यक्ति कर सकता है, जो जैसा सोचता है, वैसा करता भी है तथा अपने द्वारा निश्चित किये हुए काम से कभी विचलित नहीं होता। ऐसे ही दृढ़निश्चयी व्यक्तियों के लिए सारा संसार मार्ग प्रशस्त करता है, परन्तु जिनका निश्चय दृढ़ नहीं होता, वे ठोकर खाकर मुंह के बल गिरते रहते हैं।

इमर्सन ने लिखा है—"दृढ़निश्चय और परिश्रम के द्वारा व्यक्ति दूर आकाश में दिखाई देने वाले तारों तक भी पहुंच सकता है, परन्तु ऐसे व्यक्ति, जो सदा संशय की दलदल में फंसे रहते हैं, कभी अपने लक्ष्य तक नहीं पहुंच सकते।"

किसी भी कार्य में सिद्धि प्राप्त करने के लिए सर्वाधिक आवश्यक होता है आपका विश्वास; क्योंकि विश्वास ही कार्यसिद्धि का जनक है। विश्वास से ही व्यक्ति को बल प्राप्त होता है। इसी पुस्तक में दिये उदाहरणों से आप यह जान गये होंगे कि विश्वास के कारण ही व्यक्ति की मानसिक शक्तियों को बल प्राप्त होता है, जिससे वे कई गुणा बढ़ जाती हैं। आपके विश्वास और निश्चय से ही आपके विचारों में स्थिरता आती है। यदि आप में धारणा शक्ति की कमी है अथवा आपके विचार कमज़ोर हैं, तो किसी काम के लिए किया गया आपका प्रयत्न विफल हो जायेगा।

अनेक व्यक्तियों में यह दोष होता है कि वे कभी गम्भीर नहीं होते और अपनी भावना को सुदृढ़ नहीं बनाते। वे प्राय: ऊपरी स्तर पर ही बने रहते हैं, बात की तह तक नहीं पहुंचते। ऐसे व्यक्तियों के कार्य सदा परिवर्तित होते रहते हैं। उनका निश्चय बहुत कमज़ोर होता है, इसीलिए मामूली-सा विघ्न आते ही वे घुटने टेक देते हैं अथवा घबरा जाते हैं। निकृष्ट कोटि के मनुष्य विघ्नों के भय से कोई काम आरम्भ ही नहीं करते, वे सदा सोच में ही पड़े रहते हैं। मध्यम कोटि के मनुष्य कार्य तो आरम्भ कर देते हैं, परन्तु थोड़ा-सा विघ्न आते ही उसे

छोड़कर दूर जा बैठते हैं, परन्तु श्रेष्ठ व्यक्ति अनेक विघ्न-बाधाओं के आने पर भी प्रारम्भ किये हुए कार्य को कभी अधूरा नहीं छोड़ते। उसे सफलता की चोटी पर पहुंचाकर ही दम लेते हैं।

कुछ व्यक्ति ऐसे भी होते हैं, जो सदा अपने विरोधियों या उन लोगों के बारे में ही सोचते रहते हैं, जो उनसे सहमत नहीं होते। ऐसे व्यक्तियों के विचार भी बार-बार बदलते रहते हैं। उन्हें अपने ऊपर भरोसा नहीं होता, तो फिर दूसरे व्यक्ति उन पर भरोसा क्यों करेंगे ? ऐसे व्यक्तियों की कोई भी योजना पूरी नहीं होती।

यदि आज के नवयुवक दृढ़निश्चय की शक्ति को पहचान लें तथा यह बात समझ लें कि वे जो कुछ भी बनना चाहते हैं, अवश्य बन सकते हैं तथा वे जिस कार्य के लिए भी प्रयत्न करेंगे, उसे पूरा करके ही दम लेंगे, तो उनके जीवन में भी महान् क्रान्ति आ सकती है। वे जीवन की उन सफलताओं को पा सकते हैं, जिनके सम्बन्ध में वे केवल सपने ही लिया करते हैं। हम जिस इच्छाशक्ति की बातें किया करते हैं, वही शक्ति क्रियात्मक रूप में परिवर्तित होकर दृढ़निश्चय का रूप ले लेती है। किसी काम को करने का दृढ़निश्चय करना अथवा उस विषय में अपनी योग्यता पर भरोसा करना एक ही बात है। संसार में कोई भी व्यक्ति तब तक कुछ नहीं कर सकता, जब तक कि उसे अपने हाथ में लिये हुए काम को सम्पन्न करने की योग्यता पर पूरा भरोसा न हो।

ऐसे व्यक्ति, जिन्हें अपने कार्य अथवा उद्देश्य में दृढ़आस्था होती है, अपने कार्य से कभी पीछे नहीं हटते। उन्हें यह विश्वास होता है कि वे जिस कार्य में भी हाथ डालेंगे, उसे पूरा करके ही दम लेंगे। उनमें कार्य सम्पन्न करने में आने वाले विघ्नों को भी दूर करने की शक्ति होती है, जिसके कारण वे अपने दृढ़निश्चय के सहारे उन कठिनाइयों पर भी विजय प्राप्त कर लेते हैं। विघ्न-बाधाओं अथवा दुर्भाग्य के आने पर ऐसे व्यक्ति मुसकराते हैं और अपनी कार्यसिद्धि की शक्ति से उन विघ्न-बाधाओं को छिन्न-भिन्न कर डालते हैं।

अपनी योग्यता व शक्ति पर निरन्तर विश्वास करने से व्यक्ति के साहस को बढ़ावा मिलता है और साहस ही आत्मविश्वास की रीढ़ है। जब व्यक्ति प्रतिकूल परिस्थितियों में घिर जाता है, यदि उस समय वह कहे कि "मैं अवश्य करूंगा" या " मैं करके ही रहूंगा" तो उसका साहस और आत्मविश्वास अधिक सशक्त हो जाता है तथा उसे कमज़ोर करने वाली शक्तियां मन्द पड़ जाती हैं और उसकी

निर्णयात्मक शक्ति बहुत अधिक बढ़ जाती है।

कोई भी व्यक्ति किसी कठिन कार्य को तभी सम्पन्न कर सकता है, जब उसके मन में नये-नये कार्यों को करने के विषय में निर्माणात्मक उमंगें भरी हों। निरुत्साहित मन का व्यक्ति कुछ भी करने में समर्थ नहीं होता। उत्साह और आशा के सहारे ही बड़े-बड़े कार्य सम्पन्न होते हैं। जिस व्यक्ति में कुछ निर्माण करने का निश्चय, साहस और आग्रहपूर्ण धारणाएं ही न हों, वह किस प्रकार आगे बढ़ सकता है? महान् कार्य करने के लिए मन की स्थिति भी महान् एवं उच्च स्तर की होनी चाहिए। जिन व्यक्तियों में इन गुणों का अभाव होता है, वे न कभी नेता बन सकते हैं और न स्वतन्त्र जीवन ही व्यतीत कर सकते हैं। उन्हें तो सदा दूसरों पर आश्रित रहकर ही जीना पड़ता है। उनकी यह स्थिति तब तक बनी रहती है, जब तक उनके मन में नकारात्मक व संशययुक्त भावनाएं बनी रहती हैं। जब तक वे इस प्रकार की हीन भावनाओं से छुटकारा नहीं पा लेते, तब तक आगे भी नहीं बढ़ सकते।

इसलिए यदि आप संसार में कुछ बनना चाहते हैं, तो एक क्षण के लिए भी अपने मन में ऐसे विचार मत आने दीजिये—"मैं तो परेशान हो चुका" या "मैं तो तंग आ गया" या "मैं बड़ा भाग्यहीन हूं"। ऐसे विचारों को अपने मन में प्रवेश ही न करने दें। उनका प्रतिरोध करें और उन्हें अपने मन से निकालकर बाहर फेंक दें और अपने मन की स्थिति को ऐसा बनायें कि इस प्रकार के विचार आपके मन में आ ही न सकें।

मानसिक, शारीरिक तथा नैतिक दोषपूर्ण विचार आपके उत्साह को मन्द कर देते हैं और आपको अवसर से लाभ नहीं उठाने देते। अतः इस बात को मानने से सदा इनकार करें कि आप कमज़ोर हैं या आप वह काम नहीं कर सकते, जिसे अन्य व्यक्ति कर सकते हैं या आप में वे गुण नहीं हैं, जो अन्य व्यक्तियों में हैं और केवल इसीलिए आपको इस दयनीय स्थिति में रहना होगा।

अपने मन में उत्पन्न हुए सन्देह को इस प्रकार बेरहमी से कुचल दें, जैसे किसी सांप को कुचल देते हैं और यह समझ लीजिये कि सन्देह भी आपके जीवन को नष्ट कर सकता है। यह सांप से भी अधिक भयंकर है। सांप का काटा तो एक बार बच भी सकता है, परन्तु सन्देहशील व्यक्ति तो कुछ भी नहीं कर सकता। वह तो कर्महीन बनकर रह जाता है। अपनी निर्धनता व दुर्भाग्य के विषय में कभी सोचना भी नहीं चाहिए। उसके सम्बन्ध में किसी से बात भी नहीं

करनी चाहिए। अपने पत्रों आदि में भी ऐसी बातों का उल्लेख नहीं करना चाहिए। ऐसी सभी बातों को जड़ से उखाड़कर फेंक देना चाहिए, जो आपके जीवन को छोटा बनाती हैं या उसमें अन्धकार भरती हैं। ऐसे विचार आपको भीतर-ही-भीतर खोखला कर देते हैं। ऐसे विचारों के स्रष्टा आप स्वयं ही हैं, परमात्मा ने इनमें से किसी का भी निर्माण नहीं किया। उसकी ऐसी कोई योजना नहीं है कि इस प्रकार पीछे धकेल देने वाले विचार आपके मन में पैदा हों। उसने तो आपको प्रसन्न रहने के लिए बनाया है; क्योंकि आप उसके महान् पुत्र हैं। उसने आपकी सृष्टि इसीलिए की है और आपको बुद्धि भी इसीलिए प्रदान की है, ताकि आप सब प्रकार की परिस्थितियों पर विजय प्राप्त कर सकें। अतः आप समझ लें कि परमेश्वर ने आपको असमर्थ और साधन-हीन नहीं बनाया।

आप अपने मन में इस बात को सदा दोहराते रहें कि आप उस परमात्मा की महान् सन्तान हैं, उसकी सर्वश्रेष्ठ कृति हैं तथा जीवन-संग्राम में विजय प्राप्त करने के लिए उसने आपको सर्वश्रेष्ठ शस्त्रास्त्र प्रदान किये हैं। आपको यह तथ्य भी हृदयंगम कर लेना चाहिए कि आप सीमित नहीं हैं। आपमें असीम शक्तियों का भण्डार भरा है। यदि आप स्वयं को सीमित समझते हैं, तो इसके लिए आप स्वयं ही उत्तरदायी हैं, आपने ही स्वयं को सीमित कर रखा है।

अतः अपने मन की खिड़कियों और द्वारों को खोल दीजिये। सूर्य का अनन्त प्रकाश और परमात्मा की अनन्त शक्तियां आपका स्वागत करने के लिए तैयार हैं। आप अपने मन में इन शक्तियों का अभाव केवल इसलिए अनुभव करते हैं; क्योंकि आपने अपने मन के द्वार अभी तक बन्द किये हुए हैं। उनकी खिड़कियों पर मोटे-मोटे परदे डाल रखे हैं। एक बार इन काले परदों को हटाकर देखिये, आपका मन आशा, विश्वास और उत्साह से भर उठेगा, अतः आज और अभी इस बात का निश्चय कर लीजिये कि आप सदा आशावादी ही बने रहेंगे, निराशा का नाम भी आपके पास नहीं रहेगा और आप उसकी कल्पना भी न करेंगे।

यह तो आप जानते ही हैं कि अन्त में सत्य और न्याय की ही विजय होती है। अस्थायी रूप से कुछ भी हो सकता है, परन्तु आत्मविश्वास और दृढ़निश्चय से अन्त में आपकी ही विजय होगी।

अतः आप अपने मन में इस तथ्य को स्थिर कर लीजिये कि आप आज भी अनेक भाग्यशाली व्यक्तियों में से एक हैं और बिल्कुल सही समय पर पैदा हुए

हैं। आपके पास करने के लिए एक निश्चित कार्य है, जिसे अन्य कोई भी व्यक्ति नहीं कर सकता। आपको यह भी समझ लेना चाहिए कि आप अत्यन्त सौभाग्यशाली व्यक्ति हैं, तभी आपको यह सुअवसर प्राप्त हुआ है।

यदि आप इस समय बेकार और निर्धन हैं, तो हिम्मत करके अपने हृदय में साहस भर लें और अभाव व निर्धनता के विचारों को अपने मन से बाहर निकाल फेंकें। सम्पन्नता, समृद्धि और सभी प्रकार के उत्तम पदार्थों की कल्पना करें; क्योंकि ये सब चीज़ें आपको प्रभु की ओर से मिलने वाली हैं, अपितु मिली हुई ही हैं। उन्हें हाथ बढ़ाकर ग्रहण करें। धर्मग्रन्थों को पढ़ें और दृढ़तापूर्वक इस बात से इनकार कर दें कि आप निर्धन, दुखी अथवा अभागे हैं। संसार के सभी महत्त्वपूर्ण पदार्थ प्राप्त करने का आपको जन्मसिद्ध अधिकार है। आप महान् एवं सौभाग्यशाली हैं, आप में महान् ऊर्जा है, शक्ति है, आप सर्वगुणसम्पन्न हैं और महान् शक्तिशाली हैं, आपको सफलता अवश्य मिलेगी।

जब आपके मन में इस प्रकार के विचार आयेंगे, तो आपको सफल होते देर नहीं लगेगी। इस जड़ प्रकृति के पदार्थ आपके उत्साह के सम्मुख निर्जीव हैं, वे कोई बाधा नहीं डाल सकते, इसलिए उठो, हिम्मत करो, आगे बढ़ो और सफलता प्राप्त करो।

आप तो अमृतपुत्र हैं, बार-बार इस बात का मनन करें और विश्वास बनाये रखें कि जब प्रभु ने आपके मन में कुछ बनने की, कुछ उपयोगी काम करने की भावना उत्पन्न की है, तो उस महत्त्वाकांक्षा को पूर्ण करने का अवसर भी वह आपको अवश्य प्रदान करेगा। अपनी आंखों को खोलकर देखें, आपके आगे-पीछे, दायें-बायें, पग-पग पर अवसर विद्यमान हैं। उनकी कोई कमी नहीं। अवसरों का भण्डार अनन्त है। आवश्यकता है आपके उठने की, उनको देखने की, अपने आत्मविश्वास को परखने की और दृढ़निश्चय का सहारा लेकर क्रियाशील होने की।

जब आप कार्यसिद्धि के लिए प्रस्थान करेंगे, तो सब ओर आपकी जीत के नगाड़े बज उठेंगे। अतः आप अपने भीतर और बाहर सदा ऐसी परिस्थिति बनाये रखें, जो आपको सफलता का सन्देश देती रहे। आपका आचार- व्यवहार, बोल-चाल, वेशभूषा, गतिविधि और आपका सन्देश व क्रियाएं ऐसी हों, जिनसे सफलता टपकती हो और सफलता के ही स्वर गूंजते हों। आप अपने चारों ओर सदैव सफलता का ही वातावरण बनायें और सदा उसी से घिरे हुए जीवन के

मार्ग पर आगे बढ़ते जायें।

आशा और विश्वास—इन दो ही शब्दों से आपको आशातीत लाभ प्राप्त होगा। प्रात:काल जब आप सोकर उठें, तो प्रभु का धन्यवाद करते हुए सारे दिन के लिए योजना बना लें। उस समय आपका मन सफलता, कार्यसिद्धि और समृद्धि के साथ ही अपने सभी कार्यों में तालमेल के विचारों से परिपूर्ण होना चाहिए। इस बात के लिए आप कोई वाक्य, कोई सूक्ति या किसी अन्य विद्या का सहारा भी ले सकते हैं। यदि आपने अपने दिन का आरम्भ इस प्रकार किया, तो आप अनुभव करेंगे कि आपके कार्य में कोई भी विघ्न-बाधा नहीं आयेगी और यदि आयी भी, तो वह आपके लिए वरदान ही सिद्ध होगी।

हो सकता है कि आपको कोई कार्य करते समय अपनी योग्यता पर सन्देह होने लगे। ऐसे में अनुशासन की सहायता लेते हुए आप अपने आत्मविश्वास को सुदृढ़ करें और स्पष्ट रूप से समझ लें कि आपका सन्देह मिथ्या है अथवा आपके मन की दुर्बलता है, उसे निकाल बाहर करें। ऐसा करते ही आपको अपनी योग्यता पर पुन: विश्वास हो जायेगा।

आप अपने को पहचानने का प्रयत्न करें। शायद आप नहीं जानते कि आपके भीतर शक्ति का अटूट ख़ज़ाना छिपा पड़ा है। आप अपनी शक्ति का साक्षात्कार करें तथा निरन्तर उस पर दृष्टि जमाये हुए आगे बढ़ें। ऐसा करने पर आपको किसी भी प्रकार का दोष विचलित नहीं कर सकेगा ।

अपनी छिपी हुई शक्ति को पहचान लेना ही उसे प्राप्त कर लेना है। अत: हे अमृतपुत्र! उठो और जितना शीघ्र हो सके, इस तथ्य को समझ लो। तब सफलता आपके चरणों में लोटने लगेगी और कुछ ही दिनों में आपका सम्पूर्ण दृष्टिकोण बदल जायेगा। तब आपको किसी भी समस्या के समाधान के लिए नये-नये उपाय सूझने लगेंगे और आपके जीवन का अर्थ भी नया हो जायेगा। तब आप अपनी परिस्थितियों के साथ तालमेल स्थापित करके कैसी भी विकट परिस्थितियों पर विजय प्राप्त कर सकेंगे।

इस प्रकार के विचार कल्पना से भी अधिक शक्तिशाली होते हैं। ऐसे विचारों के कारण आप प्रसन्न एवं सन्तुष्ट रह सकेंगे। इनसे आपको स्वास्थ्य-लाभ भी होगा और आपके व्यक्तित्व का विकास भी होगा, जिससे आपकी शक्ति को बढ़ने में सहायता मिलेगी और आपके विचार भी शक्तिशाली हो जायेंगे।

इस संसार में ऐसे अनेक व्यक्ति हैं, जो अपने मनोभावों को अपने प्रयत्नों

के अनुरूप नहीं बना पाते और इसीलिए सदा निर्बल, असफल और शक्तिहीन बने रहते हैं। ऐसे व्यक्तियों का जीवन कभी ठीक मार्ग पर नहीं चल पाता। वे प्रयत्न किसी वस्तु के लिए करते हैं और उनके मन में आशा किसी अन्य वस्तु की होती है। ऐसे व्यक्तियों को विजय का हर्षोल्लास कभी प्राप्त नहीं हो सकता। जब तक आपके मनोभाव आपके प्रयत्नों के अनुरूप नहीं होंगे, तब तक आपको किसी भी कार्य में सफलता नहीं मिल सकती।

एक ओर आपका धन-प्राप्ति की इच्छा करना और दूसरी ओर यह कहना कि आप निर्धन या दरिद्र हैं—ऐसी स्थिति में आप या कोई भी कुछ नहीं कर सकता। इसका प्रभाव केवल यही होगा कि आप सचमुच ही कुछ भी न कर सकेंगे; क्योंकि इस प्रकार के विचारों से यदि आपकी शक्ति पूरी तरह से समाप्त नहीं होगी, तो घट अवश्य जायेगी। उस समय आपकी स्थिति उस व्यक्ति के समान हो जायेगी, जो जाना पूर्व की ओर चाहता है, परन्तु जिसके पांव पश्चिम की ओर उठ रहे होते हैं।

जो व्यक्ति अपनी योग्यता पर सन्देह करता है, वह न किसी अन्य का भला कर सकता है और न स्वयं को ही लाभ पहुंचा सकता है। वह केवल अपनी शक्ति को कम कर लेता है। इस प्रकार उसकी असफलता के अवसर बढ़ जाते हैं। ऐसे व्यक्ति कभी सफल नहीं हो सकते। सफल वही व्यक्ति होते हैं, जो अपने मन में सदा सुख और समृद्धि के विचारों को दृढ़तापूर्वक जमा कर रखते हैं। आपकी इस समय की स्थिति आपके विचारों का ही परिणाम है और सदा ऐसा ही होता है।

यदि आप सदा दरिद्रतापूर्ण विचारों को ही अपने मन में स्थान देते रहेंगे, तो आप कभी धनी नहीं बन सकते, परन्तु यदि आप दरिद्रता आदि के विचारों की ओर से अपना मुंह मोड़ लेंगे, तो आपकी उन्नति स्वतः होती जायेगी और आप सरलतापूर्वक समृद्धि की ओर बढ़ते जायेंगे। यदि आपने अपनी सारी शक्तियां धनवान् बनने की ओर लगा रखी हैं, तो आपको भूल से भी दरिद्रता और असफलता आदि के डर को अपने मन में स्थान नहीं देना चाहिए। यदि आप विपरीत भावना से काम करेंगे, तो आपके मन में भय और संशय का भाव बना रहेगा, जिसके परिणामस्वरूप आपका आत्मविश्वास डगमगा जायेगा और तब लाख प्रयत्न करने पर भी आप सफल नहीं हो सकेंगे।

अंगरेजी की एक कहावत है कि भेड़ जब भी मैं-मैं करती है, तो उसके

मुंह का ग्रास नीचे गिर जाता है। इसी प्रकार आप भी जब अपने भाग्य को कोसते हैं, तब आप पर भी भेड़ वाली कहावत शत-प्रतिशत लागू हो जाती है। ऐसा करके आप स्वयं ही अपने सिर पर मुसीबतों का पहाड़ गिरा लेते हैं और उन तत्त्वों को प्रोत्साहन देते हैं, जो आपकी शक्ति और समृद्धि को नष्ट कर डालते हैं। निराशा और निरुत्साह के विचारों द्वारा आप अपने आस-पास के वातावरण को भी दूषित कर लेते हैं, जिसके परिणामस्वरूप कुविचारपूर्ण संस्कार आपके मन में जड़ जमा कर बैठ जाते हैं।

विचार संक्रामक होते हैं, यह बात आप जानते हैं, परन्तु उनमें एक विशेषता और भी होती है—वे चुम्बक की भांति समान गुण-धर्मा पदार्थों को अपनी ओर खींचते भी हैं। इसी प्रकार उत्साह और उल्लासपूर्ण विचार सफलता और आनन्द को अपनी ओर आकर्षित करते हैं। इससे यह सिद्ध हो जाता है कि आपकी दक्षता का स्रोत आपका मन है और आपके मनोभावों और विचारों का नमूना आपकी भावना है। यदि आप व्यापार करते हैं और आपके मन में अपने व्यापार के प्रति विचार क्षुद्र हैं और आप प्रायः यही सोचते रहते हैं कि आजकल समय बड़ा नाज़ुक है या व्यापार बहुत मन्दा होता जा रहा है, तो इन विचारों का बड़ा घातक परिणाम होगा। इस प्रकार के विचारों से आपके व्यापार की प्रगति रुक जायेगी। असफलता के विचारों से आपका श्रम व्यर्थ हो जायेगा और आपको निराशा के सिवा कुछ भी हाथ न लगेगा। इस प्रकार के विचारों के कारण अनेक व्यक्तियों की शक्ति व्यर्थ नष्ट हो जाती है और वे असफल हो जाते हैं।

अतः आपको चाहिए कि आप अपने प्रत्येक कार्य को आशावान् और सुनिश्चित दृष्टिकोण से देखें और यह विश्वास रखें कि जो भी होगा, वह अच्छा ही होगा। सदा सत्य ही असत्य पर विजय प्राप्त करता है। आपको यह मानकर चलना चाहिए कि विचारों और कार्य की एकता और आपका स्वास्थ्य ही सत्य हैं, विरोधाभास और व्याधियां असत्य हैं। यदि आपने इस तथ्य को एक बार अपना लिया, तो आपकी गणना आशावादी व्यक्तियों में होने लगेगी, जिससे न केवल आपको लाभ होगा, अपितु समूचे विश्व को उससे प्रेरणा मिलेगी।

आशावाद आपके जीवन में अमृत का कार्य करता है। जिस प्रकार पेड़-पौधे व वनस्पतियों को सूर्य की किरणों से जीवन प्राप्त होता है, उसी प्रकार आशावाद से आपमें नवजीवन का सञ्चार होता है। मनरूपी सूर्य से फूटने वाली किरणों से आपका जीवन-वृक्ष विकसित व पल्लवित होता है। इसी से आपकी

मानसिक शक्तियां प्रस्फुटित और विकसित होती हैं। इसके विपरीत निराशापूर्ण विचार आपको कभी उन्नति नहीं करने देते।

इस प्रकार जो व्यक्ति प्रत्येक वस्तु व बात के निराशापूर्ण पहलू ही देखते हैं, और सदा असफलता के ही विचारों को अपने मन में स्थान दिये रहते हैं, वे सदा दु:ख और दारिद्र्य से घिरे रहते हैं, वे कभी पनप नहीं सकते। कोई भी वस्तु अपने से विपरीत गुण-धर्मा पदार्थ को अपनी ओर आकर्षित नहीं कर सकती। उसमें ऐसी शक्ति ही नहीं होती। अत: यदि आप सुखी और समृद्ध होना चाहते हैं, तो सुख व समृद्धिपूर्ण विचारों को ही अपने मन में स्थान दीजिये। इससे आपकी आत्मा में उदारता पनपेगी।

जो भी व्यक्ति निर्धनता से डरता है, निर्धनता उसी की ओर बढ़ती है। इसलिए यदि आप धनवान् बनना चाहते हैं, तो आपको निर्धनता के विचारों को त्यागना ही होगा और इसके साथ ही उन सभी विचारों से भी नाता तोड़ना होगा, जिनसे आपको किसी भी प्रकार का भय प्रतीत होता है। सभी प्रकार के निराशाजनक विचारों को समाप्त कर दीजिये, उन्हें भूल जाइये और मन से सदा-सदा के लिए बाहर कर दीजिये। ये विचार ही आपके विकास को रोके हुए हैं। आपको चाहिए कि आप अपने मन में केवल उन्हीं विचारों को स्थान दें, जिन्हें प्राप्त करने से आपको प्रसन्नता प्राप्त होती है। ऐसा करने का परिणाम यह होगा कि आप जिन पदार्थों की इच्छा करते हैं, वे स्वयं आपकी ओर आकर्षित होने लगेंगे।

आपके कार्य और उसके प्रति उत्पन्न मनोभावों का आपस में बड़ा गहन सम्बन्ध होता है। अत: अपने कार्य के प्रति असमञ्जस, सन्देह अथवा अन्यथा विचार उसे सिद्ध न होने देंगे। इस प्रकार आपकी उन्नति न हो सकेगी और आप सदा परेशान रहेंगे। यदि आप सदा यही सोचते रहेंगे कि "हम क्या करें" या "हमें तो विवश होकर यह काम करना पड़ रहा है, इसमें सूखी रोटी ही मिलेगी" या "हमें भगवान् ने बनाया ही इसलिए है कि हम सदा परिश्रम करते रहें और ऐसी ही स्थिति में बने रहें, " तो निश्चित जान लीजिये कि आपको इन विचारों के दुष्प्रभाव से कोई नहीं बचा सकता। आपको अपनी आयु-भर इसी प्रकार चक्की में पिसना पड़ेगा। हां, यदि आप इस प्रकार के निकृष्ट विचारों के विपरीत अपने भविष्य को उज्ज्वल समझें, तो आपके जीवन का दु:खद अध्याय समाप्त हो जायेगा और आपको सुख-शान्ति प्राप्त हो जायेगी।

यदि आप यह सोचते हुए निश्चित भाव से अपने कार्य में लगे रहें, तो आपको अपना लक्ष्य शीघ्र ही प्राप्त होगा। परन्तु इस सफलता को प्राप्त करने के लिए आपमें दृढ़निश्चय और कार्य के अनुरूप योग्यता भी होना चाहिए; क्योंकि दृढ़विश्वास में एक विशिष्ट प्रकार की उत्पादक शक्ति होती है, जिसके द्वारा कार्य भी सम्पन्न होते हैं और आपके मनोरथ भी पूर्ण होते हैं।

हमें आज तक ऐसा कोई भी व्यक्ति नहीं मिला, जिसे अपने ऊपर विश्वास भी हो और जो अपने ध्येय की प्राप्ति के लिए मन, वचन और कर्म से उसमें जुटा भी हो और उसे सफलता न मिली हो। अपको याद रखना चाहिए कि प्रत्येक उच्चाभिलाषा पहले आपके मन में आत्मप्रेरणा के रूप में जन्म लेती है। अतः यदि आप उचित प्रयत्न करेंगे, तो आपकी अभिलाषा की पूर्ति अवश्य होगी। अतः आपको चाहिए कि अपने मन में ऊंचे व महान् विचारों को ही स्थान दें और अपने उद्देश्य के प्रति किसी प्रकार का सन्देह या संशय न आने दें; क्योंकि संशय या सन्देह से आपकी उत्पादक शक्ति क्षीण होती है और आपकी आशाएं अपूर्ण रह जाती हैं।

आपको अपने मन को आश्वासन देते रहना चाहिए कि आप जो प्राप्त करना चाहते हैं, वह आपको अवश्य प्राप्त होगा। आपको यह भी स्मरण रखना चाहिए कि आप संसार में सफलता, विजय और सुख प्राप्त करने के लिए उत्पन्न हुए हैं। यदि आप एक बार यह दृढ़संकल्प कर लें कि आपको यह सब प्राप्त होना चाहिए, तो संसार की कोई भी शक्ति आपको इन्हें प्राप्त करने से रोक नहीं सकती। इस प्रकार के आशावादी विचारों को अपने मन में बार-बार दोहराते रहने से आपकी विजय निश्चित हो जाती है और आपके अभिलषित पदार्थ बड़े ही चमत्कारिक ढंग से आपकी ओर बढ़ते चले आते हैं।

प्रभु की यही इच्छा है कि मनुष्य निकृष्ट परिस्थितियों का दास न रहे। वह उन्हें जीतकर सुख-सुविधाओं का उपभोग करे। इस कार्य को पूर्ण करने के लिए उसने हमें मानसिक शक्तिरूपी सेवकों की सेना प्रदान की है। यदि आप इस सेना पर भरोसा करेंगे, तो आप जो भी चाहेंगे, आपको अवश्य प्राप्त हो जायेगा।

कुछ व्यक्ति यही सोचते रहते हैं कि देखें आगे क्या होता है। ऐसे व्यक्तियों में वह शक्ति नहीं होती, जो प्रतिकूल परिस्थिति को अपने अनुकूल बना सके। ऐसे व्यक्ति असफल ही रह जाते हैं। मनचाहा एवं महान् काम तो दृढ़ और

निश्चयात्मक प्रवृत्ति वाले व्यक्ति ही कर सकते हैं।

अनेक बार ऐसा भी होता है कि किन्हीं व्यक्तियों के निराशावादी विचारों से प्रभावित होकर निश्चयात्मक स्वभाव वाले व्यक्ति भी अपने आत्मविश्वास को खो बैठते हैं और हर्षोल्लास के स्थान पर निराशापूर्ण वातावरण में रहने लगते हैं। ऐसे में यदि कोई उनसे अपने कार्य का ज्ञान न होने की बात कहता है, तो वे निराश हो जाते हैं और अपनी शक्ति को खो बैठते हैं। तब वे अग्रणी होने के स्थान पर पिछलग्गू बनकर पिछड़ जाते हैं।

आपकी आत्मा एक अद्भुत एवं अनन्त शक्ति का भण्डार है। सम्भवत: आप इसका विवेचन न कर सकें, परन्तु इसे अनुभव अवश्य कर सकते हैं। यही शक्ति आपके निश्चय को कार्य में परिणत कर देती है। उदाहरणार्थ, यदि आप यह मान लें कि आप दीन, हीन और तुच्छ हैं, तो यह विचार आपकी आत्मा पर अंकित हो जायेंगे और तब आप सचमुच दीन, हीन और तुच्छ बन जायेंगे। इसके विपरीत यदि आप यह मानकर चलें कि संसार के सभी उत्तम पदार्थों पर आपका अधिकार है, तो आपकी उत्पादक शक्ति बहुत बढ़ जायेगी और उसके द्वारा आपकी सारी इच्छाएं पूर्ण हो जायेंगी।

विचार मुख्यत: दो प्रकार के होते हैं—एक वे, जिनसे आपका शरीर, आपका मन व आपकी आत्मा पुष्ट होती है, शक्ति प्राप्त करते हैं और दूसरे वे, जिनसे आपकी आत्मा व शरीर दुर्बल और दीन-हीन होते हैं। पहले प्रकार के विचार रक्षक और दूसरे प्रकार के विचार मारक अथवा भक्षक होते हैं। आपकी विचारशक्ति कितनी बलवान् और दृढ़ है, यह आपकी कार्य-सम्पादन शक्ति से प्रकट हो जाता है। अनेक व्यक्तियों की विचारशक्ति इतनी क्षीण होती है कि उनका मन सामान्य काम करने से भी घबरा जाता है। इसीलिए ऐसे व्यक्ति संसार में न तो अधिक कार्य कर सकते हैं और न वे कोई महान् कार्य कर सकते हैं। किसी भी व्यक्ति की विचारशक्ति का दुर्बल अथवा दृढ़ होना उसकी बातचीत से प्रकट हो जाता है। कुछ व्यक्तियों की विचारशक्ति इतनी प्रबल और पुष्ट होती है कि वे दूसरों पर तुरन्त अपना प्रभाव जमा लेते हैं। उन्हें देखते ही दूसरे व्यक्तियों में नवजीवन का सञ्चार हो जाता है। ऐसे व्यक्तियों के लिए सारा संसार स्वयं मार्ग बना देता है और उनके एक शब्द पर ही संसार में बड़े-बड़े कार्य हो जाते हैं; क्योंकि उच्चात्माओं की आज्ञा का पालन करना लोगों की आदत होती है।

किसी दिव्य व्यक्ति से मिलते ही आपको अपने भीतर नवजीवन-सा सञ्चरित

होता प्रतीत होता है। उससे कोई परिचय न होने पर भी आपको उस पर विश्वास होने लगता है। आप अनुभव करने लगते हैं कि इस व्यक्ति में अवश्य ही कोई दिव्य शक्ति है, जिसके बल पर यह सारे संसार का सञ्चालन कर सकता है। अत: यदि आप चाहते हैं कि लोगों को आपकी शक्ति का पता चले, तो आपको अपनी शक्ति को विकसित करना होगा। यदि आप में अपने को सुसंस्कृत रखने की शक्ति है, तो आपको स्थायी सफलता प्राप्त होगी और आप विजय के अधिकारी होंगे। आपको स्मरण रखना चाहिए कि यदि आप इस विद्या के बिना संसार में प्रवेश करेंगे, तो सुशिक्षित होने पर भी आप सफल न हो सकेंगे; क्योंकि आपके मन का भय और सन्देह आपकी स्वाभाविक शक्तियों को नष्ट कर देता है। तब आप विकट स्थिति में फंस जाते हैं। किन्हीं शास्त्रों के ज्ञान की अपेक्षा यदि आप केवल इतना जान लें कि आप अपनी उत्पादक शक्ति की रक्षा कैसे कर सकते हैं, तो यही पर्याप्त होगा। अत: आपको चाहिए कि आप अपनी अविकसित शक्तियों को सुसंगठित करके उन्हें सशक्त और पुष्ट बनायें। ऐसा करने से आपको सफलता प्राप्त होगी और आपका भविष्य सुखमय हो जायेगा।

यदि आप ऐसा अनुभव करने लगें कि आप किसी काम को करने में असमर्थ हैं, तो आप अपने मन की इस नकारात्मक प्रवृत्ति को दूर करने का प्रयत्न करें और निश्चयात्मक प्रवृत्ति को जागृत करके अपनी सम्पादन शक्ति को विकसित करें। निश्चयात्मक विचारों से निर्माण शक्ति बढ़ती है, जबकि नकारात्मक विचार निर्बलता पैदा करते हैं। अत: आप अपने मन को व्यर्थ विचारों से मुक्त रखें और उसे आराम की सांस लेने दें।

आपको यह तो पता ही है कि जैसा बीज बोया जायेगा, वैसा ही फल पैदा होगा। इसलिए आप अपने मन में दु:ख, दर्द, दारिद्र्य, क्लेश और कपट के भाव बनाये रखेंगे, तो आपको सुख-समृद्धि, प्रेम और सन्तोष कैसे प्राप्त होगा? अत: आप अभी, इसी समय अपने मन, वचन और कर्म से यह विश्वास कर लें कि आप इस समय भी वैसे ही व्यक्ति हैं, जैसा आप बनना चाहते हैं, तो आपको कुछ ही दिनों में अनुभव होने लगेगा कि आपका आदर्श सिद्ध होता जा रहा है और आप वैसे ही बनते जा रहे हैं, जैसा आप बनना चाहते हैं, परन्तु इसके लिए आपको उन गुणों की आवश्यकता होगी, जो आपको उच्च बनाकर आपकी आत्मा को दिव्य बनायें, ताकि आपकी उत्पादक शक्ति तेज़ होकर आपकी लाचारियों, दु:खों और दरिद्रता को नष्ट कर दे। जब किसी व्यक्ति की उत्पादन

शक्ति का ह्रास होने लगता है, तो उसके मन, आत्मा और शरीर का पुनर्गठन होना बन्द हो जाता है। तब वह उस वृक्ष के समान हो जाता है, जो सूर्य और वर्षा की कमी के कारण कीटाणुयुक्त होकर सूखने लगता है।

जब कोई व्यक्ति अपने मनोभावों को संयत व सुनिश्चित कर लेता है, तो उसे गन्दे विचारों से बचने की शक्ति मिल जाती है और वह बुरे विचारों के दुष्प्रभाव से बचा रहता है। यदि वह अपने विचारों को बुराइयों की ओर जाने देता है, तो वह जान-बूझकर भ्रष्ट विचारों के शिकञ्जे में जकड़ जाता है। अतः आप अपने मन को किसी निश्चित ध्येय की ओर लगा दीजिये, ताकि आपकी सभी शक्तियों और गुणों का विकास हो और आपको वे सब अलौकिक साधन प्राप्त हो सकें, जिनके सहारे आपके सारे कार्य सिद्ध होते चले जायें।

आपको यह भी स्मरण रखना चाहिए कि विरोधाभासी विचार आपके परिश्रम को व्यर्थ कर देते हैं। यदि आप कार्य-सम्पादन की क्षमता पैदा करना चाहते हैं, तो आपको अपने मन में तल्लीनता, एकाग्रता और मानसिक शक्ति के साथ विचारों की स्वतन्त्रता भी पैदा करनी होगी। इसका अर्थ यह है कि आपके विचार जीवनप्रद होने चाहिए, जीवन को नष्ट करने वाले नहीं। साहस और आत्मविश्वास से युक्त मनोभावों में बहुत बल होता है, जिससे सफलता सुनिश्चित हो जाती है।

इस प्रकार जिन व्यक्तियों को सदा निराशा, असफलता व पराजय का मुंह देखना पड़ता है, एकाग्रता और साहस से परिपूर्ण मनोभावों के सहारे वे भी सफलता की ओर बढ़ सकते हैं तथा भय, चिन्ता, लाचारी व व्याधि से बचकर विजय प्राप्त कर सकते हैं। आपकी सफलता की कसौटी यह है कि आप इस बात की खोज करें कि अन्य व्यक्ति आप पर कितना विश्वास करते हैं। यदि वे आप पर भरोसा नहीं करते, तो आप समझ लीजिये कि आपके मनोभाव दुर्बल हैं और ऐसे में आप किसी महत्त्वपूर्ण पद पर पहुंच सकें, यह सम्भव नहीं लगता।

विजयी होकर जीने वाले और आजीवन पस्त होकर रहने वाले व्यक्तियों में आकाश-पाताल का अन्तर होता है। यह संसार वीरों का आदर करता है, डरपोक ग़ुलामों का नहीं। आप अपने विचारों की शक्ति से अपने भीतर विश्वास पैदा कर सकते हैं, परन्तु यदि आपके विचारों व मनोभावों में स्फूर्ति और शक्ति नहीं है, तो आप संसार में किसी भी गौरवपूर्ण पद पर प्रतिष्ठित नहीं हो सकते।

ऐसा अनेक बार हुआ है कि लोग किसी व्यक्ति को छोटा व तुच्छ समझते हैं

तथा उसे वह महत्त्व नहीं दिया जाता, जिसका वह स्वयं को अधिकारी मानता है। इसका कारण यह है कि ऐसे व्यक्ति न तो विजेता होते हैं और न उनका व्यवहार ही विजेताओं के समान होता है। उनके मन में विजेताओं के समान उत्साहपूर्ण विचार ही नहीं होते। वे यह भूल जाते हैं कि शक्ति का रहस्य जाने बिना कोई भी प्रभावशाली नहीं हो सकता। प्रभाव तो निश्चयात्मक प्रवृत्ति वाले व्यक्ति का ही होता है। वीर पुरुष पहले अपने आप पर विजय प्राप्त करते हैं, उसके पश्चात् ही वे सारे संसार को जीत लेते हैं।

आपको चाहिए कि आप अपने बच्चों के मन में भी विजय की सफलता के विचार भर दें, उन्हें यह विश्वास दिला दें कि उनका जीवन सफलता प्राप्त करने के लिए है तथा असफल एवं पराजित व्यक्ति को सदा ही अत्याचार सहना पड़ता है, उसे हर जगह अपमानित होना पड़ता है और ठोकरें खानी पड़ती हैं। अतः आप उन्हें यह भली-भांति समझा दें कि विजय ही जीवन है और पराजय मृत्यु है।

संसार में प्रवेश करते समय प्रत्येक युवक को कार्य आरम्भ करने से पहले यह विचार करना चाहिए कि मैं संसार पर विजय प्राप्त करने के लिए ही आया हूं। उसे अपनी योग्यता पर पूर्ण विश्वास होना चाहिए तथा वह जिस कार्य में निपुणता प्राप्त करना चाहता है, उस कार्य में लगे सम्पन्न व्यक्तियों के समान ही व्यवहार करना चाहिए।

इस संसार में किसी व्यक्ति की सफलता का मापदण्ड उसका कार्य होता है, कोरी बातें नहीं। अतः आपको चाहिए कि आप सदा सत्य बात कहें और सत्य का ही प्रकाश करें। चिकनी-चुपड़ी बातों से आप दूसरों को प्रभावित नहीं कर सकते। दूसरों को प्रभावित करने के लिए तो आपको सत्य ही बोलना होगा। यदि आपके मन में दूसरों के प्रति हिंसा या द्वेष की अग्नि जल रही होगी या आपका मन दुर्बल होगा, तो इन सबका पता दूसरों को चल जायेगा। आप अपनी बातों से संसार को धोखा दे सकते हैं, परन्तु आपका मन जानता है कि आपके भीतर क्या चल रहा है। अतः जब तक आपके दूषित विचार नहीं बदल जाते, आपकी मानसिक स्थिति नहीं बदल सकती। जब तक आप यही सोचते रहेंगे कि मैं क्षुद्र हूं या मैं तो दुःख उठाने के लिए ही पैदा हुआ हूं, तब तक ऐसी आशा नहीं की जा सकती कि आप ऐश्वर्यशाली बन जायें। जिसके मन में भय और शंका है, वह स्वप्न में भी धनवान् बनने की कल्पना नहीं कर सकता, परन्तु

यदि उसे अपनी कार्यशक्ति पर विश्वास हो जाये, वह अपने विचारों को बदल डाले, उन्हें समृद्धिशाली बना ले, तो वह भी एक दिन अवश्य समृद्धिशाली बन जायेगा। इसमें कोई सन्देह नहीं है।

***

तीसरा महामन्त्र

अनुकूल अवसर, प्रतिकूल अवसर

सिडनी स्मिथ ने एक बहुत उपयुक्त बात कही है—"यदि किसी गोल-मटोल व्यक्ति को वर्गाकार छिद्र में, वर्गाकार व्यक्ति को गोल छिद्र में, त्रिभुजाकार व्यक्ति को आयताकार छिद्र में और आयताकर व्यक्ति को तिकोने छिद्र में किसी प्रकार ठोक-पीटकर फिट कर दिया जाये, तो भी वह सारा प्रयत्न व्यर्थ ही सिद्ध होगा; क्योंकि उनमें से कोई भी किसी काम को करने में समर्थ न होगा।"

इसका अर्थ यह हुआ कि यदि कोई पिता अपने बेटे को ज़बरदस्ती अपने ही व्यवसाय में लगाना चाहता है और बेटे की उस काम में रुचि न हो, तो वह कार्य उसके लिए उपयोगी सिद्ध न होगा।

यदि जॉन जैक का पिता अपने बेटे को अपने-जैसा क़साई बनाने का प्रयत्न करता, तो जैक कभी भी ऊन का प्रसिद्ध व्यापारी और अनेक प्रतिष्ठानों का मालिक न बन पाता। अत: माता-पिता को चाहिए कि वे अपने बच्चे को उस काम की ओर न धकेलें, जो उनकी प्रकृति के विरुद्ध हो। इसी प्रकार रेनाल्ड का पिता बेटे द्वारा बचपन में की जा रही कलाकारियों को बिल्कुल पसन्द नहीं करता था। यदि टर्नर का पिता भी अपने बेटे को अपनी ही भांति एक नाई बना देता, तो संसार विश्वविख्यात चित्रकार टर्नर को कैसे देख पाता? इसी प्रकार यदि गैलिलियो के माता-पिता भी उस पर अपनी इच्छा लाद देते, तो गैलिलियो ने विज्ञान के लिए जो अद्भुत कार्य किया, क्या वह किसी अन्य ने किया होता?

जो व्यक्ति जहां फ़िट नहीं हो सकता, उसे उस कार्य में लगाना मूर्खता ही है। इससे बढ़कर दु:खद बात दूसरी नहीं हो सकती। एक वृद्ध बिशप ने किसी नवयुवक पादरी से कहा—"मैं तुम्हें धर्म-प्रचार करने से रोकना नहीं चाहता, परन्तु तुम्हारी प्रकृति इसके विरुद्ध है। मैं यह तो नहीं कहता कि यह युग धर्म-प्रचार का शत्रु है, परन्तु बहुत सम्भव है कि वह तुम्हारे-जैसे व्यक्ति से धर्म-

प्रचार की बात सुनना पसन्द न करे।''

इन सब बातों से यही सिद्ध होता है कि किसी भी कार्य को करने के लिए व्यक्ति का ध्येय उसकी अपनी शक्ति के अनुसार ही होना चाहिए। जो व्यक्ति अपने स्वभाव और अपनी शक्ति के विरुद्ध कार्य करता है, वह किसी भी कार्य को सफलतापूर्वक सम्पन्न नहीं कर सकता। वह तो आधा व्यक्ति होता है। उसका अपना अस्तित्व ही विवर्ण हो जाता है।

स्मिथ ने लिखा है—''इस संसार में पशु-पक्षी भी अपनी रुचि को जानते हैं। भालू कभी उड़ने का प्रयास नहीं करता और अनेक द्वार देखता हुआ घोड़ा भी एक बार रुक जाता है। सामने गहरी खाई हो, तो कुत्ते में भी इतनी समझ होती है कि वह रुक जाये, परन्तु मनुष्य एकमात्र प्राणी है, जो प्रायः प्रकृति के विरुद्ध जाने का प्रयास करता है। प्रकृति उसे बार-बार सावधान करती है और संभल जाने के लिए कहती है, परन्तु वह चलता ही रहता है। उसका फल यह होता है कि उसके हाथ कुछ भी नहीं लगता और उसे पछताना पड़ता है। अपने विचार, बुद्धि और समझ-बूझ के प्रतिकूल चलने वाले व्यक्ति सदा हानि ही उठाते हैं।''

यह आवश्यक नहीं कि कोई व्यक्ति अपने दादा या अपने पिता के पेशे को ही अपनाये। यद्यपि आज भी अर्धसभ्य जातियों में यही प्रथा चली आ रही है, तथापि यह आवश्यक नहीं कि आप भी अपने पिता का पेशा ही अपनायें। यदि आपकी उसमें रुचि है और आप समझते हैं कि आप उसमें सफल भी होंगे, तो आप उसी कार्य को अपना सकते हैं, परन्तु यह सोचकर ऐसा कार्य न अपनायें कि उस कार्य में अमुक व्यक्ति ने बहुत धन कमाया है और इसलिए आपको उस कार्य का चयन नहीं करना चाहिए, जिसे आप बहुत सरल मानते हैं। यह ठीक है कि अपनी रुचि के अनुसार किया गया कार्य कभी कठिन नहीं होता, परन्तु फिर भी आप जो काम चुनें, वह ऐसा होना चाहिए, जिसमें आपकी शक्तियों का विकास पूर्णतया प्रकट हो। ऐसा काम कभी आरम्भ न करें, जिससे आपकी दुर्बलता लोगों के सामने प्रकट हो।

सदा अपनी अन्तरात्मा की आवाज़ को सुनें कि वह क्या कह रही है। आपकी प्रतिभा और रुचि आपको बार-बार अपनी ओर पुकारती है। आपका न्यायसंगत भविष्य आपके चरित्र से ही प्रकट होता है। प्रसिद्ध दार्शनिक बुलवर का कहना है—"यह असम्भव है कि कोई व्यक्ति अपने चरित्र के विरुद्ध जीवन-भर संघर्ष करते रहने पर भी जीत सके। सफलता के लिए निश्चित मुख्य सिद्धान्तों में

से एक सिद्धान्त यह है कि आप अपने जीवन-क्रम को इस प्रकार व्यवस्थित करें कि आपके शरीर तथा मन के साधनों और शक्तियों में एकरूपता बनी रहे। ऐसा न हो कि ये एक-दूसरे का विरोध करने लगें।"

बावेल का कहना है—"संसार में प्रत्येक व्यक्ति जन्म से ही अपने लिए निश्चित कार्य लेकर पैदा होता है। जो व्यक्ति कार्य करना चाहते हैं, उन्हें उस कार्य को करने के लिए साधनों की कमी नहीं होती।" ओलवुल की कहानी तो आप पढ़ ही चुके हैं। जब वह क्रिश्चियाना विश्वविद्यालय में अपनी पढ़ाई कर रहा था, तो एक बार उसे किसी धार्मिक संस्थान के उद्‌घाटन समारोह में वायलिन बजाने के लिए कहा गया। थोड़ा हिचकिचाने के पश्चात् उसने वायलिन बजाना स्वीकार कर लिया। उसके सिर पर संगीत का जादू सवार था। उसके शरीर के रक्त की एक-एक बूंद से संगीत निकल रहा था। वह सारी रात वायलिन बजाता रहा। उसे पता ही न चला कि कब रात हुई और कब प्रभात हो गयी। अगले दिन लैटिन की परीक्षा थी, ओलवुल उसमें अनुत्तीर्ण हो गया। निराशा में भरा हुआ ओलवुल अपने अध्यापक के पास पहुंचा और उसके सामने बिना किसी हिचकिचाहट के अपना दिल खोलकर रख दिया। क्या आप जानना चाहेंगे कि उस बुद्धिमान् अध्यापक ने ओलवुल को क्या उत्तर दिया?

उसने कहा—"तुम्हारे साथ बहुत अच्छा हुआ। इससे अच्छी बात और कुछ भी न हो सकती थी। क्या तुम सोचते हो कि तुम एक धर्म-प्रचारक बनने के योग्य हो? तुम यह भली-भांति समझ लो कि यह काम तुम्हारे बस का नहीं है और न तुम यह कर ही सकते हो। अपना मित्र समझकर मैं तुम्हें यह परामर्श देता हूं कि तुम विदेश जाकर संगीत का अध्ययन और अभ्यास करो। जब तक तुम बाहर जाकर संगीत का अभ्यास नहीं करोगे, तब तक तुम अपनी कला में पारंगत न होगे।"

ओलवुल का जीवन-क्रम इमर्सन के इस कथन का द्योतक है—"जीवन का उच्चतम पुरस्कार यही है कि मनुष्य किसी कार्य-विशेष के लिए जन्म ले, ताकि वह उसी में लगा रहकर प्रसन्नता प्राप्त करता रहे।"

प्रकृति का यह नियम है कि व्यक्ति जिस काम को सर्वाधिक पसन्द करता है, उसे उसी में विशिष्टता प्राप्त होती है। कोई भी व्यक्ति तब तक आदर्श रूप में अथवा पूर्ण सफल नहीं हो सकता और न कोई विशेष महत्त्वपूर्ण उपलब्धि ही प्राप्त कर सकता है, जब तक कि वह अपनी किसी विशिष्टता के कारण अपना

स्थान निश्चित नहीं कर लेता। जिस प्रकार पटरियों पर भागती रेलगाड़ी से उसकी शक्ति का पता लगता है, उसी प्रकार प्रत्येक व्यक्ति अपने किसी विशिष्ट कार्य से ही अपनी शक्ति का प्रदर्शन कर सकता है, दूसरे स्थान पर वह सदा निर्बल ही रहेगा।

इमर्सन का कहना है—"नदी में चलती हुई नौका के समान प्रत्येक व्यक्ति को सभी ओर से विभिन्न विघ्न-बाधाओं का सामना करना पड़ता है। केवल एक ही दिशा ऐसी होती है, जिधर चलने में उसे विघ्न प्रतीत होता है और यदि उस एक दिशा से विघ्नों को हटा दिया जाये, तो वह आनन्द से चल निकलता है, परन्तु यदि वह भंवर वाली गहरी धारा की ओर चल दिया, तो समुद्र में विलीन होने के बाद उसका नामोनिशान भी दिखाई नहीं देगा।"

मेरा गन्तव्य क्या है और मैं उसे प्राप्त कर सकूंगा या नहीं—इन प्रश्नों का उत्तर दिया जाना कितना भी कठिन क्यों न हो, परन्तु आवश्यक अवश्य है। इस प्रश्न के उत्तर के बिना जीवन एक दु:खान्त नाटक बन जायेगा।

फ्रेंकलिन ने कहा है—"यदि कोई व्यक्ति अपने जीवन में सफल होना चाहता है, तो उसे अपने लिए कोई विशेष कार्य निर्धारित करना आवश्यक है। उसे उस कार्य के लिए कोई विशेष विधि भी अपनानी होगी। उसे चाहिए कि वह तन-मन-धन से उस कार्य में लगा रहे। हो सकता है कि उसे उस कार्य में अचानक सफलता प्राप्त हो जाये, परन्तु उसके लिए प्रयत्न तो करते ही रहना चाहिए।"

आस्काइन नामक एक अंगरेज वकील ने अपने जीवन का आरम्भ जलसेना से किया था। वह एक वर्ष तक वहां रहा। तत्पश्चात् उन्नति के विचार से वह थलसेना में भर्ती हो गया। वहां भी उसने दो वर्ष से अधिक समय तक काम किया। उसका जीवन एक निश्चित ढर्रे पर चल रहा था तथा उसे किसी भी प्रकार के नये जीवन का स्वप्न में भी ख़याल तक नहीं आता था, परन्तु सौभाग्य की बात कि एक दिन वह उस नगर की कचहरी में चला गया, जिसके पास ही थलसेना की टुकड़ी ठहरी हुई थी। वह कचहरी के कमरों में यों ही घूम रहा था कि वहां उसे एक परिचित न्यायाधीश दिखाई दिया। न्यायाधीश ने जब आस्काइन को देखा, तो उसे बुलाकर अपने पास बिठा लिया। उस समय न्यायाधीश के सम्मुख किसी मुक़द्दमे की सुनवाई चल रही थी और वकील बहस कर रहे थे। न्यायाधीश ने आस्काइन को बताया कि वह ब्रिटेन का नामी-गिरामी वकील

था। आस्काइन बड़े ध्यान से उनकी बहस सुन रहा था। उनकी उस बहस से उसे ज्ञात हो गया कि उनमें कितनी योग्यता थी। उसने अपने मित्र न्यायाधीश से कहा कि उनसे अच्छी बहस तो वह कर सकता है। बस, उसी क्षण उसने वकालत पढ़ने का निश्चय किया। उसमें जो शक्ति छिपी हुई थी, उसका उसे कुछ भी ज्ञान न था, परन्तु जब अवसर आया, तो उसने उसे इस प्रकार पकड़ा कि वह कुछ ही वर्षों में ब्रिटेन का सबसे प्रसिद्ध वकील बन गया।

वह अमरीका के एक महत्त्वपूर्ण विश्वविद्यालय की वेधशाला के अध्यक्ष थे और उन्होंने तारों के सम्बन्ध में अपना अध्ययन तब आरम्भ किया था, जब वह नेशविले नामक नगर में एक फ़ोटोग्राफ़र के यहां काम किया करते थे। फ़ोटोग्राफ़र की दुकान पर एक ग्राहक आया और ज्योतिष विद्या सम्बन्धी अपनी एक पुस्तक वहां भूल गया। उस नवयुवक ने वह पुस्तक देखी और उसे पढ़ना आरम्भ कर दिया। वह पुस्तक उसे इतनी रोचक लगी कि वह सारी रात उसे पढ़ता रहा। उसी रात उसने यह निश्चय कर लिया कि वह तारामण्डल और आकाश के सम्बन्ध में अधिकाधिक ज्ञान प्राप्त करेगा।

यह उसके लिए एक अवसर था। उसने एक छोटी-सी दूरबीन ख़रीदी और उस दूरबीन को लेकर रात में कई-कई घण्टे अपने मकान की छत पर बैठा आकाश के सौन्दर्य को देखता रहता। वह जितना अधिक आकाश का निरीक्षण करता, उतना ही आश्चर्यचकित होता जाता। उसे इससे अत्यधिक आनन्द प्राप्त होने लगा। इस प्रकार उसने अपना ज्ञान बहुत अधिक बढ़ा लिया। फ़ोटोग्राफ़र की दुकान पर काम करने से उसे जो भी आय होती थी, उस राशि से उसने एक बड़ी दूरबीन ख़रीदी तथा उसमें और भी अधिक शक्तिशाली लेंस लगाने के लिए उस दूरबीन को फ़िलाडेल्फ़िया भेज दिया। बड़ा लेंस लग जाने पर उसने आकाशमण्डल के सम्बन्ध में जो नयी खोज की, वह कुछ ही समय में बड़े-बड़े खगोलशास्त्रियों में चर्चा का विषय बन गयी।

उस प्रसिद्ध वैज्ञानिक का नाम था--प्रोफ़ेसर बर्नर।

सुप्रसिद्ध वैज्ञानिक लुई पास्टर अपने जीवन के प्रारम्भिक दिनों में एक सार्वजनिक हॉल में गेटकीपर का काम किया करते थे। उस हॉल में आने-जाने वाले एक विद्यार्थी से उनका परिचय हुआ, जो विज्ञान का छात्र था। लुई पास्टर ने उस विद्यार्थी से दूरबीन में से कुछ देखने की आज्ञा मांगी और जब उसने उस दूरबीन में से झांका, तो उसके सामने एक ऐसा संसार खुला हुआ था, जिसे

देखकर वह अत्यन्त उत्साहित हो उठा। फिर तो जब तक उसे उस यन्त्र की पूरी जानकारी न हो गयी, उसने चैन न लिया। उस यन्त्र की सहायता से उसने अनेक आश्चर्यजनक बातें खोज निकालीं।

संसार में कुछ वैज्ञानिक ऐसे भी हुए हैं, जिन्होंने विभिन्न कीड़ों के विषय में आश्चर्यजनक खोज की है। इनमें से एक ने तो अपनी खोज विद्यार्थी जीवन में एक छोटे-से स्कूल में की थी, जहां उसे बुद्धू समझा जाता था। उसे जो अध्यापिका पढ़ाया करती थी, वह उसे साधारण प्रारम्भिक ज्ञान देने में भी असफल रही थी तथा उसके विषय में बहुत चिन्तित रहा करती थी। एक दिन उस अध्यापिका ने देखा कि वह बुद्धू लड़का अपने डेस्क पर किसी चीज़ को बड़े ध्यान से देख रहा है। अध्यापिका ने जब पूछा, तो उस लड़के ने उत्तर दिया कि वह मेज़ पर बैठी एक मक्खी की आदतें देखने और उन्हें समझने का प्रयत्न कर रहा था। अध्यापिका ने उसकी बात को हंसी में उड़ा दिया, परन्तु संयोग की बात कि कुछ ही दिनों बाद मक्खी के सम्बन्ध में पाठ पढ़ाया जाने वाला था। अध्यापिका ने छात्रों से कहा—"तुम सब ने हज़ारों मक्खियां देखी होंगी। आज तुममें से प्रत्येक को मक्खी के सम्बन्ध में अपने अनुभव सुनाने होंगे।" बारी-बारी से सभी विद्यार्थियों ने उलटी-सीधी बातें बतायीं, परन्तु जब उस बुद्धू की बारी आयी, तो उसने मक्खियों के विषय में अनेक बातें बतायीं तथा मक्खियों के भेद, उनकी खाने-पीने की आदतें, उनके उड़ने-चलने-फिरने, देखने-सुनने आदि के सम्बन्ध में भी बड़े विस्तार से बताया। इसके अतिरिक्त उसने खटमलों के सम्बन्ध में भी विस्तृत जानकारी दी।

जब वह बुद्धू बालक बोल रहा था, तो ऐसा प्रतीत हो रहा था, मानो कोई भावी वैज्ञानिक अत्यन्त विश्वास के साथ अपने विषय के समस्त रहस्य खोल रहा हो। उस दिन अध्यापिका को उस बालक की प्रवृत्ति का पता चला, तो उसने उस बालक को प्रोत्साहित करना आरम्भ कर दिया। कुछ समय पश्चात् उसी बालक को विज्ञान की उच्च शिक्षा के लिए जर्मनी भेज दिया गया। बाद में वही छात्र जर्मनी में लिपज़िग के राष्ट्रीय विज्ञान संग्रहालय का अध्यक्ष नियुक्त किया गया और कुछ ही समय पश्चात् वह वाशिंगटन की सुप्रसिद्ध स्मिथ सोनियन संस्था से भी सम्बद्ध हो गया। वास्तव में, उस छोटे-से स्कूल की उस शिक्षिका की बुद्धिमत्ता की जितनी भी प्रशंसा की जाये, थोड़ी है। उसने उस बालक को वह ज्ञान दिया कि उसे क्या करना चाहिए। इस सम्बन्ध में उसने केवल उसका

मार्गदर्शन ही नहीं किया, अपितु उसे आगे बढ़ने में सहायता भी दी और उसके गन्तव्य का सही पता भी बतला दिया।

फ्रांस के महान् चित्रकार मिलेट का पिता एक किसान था, परन्तु वह बहुत बुद्धिमान् था। मिलेट को पहला चित्र बनाने की प्रेरणा परिवार में रखी एक पुरानी बाइबिल से प्राप्त हुई, जिसे देखकर उसके पिता ने उससे कहा—"तुम जिसका भी चित्र बनाना चाहते हो, बनाओ, तुम्हारी कल्पना चाहे जिस प्रकार का चित्र बनाने की प्रेरणा दे, तुम स्वच्छन्दतापूर्वक वैसा ही चित्र बनाओ।" कलाकार के रूप में इस महान् चित्रकार ने अपना जीवन साइनबोर्ड तैयार करने से प्रारम्भ किया और उसकी कला का विकास इतना अधिक हुआ कि उसका एक चित्र एंजिल्स में छह लाख फ्रांक से भी अधिक में बिका।

बारह वर्ष का एक छोटा-सा लड़का बहुत सुन्दर पियानो बजा रहा था। थोड़ी देर में वह बोला—"मैं कुछ संगीत रचना करना चाहता हूं, कैसे आरम्भ करूं?"

"अभी तुम्हें प्रतीक्षा करनी होगी।" मोज़ार्ट ने उत्तर दिया।

लड़का बोला—"परन्तु जब आपने आरम्भ किया था, तो आपकी आयु मेरी आयु से भी कम थी।"

"हां, तुम्हारी बात ठीक है, मैंने उस समय संगीत रचना आरम्भ की थी, परन्तु मैंने इस सम्बन्ध में कभी किसी से पूछा नहीं था। जब किसी के भीतर से प्रेरणा उठती है, तभी वह कोई रचना कर पाता है, उसके बिना वह रह ही नहीं सकता।" मोज़ार्ट का उत्तर था।

मोज़ार्ट की आयु उस समय केवल छह वर्ष थी, जब वह संगीतकार बन चुका था। तेरह वर्ष की आयु में वह वोलोन संगीत अकादमी का सदस्य बन चुका था, परन्तु जब मोज़ार्ट के पुत्र से किसी ने पूछा कि क्या तुम्हें भी संगीत पसन्द है, तो उसने सोने के कुछ सिक्के खनखनाते हुए कहा—"मुझे तो यह संगीत पसन्द है।"

महान् संगीतकार का पुत्र संगीतकार न होकर एक बैंकर था। व्यक्ति को चाहिए कि वह अपनी रुचियों का अनुसरण करे न कि बाप-दादा की रुचियों का।

यदि व्यक्ति जीवन के आरम्भ में अपने पेशे का समझदारी से चुनाव कर ले, तो उसे सफलता की ओर ले जाने वाला मार्ग स्वयं ही तय हो जाता है। अतः

व्यक्ति को चाहिए कि वह उपयुक्त कार्य के मार्ग पर छोटी आयु में ही चलना आरम्भ कर दे। यदि वह आरम्भ में ही ऐसा कर लेगा, तो यौवनकाल में उसे आगे बढ़ने में बहुत सहायता मिलेगी। उस समय व्यक्ति को ऐसा प्रतीत होता है कि मेरा प्रत्येक क़दम या प्रत्येक दिन का कार्य, मेरा प्रत्येक प्रयास, मेरे जीवन को सफलता और समृद्धि की ओर ले जाने वाला सिद्ध हो रहा है।

संसार में जितने भी प्रसिद्ध व्यापारी हुए हैं, उन सब में अवसर को पहचानकर उसे पकड़ने की अपूर्व शक्ति विद्यमान थी। ऐसे व्यक्ति किसी काम को यूं ही नहीं अपना लेते, अपितु उनमें एक विशेष प्रकार की शक्ति होती है, जिसकी सहायता से वे परिस्थितियों के अनुरूप काम कर सकते हैं तथा जीवन के किसी भी नाज़ुक मोड़ पर किसी नये अवसर को पकड़ सकते हैं। इस सम्बन्ध में अनेक सफल व्यक्तियों के उदाहरण दिये जा सकते हैं।

जार्ज पुलमैन ने चालीस डालर प्रतिवर्ष के सालाना वेतन पर ही काम करना आरम्भ किया था। वह किसी स्टोर में साधारण क्लर्क था। हां, इस वेतन के साथ उसे भोजन भी मिल जाता था। तीन वर्ष तक वह यही काम करता रहा। इसके बाद उसने बढ़ई का काम आरम्भ किया और कुछ ही दिनों बाद वह इमारतों से सम्बन्धित कामों में लग गया। इसी प्रकार काम करता हुआ वह एक दिन शिकागो पहुंच गया और वहां भी इमारतों से सम्बन्धित काम करता रहा।

शिकागो नगर की गन्दी गलियों को व्यवस्थित करने की भारी समस्या सामने थी। शहर की भूमि को आठ फीट ऊंचा उठाकर शहर के गन्दे पानी को बाहर निकालना था। पुलमैन यहां छोटे-छोटे ठेके लेकर काम करने लगा, परन्तु वह अपना काम इतने अच्छे ढंग से करता था कि उसे बहुत अधिक ऑर्डर मिलने लगे। जब वह शिकागो के इस काम में लगा हुआ था, तो वहां शिकागो एण्ड एल्टन रेलवे कम्पनी थी। वह रेल के डब्बे बनाया करती थी। पुलमैन ने उन डब्बों में सुधार के लिए कम्पनी को अनेक सुझाव दिये। पुलमैन ने उन डब्बों को देखकर इस बात का अनुमान लगाया कि रेल के भावी डब्बों में आराम से बैठने और सोने के लिए बहुत सम्भावनाएं हैं और इस काम का भविष्य भी बहुत उज्ज्वल है। उसने रेल के डब्बे बनाना आरम्भ कर दिया। जो डब्बे उसने बनाये, उनका ख़र्च पहले की अपेक्षा चार गुना अधिक था, परन्तु उनमें बैठने और सोने आदि की सुविधाएं बहुत अधिक थीं। उसके डब्बे पुलमैनकार के नाम से प्रसिद्ध हुए। आज प्रायः सभी व्यक्ति पुलमैन के इस मार्गदर्शक काम

से परिचित हैं, परन्तु उसके जीवन में अन्य बातों के अतिरिक्त एक विशेष बात यह भी थी कि उसे जो भी नये अवसर प्राप्त होते थे, वह उनके अनुरूप अपने-आपको ढाल लेने में बहुत प्रवीण था। अनेक प्रकार के काम करते हुए भी वह सदा इस बात का ध्यान रखता था कि उसके व्यापार की आधारभूत एकता कभी समाप्त न हो जाये।

विभिन्न परिस्थितियों में काम करने वाले अनेक व्यापारियों के सम्बन्ध में यह कहा जा सकता है कि उन्होंने अनेक अच्छे काम करते हुए किस प्रकार इतना धन और यश उपार्जित किया। इसका विशिष्ट कारण यही था कि उन्होंने अपना साहस कभी नहीं छोड़ा और परिस्थितियों को अपने अनुकूल बना लिया।

प्रसिद्ध रेलवे कम्पनी में काम करने वाले हैलिंग्टन एक किसान के पुत्र थे। खेती का विचार छोड़कर वह केलीफ़ोर्निया में फेरी लगाकर घड़ियां बेचा करते थे। फिर उन्होंने लोहे के सामान का एक स्टोर बना लिया। उसके बाद वह स्टेनफ़ोर्ड नामक रेलवे कम्पनी में काम करने लगे। उनका सारा जीवन इस प्रकार का रहा कि उनका पहला क़दम उन्हें दूसरे क़दम की ओर ले जाता रहा।

कुछ ऐसा ही अमेरिका के अन्य व्यापारियों और धनी-मानी व्यक्तियों के विषय में भी कहा जा सकता है। आस्टर, आर्मर, बेण्ड बिल्ट, राकफ़ेलर आदि ऐसे अनेक व्यक्ति हैं, जिन्होंने अवसर को पहचाना और उससे भरपूर लाभ उठाया। उन सभी व्यक्तियों में यह विशेषता थी कि उन्होंने इस बात पर बहुत अच्छी तरह विचार किया कि जीवन में उनका स्थान क्या है तथा वे इसे कैसे प्राप्त कर सकते हैं।

इन सभी प्रश्नों का उत्तर देने के लिए यह आवश्यक नहीं कि किसी काम में सफलता प्राप्त करने के लिए व्यक्ति को कोई विशेष तैयारी करनी पड़े। आवश्यकता यह है कि मनुष्य में देखने-समझने की शक्ति हो, विचारों को कार्यरूप में बदलने की शक्ति हो तथा परिस्थितियों को अपने अनुरूप ढालने का गुण हो।

***

चौथा महामन्त्र
अपने विचारों को बदल डालें

व्यक्ति की अनुभवजन्य योग्यता का ही दूसरा नाम कला है। जो व्यक्ति यह नहीं जानता कि अपनी ग़लतियों को किस प्रकार सुधारा जा सकता है अथवा अपनी कार्यकुशलता को किस प्रकार और अधिक उपयोगी बनाया जा सकता है, वह प्राय: जीवन-भर असफल ही रहता है। आप किसी वस्तु का निर्माण करते हैं, तो वह उपयोगी होनी चाहिए, सुन्दर होनी चाहिए और इतनी सुन्दर होनी चाहिए कि उसे देखते ही लोग वाह-वाह कह उठें। ऐसा तभी हो सकता है, जब आपकी कार्यक्षमता व कार्यकुशलता अपने सुन्दरतम रूप में प्रकट हो। इसके लिए यह आवश्यक है कि आप अपनी ग़लतियों को पहचानें, उनमें सुधार करें और अपने मन को सन्तुलित बनाकर अपने कार्य में सामञ्जस्य स्थापित करें। इसके पश्चात् आपका प्रत्येक काम उपयोगी होने के साथ ही सुन्दर और कला का आदर्श नमूना बन जायेगा। सुसंस्कृत विचारों का प्रभाव मनुष्य के मन पर बहुत मुश्किल से पड़ता है, जबकि दुर्विचारों का प्रभाव बहुत जल्दी पड़ता है। इन दुर्विचारों में से कुछ इस प्रकार हैं— रूढ़िवादिता, ईर्ष्या, कपट, कायरता व हठ। इन दुर्विचारों के लक्षण और स्वरूप भिन्न-भिन्न होते हैं, जो आरम्भ में तो किसी प्रकार की हानि पहुंचाते प्रतीत नहीं होते, परन्तु धीरे-धीरे उनकी जड़ें आपके मन में इतनी गहरी जम जाती हैं कि उनसे छुटकारा पाना असम्भव हो जाता है। तब वे दुर्विचार ही आपके स्वभाव का अंग बन जाते हैं। अब यह तो आप जानते ही हैं कि जैसे आपके विचार होंगे, उनका वैसा ही प्रभाव आपके शरीर व कार्यों पर भी पड़ेगा।

अनेक व्यक्ति इस छोटी-सी बात को समझकर केवल कुछ ही दिनों में अपने विचारों में परिवर्तन ले आते हैं और तब उनका जीवन इतना बदल जाता है, उनकी कार्यकुशलता इतनी बढ़ जाती है, उनके विचारों का सामञ्जस्य इतना घनिष्ठ हो जाता है कि वे कहीं-से-कहीं जा पहुंचते हैं, जबकि अनेक व्यक्ति या तो इस बात को जानते ही नहीं या जान-बूझकर इसे भुला देते हैं और अपने

जीवन को बिगाड़ लेते हैं। आप अपने विचारों को अभी बदल डालिये, उन्हें उदात्त, उदार एवं रचनात्मक बनाइये और देखिये कि आपका सम्पूर्ण जीवन ही बदल जायेगा। जिस प्रकार आप अपने घर को प्रतिदिन साफ़ करते हैं, उसी प्रकार अपने मन को भी प्रतिदिन साफ़ करते रहिये, तभी आपकी शक्तियां विकासशील बनी रहेंगी, अन्यथा उनकी प्रक्रिया समाप्त हो जायेगी। प्राकृतिक विकास की प्रक्रिया मन और शरीर दोनों के लिए स्वाभाविक है, प्राकृतिक है, आगे बढ़ने के लिए, ऊंचा उठने के लिए, प्रगति के लिए निरन्तर नये-नये विचार, प्रगति के लिए आगे बढ़ने के विचार आवश्यक हैं, लेकिन जब कुछ दुर्विचार आपके मन को आक्रान्त कर लेते हैं, तब वहां रचनात्मक विचार नहीं रह पाते, परन्तु जब आपके मन में रचनात्मक विचार रहते हैं, प्रगतिशील विचार रहते हैं, उन्नतिशील विचार रहते हैं, तब ध्वंसात्मक अथवा दूषित विचार वहां ठहर ही नहीं सकते।

आपने अनेक बार यह अनुभव किया होगा कि कई बार आप दुखी होते हैं, आपके मन को कोई क्लेश होता है और आप निराश हो जाते हैं, लेकिन अचानक ही आपके मन से दु:ख की छाया या निराशा के बादल आश्चर्यजनक रूप से दूर हो जाते हैं और आप हर्ष एवं प्रसन्नता अनुभव करने लगते हैं। उस समय—कुछ देर के लिए—जीवन के प्रति आपका दृष्टिकोण एकदम बदल जाता है। आपने अनेक बार यह अनुभव किया होगा कि अकस्मात् किसी शुभ समाचार के मिलने से अथवा किसी सहृदय या स्नेही व्यक्ति के आगमन से सारा वातावरण बदल जाता है। तब आपको ऐसा लगता है, मानो किसी ने आपकी दुखती हुई रग पर शीतल चन्दन का लेप कर दिया है। उस समय आपका हृदय आनन्द की अनुभूति से भर उठता है। तब आपके विचारों में परिवर्तन हो जाता है और आप विभोर हो उठते हैं। ऐसे अनुभव आप में से बहुतों को हुए होंगे। ऐसे अनुभवों को अपनी दृष्टि से ओझल मत होने दीजिये। ऐसे सुन्दर और हृदयस्पर्शी अनुभव जीवन-भर याद रखने की चीज़ हैं। जब कभी आपके मन पर निराशा के बादल छा जायें अथवा अप्रसन्नता की कोई घटना आपके साथ घट जाये, उस समय ये अनुभव आपको नवजीवन प्रदान करेंगे।

कुछ लोगों का यह कहना है कि मन किन्हीं बाहरी प्रभावों को ग्रहण कर ही नहीं सकता और न परिस्थिति में ही परिवर्तन लाया जा सकता है। आनन्द अथवा विषाद—ये दोनों केवल भाग्य की चीज़ हैं, लेकिन यह सरासर ग़लत है।

ऐसे अनेक उदाहरण मौजूद हैं, जब व्यक्ति की मनोवृत्ति में आमूल-चूल परिर्वतन हो जाता है। अनेक अकर्मण्य व्यक्ति भी कर्मठ होते देखे गये हैं, अनेक मनहूस व्यक्ति भी आनन्दित एवं प्रसन्न देखे गये हैं और ऐसे व्यक्ति भी देखे गये हैं, जिनकी मानसिक शक्तियां बिल्कुल जवाब दे गयी थीं, परन्तु प्रयत्नों अथवा विचारों में परिवर्तन हो जाने के कारण उनके व्यक्तित्व में भी प्रबल परिवर्तन हो गया।

साहस के बारे में सोचें, तो अनेक व्यक्तियों में यह गुण नहीं होता। वे सदा यही सोचते रहते हैं कि उनका भविष्य अन्धकारमय ही रहेगा, परन्तु उनके माता-पिता अथवा गुरुजनों की अपेक्षा का उन पर ऐसा चमत्कारी प्रभाव हुआ कि उनका सम्पूर्ण जीवन ही बदल गया। अतः यह सिद्ध होता है कि किसी प्रकार शिक्षा प्राप्त करके अथवा निरन्तर प्रयास करके व्यक्ति के विचारों में क्रान्ति लायी जा सकती है। जो व्यक्ति दूसरों को बार-बार साहस का उदाहरण देकर उन्हें साहसी बनने का सुझाव देता है तथा उनके मन से भय व कायरता को दूर करके उसमें शूरता और वीरता-जैसे विचारों को भर देता है, उनके सोये हुए आत्मविश्वास को जगा देता है तथा निषेधात्मक विचारों के स्थान पर विधेयात्मक एवं निर्माणात्मक विचारों को भर देता है, वही व्यक्ति गुरु अथवा उपदेष्टा कहलाता है। ऐसे गुरु से शिक्षा प्राप्त करके साहसहीन व्यक्ति भी प्रभावशाली व्यक्तित्व प्राप्त कर लेता है। साहस व्यक्ति का जन्मसिद्ध अधिकार है, परन्तु इसका लोप हो जाने पर भय तथा कायरता मन को डरा देते हैं, जबकि साहस का भाव आते ही अनेक कायर व्यक्ति भी अपने पराक्रम से संसार को चकित करते देखे गये हैं। इससे यह प्रमाणित होता है कि व्यक्ति की मनोवृत्ति को पूर्णतः बदला जा सकता है।

जिस समय आप भय, शंका अथवा निराशा की स्थिति में हों, उस समय आप जो भी निर्णय लेंगे, वह कभी सही नहीं हो सकता। सही निर्णय तो आप तभी ले सकते हैं, जब आपका मन निराशा, क्रोध, ईर्ष्या, द्वेष अथवा भय आदि से ग्रस्त न हो और आपका मस्तिष्क पूरी तरह से कार्य कर रहा हो। किसी भी महत्त्वपूर्ण विषय पर भय तथा चिन्तापूर्ण स्थिति में निर्णय मत लीजिये। उन्हीं योजनाओं को क्रियान्वित कीजिये, जिन्हें आपने शान्त मन से एकाग्र होकर बनाया हो। भय, चिन्ता, क्रोध तथा मानसिक असन्तुलन का आवेग आपकी मानसिक शक्तियों को छिन्न-भिन्न कर देता है, परन्तु यदि व्यक्ति को सही प्रशिक्षण

दिया जाये, उसके मन को अभ्यास कराया जाये, तो ईर्ष्या, द्वेष, निराशा, क्रोध अथवा वैमनस्य आदि विचारों को कुछ ही क्षणों में दूर किया जा सकता है। तब प्रसन्नता, आशा, उत्साह और आकांक्षा आपके मन के अन्धकार को दूर कर देंगी।

आज के युग में व्यक्ति की आवश्यकताएं जिस प्रकार बढ़ती जा रही हैं और जिस प्रकार आज की सभ्यता मानव-मस्तिष्क को नये से नया काम करने की चुनौती दे रही है, उसी प्रकार संसार की मांग के अनुरूप व्यक्ति को अपने मस्तिष्क में स्थिरता लानी होगी, अपने विचारों को बदलना होगा, आवश्यकता के अनुरूप अपने-आपको तैयार करना होगा। यह सब स्थितियों और प्रयत्नों को बदलकर ही किया जा सकता है। आवश्यकता के अनुरूप चेष्टाओं को भी बदला जा सकता है। उद्देश्यों की आवश्यकता के अनुरूप ही स्थितियों का निर्धारण किया जा सकता है। बड़े-बड़े शहरों की हलचल और शोर व्यक्ति के मस्तिष्क की शक्ति को अनेक रूप से विकसित करेंगे। जो व्यक्ति बड़े शहर में रहता है, उसे अपनी प्रत्येक चेष्टा में तेज़ी लानी होगी। सोचने में, विचार करने में तेज़ी लानी होगी, प्रत्येक कार्य करने में तेज़ी लानी होगी और आपातकालीन स्थितियों का मुक़ाबला करने के लिए तैयार रहना होगा। छोटे क़स्बों और गांवों में रहने वाले व्यक्तियों का विकास भिन्न प्रकार से होगा। शायद इसलिए कि उनकी आवश्यकताएं इतनी कम होती हैं कि उन्हें तुरन्त निर्णय लेने की आवश्यकता नहीं होती।

मानव-मस्तिष्क अत्यधिक संवेदनशील है और वह प्रत्येक व्यवसाय की आवश्यकता के अनुरूप अपनी योग्यताओं को विकसित करता रहता है। उसकी शक्तियां विशिष्ट प्रकार का काम करने के लिए बढ़ती रहती हैं। नाना प्रकार के व्यवसायों, धन्धों व नौकरियों के लिए अनेक प्रकार के मानसिक और शारीरिक प्रयत्नों की आवश्यकता होती है, जिनमें आवश्यकता के अनुरूप बड़ी तेज़ी से और निरन्तर परिवर्तन होते रहते हैं। अत: जिस व्यक्ति का मस्तिष्क बहुत अधिक संवेदनशील होता है, वह उतनी ही तीव्रता से परिवर्तन भी ला सकता है तथा नये-से-नये संघर्ष को झेलकर उस पर विजय भी प्राप्त कर सकता है।

प्रत्येक व्यक्ति की आवश्यकताएं विशिष्ट होती हैं, इसीलिए उस व्यक्ति का मस्तिष्क भी अपनी आवश्यकताओं के अनुरूप विकसित होता रहता है। किसी वकील, व्यापारी या आर्किटेक्ट के मस्तिष्क के विकास का रूप एक-दूसरे से

भिन्न होगा। जो व्यक्ति अध्यापन का कार्य करता है, उसके मस्तिष्क का विकास व्यापारी के मस्तिष्क के विकास से भिन्न होगा। अध्यापक के विचारों में उन्मुक्तता, कार्य में शिथिलता, सांसारिक अथवा भौतिक पदार्थों का अभाव, आरामतलबी तथा एकान्तप्रियता दिखार्द देती है, जबकि व्यापारी के विचारों में दूरदर्शिता, चतुराई, समझदारी, नियमितता, समय-पालन, फुर्ती, धन व परिश्रम की बचत तथा विचारों की सीमितता दिखाई देगी।

महत्त्वाकांक्षा ही व्यक्ति के मस्तिष्क में परिवर्तन अथवा सुधार लाने वाली शक्ति है। जो व्यक्ति अपने जीवनोद्देश्य को तय कर लेते हैं, अपनी महत्त्वाकांक्षाओं को निर्धारित कर लेते हैं, वही महत्त्वपूर्ण व्यक्ति कहलाते हैं और उनके मस्तिष्क में अब तक हुए परिवर्तन का परिणाम भी भविष्य में दिखाई देता है।

आज अनेक वैज्ञानिक मानव-मस्तिष्क को विकसित करने की सम्भावना पर खोज कर रहे हैं। हो सकता है कि कुछ समय पश्चात् जब वे इस रहस्य को जान लेंगे, तो शायद उनके विकास का काम आसान हो जायेगा, परन्तु तब तक आपको इतना जान लेना पर्याप्त है कि यदि आप अपने मस्तिष्क को विकसित करना चाहते हैं, तो अपने व्यक्तित्व को सर्वजनप्रिय बनाइये। अपने मन से घृणा, ईर्ष्या, द्वेष, अनुदारता आदि कुविचारों को निकाल बाहर फेंकिये और उनके स्थान पर रचनात्मक, निर्माणात्मक तथा क्रियात्मक विचारों को स्थापित कीजिये। यदि आप अपने जीवन में सफलता प्राप्त करना चाहते हैं, यदि आप शासन करना चाहते हैं, यदि आप विजयी होना चाहते हैं, तो इस कुञ्जी को सदा अपने साथ रखने का प्रयत्न कीजिये।

***

पांचवां महामन्त्र

अवसर को पहचानें

किसी प्रसिद्ध कवि का कहना है—"प्रत्येक व्यक्ति के जीवन में एक ऐसा समय अवश्य आता है, जब उसे अपने स्वप्न साकार होते दिखाई देते हैं। ऐसा समय कोई भी हो सकता है—प्रातःकाल, दोपहर, सायंकाल या रात्रि। सफलता जिस समय भी मुसकराती हुई उसका स्वागत करने को तैयार होती है, वही समय सर्वाधिक महत्त्वपूर्ण होता है, परन्तु यदि व्यक्ति उस एक क्षण का स्वागत करने के लिए भी तैयार नहीं होता, तो वह अवसर से वञ्चित रह जाता है।"

जो व्यक्ति अनिश्चय को छोड़कर तथा निश्चित होकर अपना कार्य करते हैं और भाग्य की प्रतीक्षा नहीं करते, सदा चौकन्ने होकर अपनी जीवन-नैया को गाते हुए खेते चलते हैं और जीवन के प्रत्येक क्षण तथा प्रत्येक अवसर का आलिंगन करने के लिए तैयार रहते हैं, उनका भाग्य स्वयं उनके पास चलकर आता है।

आस्टिन फ़िलिप्स का कहना है—"अवसर को पहचानने के लिए सजगता, उसे पकड़ने के लिए व्यवहारकुशलता तथा साहस एवं प्राप्त अवसर द्वारा पूर्ण सफलता प्राप्त करने के लिए विशिष्ट शक्ति और कार्य को समग्र रूप से पूरा करने के लिए धैर्य ही सफलता-प्राप्ति का एक मात्र गुण है।"

प्रत्येक व्यक्ति यह जानता है कि जीवन में कुछ क्षण ऐसे अवश्य आते हैं, जिन पर आगे आने वाले अनेक वर्षों का भाग्य निर्भर करता है। यह याद रखने की बात है कि उपयुक्त अवसर केवल कुछ क्षणों के लिए ही आते हैं। यदि आप उन क्षणों में चूक जाते हैं, तो आप अनुमान भी नहीं लगा सकते कि आपने कितने महीने और कितने वर्ष खो दिये। किसी काम को करने का अर्थ है, उस कार्य का बीजारोपण करना। स्पष्ट है कि यदि समय पर बीज न बोया जाये, तो अंकुर कभी नहीं फूट सकते।

अनेक व्यक्ति यह नहीं जानते क़ि जवानी के दिन कितने अमूल्य होते हैं।

अवसर मुसकराता हुआ क़दम-क़दम पर उनका स्वागत करने के लिए सामने आता है। ठीक है, जिस व्यक्ति का मन कर्मशील है, उसे एक नहीं, अनेक अवसर प्राप्त होते हैं तथा उसे उस समय किसी अवसर को पकड़ने के लिए भाग-दौड़ करने की आवश्यकता नहीं होती। ऐस व्यक्तियों का मस्तिष्क सरल और लचीले विचारों से युक्त होता है। उनमें वह शक्ति होती है कि वे अपने जीवन की गति को यन्त्र के समान नियमित कर सकें, परन्तु किसी विशिष्ट योजना पर पहुंचने वाला क्षण बहुत ही छोटा होता है। व्यक्ति सतर्क रहेगा और उसे पकड़ने के लिए सदा तैयार रहेगा, तभी वह सफल हो सकेगा; क्योंकि सफलता और असफलता को पृथक् करने वाला बिन्दु बहुत ही सूक्ष्म होता है।

दुर्बल और अस्थिरमति व्यक्ति ही प्रायः यह बहाना बनाया करते हैं कि उन्हें अवसर नहीं मिला। क्या आप भी यह कह सकते हैं कि प्रत्येक व्यक्ति का जीवन तथा उसके जीवन का प्रत्येक क्षण अवसरों से भरा नहीं है? क्या स्कूल-कॉलेज में पढ़ाया जाने वाला प्रत्येक पाठ एक अवसर नहीं है? क्या प्रत्येक परीक्षा जीवन में एक अवसर बनकर नहीं आती? चिकित्सक के लिए प्रत्येक रोगी एक अवसर ही है। जब भी कोई काम आपके सामने आता है, वह एक अवसर ही होता है। प्रत्येक उपदेश तथा प्रत्येक शिक्षा अवसर से परिपूर्ण है। आपके कार्य का आदान-प्रदान भी आपके लिए एक सुनहरा अवसर ही होता है।

आइये, आपको बतायें कि आप अवसर के इन क्षणों को किस प्रकार पकड़ सकते हैं। जीवन के इन अवसरों में आपको विनम्र होना होगा, बहादुर बनना होगा, अपने ईमानदार होने का प्रमाण देना होगा और मित्र बनाने का अवसर प्राप्त करना होगा। जब कोई व्यक्ति आप पर विश्वास करता है, तो वह भी आपके लिए एक अवसर ही है, जब आप अपने अच्छे और उच्च चरित्र को प्रकट कर सकते हैं। आपकी शक्ति और सम्मान को देखकर ही आपको कोई उत्तरदायित्व सौंपा जाता है और यह आपके लिए एक दुर्लभ अवसर होता है।

वस्तुतः व्यक्ति का जीवन एक वरदान है; क्योंकि यदि व्यक्ति इसका प्रयोग परिश्रम और प्रयत्नपूर्वक नहीं करता, तो यह जीवन व्यर्थ हो जाता है। जब कोई व्यक्ति जीवनरूपी इस वरदान को उत्साह और वीरता से स्वीकार कर लेता है, तो उसके कार्यक्षेत्र में अनेक अवसरों का तांता लग जाता है, जिन्हें पकड़ पाना तथा उनका उचित उपभोग करना अत्यन्त कठिन हो जाता है।

वास्तव में, आप अपने जीवन में इस सम्बन्ध में कभी विचार ही नहीं करते

कि आप किस चीज़ की अपेक्षा करते हैं। यदि देखा जाये, तो वह अवसर ही है, जिसकी आप अपने जीवन में सर्वाधिक अवहेलना और उपेक्षा करते हैं, जबकि व्यक्ति को चाहिए कि वह अवसर की प्राप्ति के लिए भिखमंगों की भांति हाथ फैलाये बैठा न रहे, अपितु स्वयं उनका निमार्ण करे।

मैं इस सम्बन्ध में आपको एक घटना बताता हूं, जिससे यह तथ्य और भी अधिक स्पष्ट हो जायेगा। चार्ल्स टी.यर्क्स किसी समय फ़िलाडेल्फ़िया में दलाल का काम करते थे। आज वह लखपति हैं। उन्होंने एक अवसर से लाभ उठाकर अपना जीवन आरम्भ किया था। यह अवसर उन्हें उस समय मिला था, जब वह बाज़ार से गुज़रते हुए नीलामी की एक दुकान पर जा पहुंचे। वहां बड़ी भीड़ लगी हुई थी। उन्होंने उस दुकान पर साबुन से भरे अनेक बड़े-बड़े बक्से देखे। पहले तो उन्हें आश्चर्य हुआ, परन्तु जब उन्होंने ध्यान से देखा, तो उन्हें पता चला कि यह साबुन तो बिल्कुल वैसा ही है, जैसा उनकी मां मुहल्ले के पंसारी से ख़रीदकर लाती है। वह वहां से भागते हुए उस पंसारी की दुकान पर पहुंचे और उससे साबुन की क़ीमत पता की। पंसारी ने बताया कि एक पाउण्ड साबुन का मूल्य लगभग बारह सेण्ट है। यर्क्स ने और अधिक सौदेबाज़ी की, तो पंसारी ने धीमी आवाज़ में उनसे कहा—"तुम जितना भी साबुन लाओगे, मैं नौ सेण्ट प्रति पाउण्ड के हिसाब से सारा ख़रीद लूंगा।"

यर्क्स भागे-भागे नीलामी वाली दुकान पर गये और छह सेण्ट प्रति पाउण्ड की दर से सारे साबुन की बोली लगा दी। यह उनके जीवन का पहला अवसर था, जब उन्होंने तीन सेण्ट प्रति पाउण्ड की कमाई की।

ऐसी ही एक कहानी एक विद्यार्थी की है, जो अपने बिस्तर पर उदास लेटा हुआ था। उसे नींद नहीं आ रही थी। पास ही बन्दरगाह में माल से लदे एक जहाज़ में आग लग चुकी थी, लेकिन जहाज़ पर खड़े लोग शोर मचाने के सिवा कुछ भी न कर पा रहे थे। वह विद्यार्थी अपने बिस्तर से उठकर बाहर आया। उसने देखा कि जहाज़ जल रहा है। वह भागकर जहाज़ के मालिक के पास पहुंचा और उससे बोला—"क्या आप इस जहाज़ को बचाना चाहते हैं?"

जहाज़ के मालिक ने उत्तर दिया—"यदि कल प्रातःकाल तक कुछ बच सका, तो बचाने की कोशिश करूंगा, परन्तु कोई आशा नहीं है कि कुछ भी बच सकेगा। आग बहुत भयंकर है।"

"क्या आप इस जलते हुए जहाज़ को इसी हालत में बेचने को तैयार हैं?"

मालिक बोला—"कौन ख़रीदार है और इसके कितने पैसे देगा ?"

विद्यार्थी ने उत्तर दिया—"मैं इसे ख़रीदने को तैयार हूं और मैं आपको चालीस पाउण्ड दे सकता हूं।"

मालिक ने सोचा—जहाज़ तो जल ही रहा है, इसके बचने की कोई आशा नहीं है। ऐसी हालत में चालीस पाउण्ड ही सही। उसके 'हां' कहने पर उस विद्यार्थी ने अपने एक साथी की ओर इशारा किया और जहाज़ के मालिक से कहा—"आप अपने किसी आदमी को इसके साथ भेज दीजिये, यह आपको चालीस पाउण्ड दे देगा। मेरे पास आपके साथ जाने का समय नहीं है; क्योंकि मुझे अभी इसी समय जहाज़ को बचाने का कार्य आरम्भ करना है।"

उस विद्यार्थी ने अपने कुछ साथियों को तथा अन्य सहयोगियों को बुलाकर काम पर लगा दिया और आग बुझाने का प्रयत्न आरम्भ कर दिया। वे इस काम में बहुत कुछ सफल भी हो गये और उन्होंने बहुत-सा अधजला सामान बाहर भी निकाल लिया और उस सामान को कौड़ियों के भाव में बेचकर भी उन्हें पांच सौ पाउण्ड प्राप्त हो गये। यह एक अवसर था, जिसे उस विद्यार्थी ने शोर की एक ही आवाज़ में पहचान लिया और सम्भावनाओं को समझ लिया। जहाज़ के कप्तान और उसमें लदे माल के मालिक को यह बात समझ में नहीं आयी कि किसी चीज़ को कैसे बचाया जा सकता है।

हो सकता है कि आपके द्वार पर भी कोई अवसर आपकी बाट जोह रहा हो।

न्यू हैम्पशायर में किसी व्यक्ति को यह पता चला कि गरमी के दिनों में चलने वाले होटलों में ट्राउट नामक मछली एक डालर में बिकती है। वह व्यक्ति होटलों के पास ही रहा करता था। उसने मछली पालने के सम्बन्ध में कुछ पुस्तकें ख़रीदीं और उनकी सहायता से ज्ञान प्राप्त कर पास के पहाड़ी क्षेत्र में अपने खेत की सीमा पर बांध बनाकर पास में बहने वाले एक झरने के पानी को एकत्र किया और कुछ ही वर्षों में मछली पाल कर वह लखपति बन गया।

अमेरिका में किसी बूढ़ी महिला के पास एक खेत था, परन्तु उसमें दलदल भरी थी। वहां एक व्यक्ति ने आकर उस बूढ़ी महिला से कहा—"तुम इस खेत का क्या करोगी ? यहां तो केवल मेंढक ही रह सकते हैं।"

वृद्धा ने उत्तर दिया—"तो ठीक है, अब यहां मेंढक ही रहेंगे। मैं आज से ही मेंढक पालना आरम्भ कर दूंगी और उन्हें बाज़ार में बेच दिया करूंगी।"

वृद्धा ने उसी दिन से मेंढक पालने की जानकारी प्राप्त की और उस दलदल से भरे खेत में मेंढक पालने आरम्भ कर दिये। धीरे-धीरे उसका काम इतना बढ़ गया कि उसने अपने आस-पास की सारी दलदल वाली भूमि ख़रीद ली और वहां मेंढकों का एक बड़ा फ़ार्म बना दिया। दूर-दूर तक उसके मेंढकों की मांग रहने लगी और तब देखते-ही-देखते वह वृद्धा लाखों की स्वामिनी बन गयी। उस वृद्ध महिला ने उस व्यक्ति की वह बात पकड़कर अवसर को पहचान लिया और शीघ्र ही उस पर काम करना आरम्भ कर दिया। इसीलिए वह सफल भी हुई।

एक नवयुवक बहुत दिनों तक बीमार रहा। इलाज के पश्चात् जब वह स्वस्थ होने लगा, तो उसके लिए सारा दिन बिस्तर में पड़े रहना कठिन हो गया। एक दिन उसने नरम लकड़ी का एक टुकड़ा लिया और धीरे-धीरे उसे चाकू की सहायता से छीलने लगा। छीलते-छीलते दो घण्टे में उसने लकड़ी के उस टुकड़े से बच्चों के लिए एक खिलौना बना डाला। उसके घर के पास कुछ बच्चे खेल रहे थे। उन्होंने जब उस खिलौने को देखा, तो वे उस युवक से उसी प्रकार का खिलौना बनाने की मांग करने लगे। वह युवक स्वस्थ होकर खिलौने ही बनाने लगा और धीरे-धीरे उसका व्यापार इतना फैल गया कि उसके बनाये हुए खिलौने दूर-दूर तक बिकने लगे। अमेरिका के कैन्सास नगर में मैक्सवेल नाम की एक लड़की रहा करती थी। वह बहुत निर्धन थी। जब उसे पेट भरने के लिए कोई अन्य साधन नहीं मिला, तो उसने रोज़ी कमाने के लिए लोगों के जूतों पर पालिश करना आरम्भ कर दिया। धीरे-धीरे उसकी लोकप्रियता इतनी बढ़ गयी कि उसने कुछ लड़कों को जूते पालिश करने के लिए अपने पास ही रख लिया। धीरे-धीरे उसने अपने काम को और भी आगे बढ़ाया और नगर में अनेक स्थानों पर लड़कों को पालिश करने के काम पर बैठा दिया। कुछ समय बाद जब उसने हिसाब लगाया, तो वह पर्याप्त धन कमा चुकी थी। उस धन से उसने बूट-पालिश करने वाले लड़कों के लिए खाने, रहने और पढ़ाई करने के लिए अनेक प्रकार की सुविधाएं जुटायीं और एक-एक गली में घूमकर उन निर्धन बच्चों की सहायता की। इसका परिणाम यह हुआ कि वह सभी निर्धन बच्चों में लोकप्रिय हो गयी। फिर तो नगर के अन्य व्यक्तियों ने भी उससे इस विषय में जानकारी प्राप्त की, तो उन्हें भी उसका यह काम बहुत पसन्द आया और तब अधिकांश धनी-मानी व्यक्ति भी उसकी सहायता करने लगे। उसने अपने उस सेवा-कार्य

से धन तो कमाया ही, लोगों का दिल भी जीत लिया। निर्धन व्यक्तियों की सेवा के अतिरिक्त उसे अब अपना बहुत-सा समय उस सारे काम की देख-भाल और हिसाब-किताब रखने में भी व्यतीत करना पड़ता था।

सम्भवतः आज के नवयुवक बूट-पालिश करने में कोई अवसर न देख सकें, परन्तु उस निर्धन लड़की ने अवसर को पहचाना और उसे अपने अनुकूल बनाकर उससे भरपूर लाभ उठाया।

क्या आपके द्वार पर अवसर नहीं खड़ा है?

मेन नामक नगर में एक किसान रहता था, जिसकी पत्नी सदा अस्वस्थ रहा करती थी। किसान को खेत में काम करने के अतिरिक्त अपने घर का काम-काज भी करना पड़ता था। पत्नी के कपड़े भी धोने पड़ते थे। पत्नी के बीमार होने से पहले वह कपड़े धोने के सम्बन्ध में कुछ भी न जानता था, परन्तु जब उसे कपड़े धोने पड़े, तो उसने समझ लिया कि यह तरीक़ा तो बहुत धीमा और परिश्रम वाला है। सोचते-सोचते उसने एक मशीन बना डाली, जिसकी सहायता से कपड़े शीघ्र भी धुलते थे और परिश्रम भी कम लगता था। उस मशीन के आविष्कार से वह किसान कुछ ही समय में अपार धन-सम्पत्ति का मालिक बन गया।

इसी प्रकार न्यू जर्सी में एक नाई रहता था। उसका यह स्वभाव था कि वह प्रत्येक बात को बड़े ध्यान से समझने का प्रयत्न किया करता था। उसने बाल काटने के सम्बन्ध में एक ऐसी कैंची का आविष्कार कर डाला, जिससे बाल काटने का काम बहुत आसान हो गया। धीरे-धीरे उसकी कैंची की मांग बढ़ने लगी और देखते-देखते वह नाई एक धनी व्यक्ति बन गया।

यदि ध्यानपूर्वक देखा जाये, तो यह कोई लम्बा-चौड़ा आविष्कार नहीं था, परन्तु उस नाई ने एक सामान्य-सा आविष्कार करके उसे न केवल अपने लिए लाभप्रद बना लिया, अपितु अन्य लोगों के लिए भी सरलता पैदा कर दी।

प्रायः अधिक ठण्डे देशों में दस्ताने पहनने का आम रिवाज है। दस्ताना बनाने वाली अनेक कम्पनियां विभिन्न प्रकार के दस्ताने बनाती हैं, परन्तु दस्ताना बांधने के विषय में किसी ने विशेष ध्यान नहीं दिया था। एक व्यक्ति ने दस्ताना बांधने के आविष्कार को पेटेण्ट करा लिया और उसी के द्वारा कई हज़ार पाउण्ड कमा लिये।

शीतप्रधान देशों में ठण्ड से बचने के लिए प्रायः लोग अपनी क़मीज़ का

कालर बन्द रखते हैं। पाश्चात्य देशों में टाई लगाने की आम प्रथा है। एक व्यक्ति ने कालर में लगने वाले बक्सुए का आविष्कार किया और उसे पेटेण्ट करा लिया, जिससे उसे प्रतिवर्ष बीस हज़ार डालर से भी अधिक की राशि रायल्टी के रूप में मिलने लगी।

स्त्रियां प्राय: अपने बालों में पिन लगाती हैं। एक स्त्री ने बालों में लगाये जाने वाले पिन को अपने सिर पर टिका रखने के लिए उसे थोड़ा मोड़कर लगाया। उसके पति ने इस बात को ध्यानपूर्वक देखा, तो उसने उसी प्रकार के मुड़े हुए पिन बनाने आरम्भ कर दिये और कुछ ही दिनों में अपार धन कमा लिया।

आज प्राय: अधिकांश नवयुवक यह कहा करते हैं—'मैं यह नहीं कर सकता।' उनका ऐसा कहना उनकी पराजयपूर्ण मनोवृत्ति का द्योतक है। मान लेते हैं कि वे कुछ नहीं कर सकते, परन्तु चीज़ों को ध्यानपूर्वक देखने और समझने के लिए अपनी आंखों को खुला तो रख सकते हैं। यदि वे केवल इतना ही कर लें, तो उन्हें पता चल जायेगा कि वे क्या कर सकते हैं; क्योंकि इस संसार में ऐसा कोई भी काम नहीं है, जिसे आप नहीं कर सकते। अत: उठो, हिम्मत करो और अपने भाग्य को बदल डालो।

***

छठा महामन्त्र

दृढ़निश्चय का चमत्कार

इमर्सन ने लिखा है कि किसी भी व्यक्ति का उद्देश्य कितना भी ऊंचा क्यों न हो, वह उसे अवश्य ही प्राप्त कर सकता है, परन्तु इसके लिए उसे अपने उद्देश्य की ओर निरन्तर बढ़ते जाना होगा, परन्तु जिस व्यक्ति का कोई उद्देश्य ही नहीं होता, वह जीवन-भर किसी केंचुए की भांति रेंगता रह जाता है और अन्त में उसी की भांति नष्ट हो जाता है।

जब आप किसी काम के लिए 'हां' कहते हैं, तो आप अपने कथनानुसार एक सचाई की स्थापना करते हैं, परन्तु जब कोई शब्द आपके सचेतन मन से निकलता है, तो वह एक प्रेरक शक्ति बनकर आपके जीवनोद्देश्य को साक्षात् प्रकट करने में समर्थ हो जाता है। उस समय आप जो कुछ भी अपने मन में विचार करते हैं, उसी को अपने वचनों से प्रकट भी करते हैं और उसी के लिए प्रयत्न भी करते हैं। इसीलिए वह काम कैसा भी क्यों न हो, जब उसके लिए प्रयत्न किया जायेगा, तो वह सम्पन्न भी अवश्य होगा। काम को सम्पन्न वही व्यक्ति कर सकता है, जो यह दृढ़निश्चय कर ले कि वह उस काम को पूरा करके ही दम लेगा। ऐसे दृढ़निश्चयी व्यक्ति को सारा संसार रास्ता दे देता है।

दृढ़निश्चयी व्यक्ति जब अपने उद्देश्य की ओर अग्रसर होते हैं, तो रास्ते में कहीं रुकते नहीं, चलते चले जाते हैं और जहां अन्य लोग रुक जाते हैं या जिन बाधाओं को देखकर अन्य व्यक्ति अपने उद्देश्य को प्राप्त करने में ढील छोड़ देते हैं अथवा बाधाओं से घबराकर रास्ते में ही गिर जाते हैं, दृढ़निश्चयी व्यक्ति उन्हीं बाधाओं को पार करके अपने उद्देश्य को प्राप्त कर लेते हैं।

विश्वास के द्वारा आप कुछ भी प्राप्त कर सकते हैं; क्योंकि विश्वास ही सब उपलब्धियों का पिता है। केवल विश्वास के द्वारा ही आपके काम करने की शक्ति दुगुनी-तिगुनी हो जाती है तथा आपकी सामर्थ्य, योग्यता एवं मानसिक क्षमता भी विकसित एवं परिवर्द्धित होती जाती है। आपका विश्वास जितना

प्रबल होगा, आपके विचार भी उतने ही प्रबल होंगे, लेकिन यदि आपका विश्वास दुर्बल होगा, तो आपके विचार भी दुर्बल होंगे और तब आप जिस काम में भी हाथ डालेंगे, वह व्यर्थ सिद्ध हो जायेगा।

मैंने अपने जीवन में ऐसे अनेक व्यक्ति देखे हैं, जो प्रत्येक काम को सतही तौर पर करते हैं। वे काम की गहराई तक नहीं पहुंचते, और सच कहा जाये, तो वहां तक पहुंचना भी नहीं चाहते। इसका एकमात्र कारण यह है कि उनका विश्वास दृढ़ नहीं होता। इसीलिए ऐसे व्यक्ति किसी के कहने पर या कभी भी बदलने के लिए तैयार ही नहीं होते। यदि ऐसे व्यक्ति किसी काम को करने के लिए तैयार भी हो जायें, तो अपने अशक्त विश्वास के कारण मामूली-सा विघ्न आते ही भाग खड़े होते हैं और इस प्रकार उनका काम अधूरा रह जाता है। ऐसे व्यक्ति अपने विरोधियों की दया पर ही जीवित रहते हैं; क्योंकि उन्हें जब भी और जो भी चाहे, अपनी इच्छानुसार मोड़ सकता है। ऐसे व्यक्ति निश्चित रूप से अविश्वसनीय होते हैं। उनकी मति कभी स्थिर नहीं रहती। उनमें किसी भी प्रकार का निर्णय लेने की शक्ति का अभाव होता है। ऐसे व्यक्ति दृढ़निश्चयी नहीं कहे जा सकते। वे कितने भी भले हों, परन्तु उन पर भरोसा नहीं किया जा सकता, उन्हें कोई भी महत्त्वपूर्ण काम नहीं सौंपा जा सकता।

जिस व्यक्ति का विश्वास ही दृढ़ न हो, वह किसी महत्त्वपूर्ण काम को पूरा करने में सफल नहीं हो सकता, परन्तु जिस व्यक्ति का विश्वास दृढ़ हो, गम्भीर हो, जिसके व्यक्तित्व में निष्ठा और दृढ़निश्चय की झलक स्पष्ट दिखाई पड़े, वह अवश्य ही भरोसे का व्यक्ति सिद्ध हो सकता है, उस पर एवं उसकी कार्यक्षमता पर अवश्य ही विश्वास किया जा सकता है। ऐसे व्यक्ति निश्चित रूप से कर्मठ तो होते ही हैं, वे प्रभावशाली भी होते हैं; क्योंकि किसी भी प्रकार की विरोधी विचारधारा उन्हें प्रभावित नहीं कर सकती।

यदि आज के नवयुवकों को यह पता चल जाये कि दृढ़निश्चय में और अपने उद्देश्य के लिए अपने निश्चय को दोहराते रहने में कितनी शक्ति है, तो इससे उन्हें बड़ा बल मिलेगा। तब वे जो भी करना चाहते हैं, जो बनना चाहते हैं, वे कर सकेंगे, बन सकेंगे। तब उनकी प्रत्येक आशा-आकांक्षा सर्वोत्तम रूप में सफल होगी; क्योंकि ऐसे व्यक्ति किसी के कहने-सुनने से अपने उद्देश्य को बदलते नहीं और इसीलिए उसे प्राप्त कर लेते हैं। सच मानिये, दृढ़निश्चय में इतनी अटूट शक्ति है कि इससे व्यक्ति के जीवन में क्रान्ति आ जाती है। वह अपनी अनेक

ग़लतियों व बुरी आदतों से छुटकारा पा सकता है और उन बुलन्दियों तक पहुंच जाता है, जहां पहुंचने की वह कल्पना भी नहीं कर सकता।

कार्य साधारण हो अथवा असाधारण, उसे पूरा करने के लिए दृढ़इच्छाशक्ति और आत्मविश्वास की आवश्यकता होती है। किसी प्रकार का प्रण अथवा प्रतिज्ञा और कुछ नहीं है, इच्छाशक्ति का ही दूसरा रूप व नाम है। अतः जिस व्यक्ति को भी आप सफल अथवा महान् देखते हैं, उसने पहले अपने कार्य के प्रति अपनी अटूट इच्छाशक्ति और दृढ़निश्चय से ही काम लिया था; क्योंकि जिस व्यक्ति को अपने जीवनोद्देश्य पर अटूट विश्वास है, जिसकी निष्ठा एवं संकल्प अटूट हैं, जिसमें अपने कार्य को पूर्ण करने का सामर्थ्य है तथा जो किसी भी प्रकार की परिस्थिति अथवा बातावरण से अधिक शक्तिशाली है, वह किसी भी काम को करने में सफल होगा और अवश्य सफल होगा। ऐसे व्यक्ति को सफल होने से संसार में कोई भी शक्ति नहीं रोक सकती।

सफलता-प्राप्ति के लिए अपनी योग्यता पर पूर्ण विश्वास होना, दृढ़निश्चयी होना तथा इच्छाशक्ति का होना बहुत आवश्यक है। यह सब होने पर ही व्यक्ति मार्ग में आने वाली बाधाओं को लांघ सकता है और दुर्भाग्य का मज़ाक उड़ा सकता है। तब उसकी कार्यशक्ति और भी अधिक सुदृढ़ हो जाती है तथा वह महान् उपलब्धियां प्राप्त कर सकता है। इसके साथ ही उसकी ईश्वरप्रदत्त योग्यता और शक्तियां अधिकाधिक समर्थ बनकर एवं केन्द्रित होकर उसे उसके लक्ष्य तक पहुंचा देती हैं।

कृपया ध्यान दीजिये कि अपने विश्वास को बार-बार दोहराते रहने से आपके साहस में अनूठी वृद्धि होती है और साहस ही किसी व्यक्ति के आत्मविश्वास की रीढ़ की हड्डी है। जब कोई व्यक्ति यह कहता है कि मैं इस काम को अवश्य पूरा करूंगा, तब न केवल उसका साहस बढ़ता है, अपितु उसका आत्मविश्वास भी सशक्त होता है, जिससे उसके मार्ग में आने वाली रुकावटें हट जाती हैं तथा उसकी रचनात्मक योग्यता और भी अधिक प्रखर होकर उसकी ध्वंसात्मक विचारधारा को नष्ट कर देती है। यहां यह याद रखने योग्य तथ्य है कि कठिन-से-कठिन कार्य भी केवल रचनात्मक मनःस्थिति में ही पूर्ण हो सकते हैं, निषेधात्मक मनःस्थिति में नहीं। रचनात्मक मनःस्थिति विधेयक शक्ति है, जिससे आक्रामक शक्ति पैदा होती है, परन्तु इसके लिए उस मनःस्थिति की आवश्यकता होती है, जो इसे झेलते हुए प्रयोग में न लाये, अन्यथा व्यक्ति पिछलग्गू भले ही बन जाये,

स्वतन्त्र कार्यकर्ता कभी नहीं बन सकता, नेता व जननायक बनने की तो बात ही नहीं उठती।

स्वतन्त्र कार्यकर्ता, नेता अथवा जननायक बनने के लिए अपने मन से निषेधात्मक विचारों को बाहर निकालकर उनके स्थान पर विधेयात्मक विचारों को स्थापित करना होगा। संशय तथा अविश्वास के स्थान पर अपने व्यक्तित्व की प्रचण्डता को प्रकट करना होगा, आगे बढ़कर अपने अधिकारों को छीन लेना होगा और ऐसा सब वही कर सकता है, जिसका निश्चय दृढ़ हो, जिसका निर्णय अटूट हो, जिसका संकल्प दृढ़ हो तथा जिसमें रचनात्मक शक्ति हो।

यदि आप संसार में कुछ करना चाहते हैं, कुछ बनना चाहते हैं, तो एक क्षण के लिए भी अपने मन में इस विचार को मत आने दीजिये कि आप कुछ नहीं कर सकते। ऐसा सोचना कि आप अन्य प्राणियों की अपेक्षा भाग्यहीन हैं अथवा कम भाग्यशाली हैं, आपको कभी आगे नहीं बढ़ने देगा और यदि कभी कोई ऐसा विचार आपके मन में आ ही जाये, तो उसे तुरन्त कुचल डालिये। अपने मन को इस प्रकार अनुशासित कीजिये कि उसमें किसी प्रकार के हीन विचार कदापि घुस ही न सकें। मत सोचिये कि आपमें कोई कमी है या आप शारीरिक अथवा मानसिक दृष्टि से दुर्बल हैं। मत सोचिये कि जो काम दूसरे व्यक्ति कर सकते हैं, उसे आप नहीं कर सकते। आप ऐसा सोचते हैं, तभी आप इस वर्तमान स्थिति में रह रहे हैं। इसके स्थान पर आप यह सोचिये कि या तो मैं इस काम को करूंगा, अन्यथा मर-मिटूंगा और यदि बड़े-से-बड़ा ख़तरा भी आयेगा, तो उसका भी हंसते-हंसते मुक़ाबला करूंगा। केवल करूंगा ही मत कहिये, कीजिये भी।

आपके शब्दों अथवा आपकी लेखनी से कभी और कहीं भी यह प्रकट नहीं होना चाहिए कि आप भाग्यहीन अथवा मजबूर हैं। ऐसे भाव जो आपको किसी बन्धन में बांधते हैं, उन्हें अपने मन से निकाल बाहर फेंकिये। इनसे आपकी शक्ति का गला घुट जाता है और तब आपका व्यक्तित्व बौना रह जाता है और आपका भविष्य अन्धकारमय हो जाता है। आप उस परमपिता की सर्वोत्तम रचना हैं, जो सर्वशक्तिमान् है। उसने आपको इस धरती पर इसलिए नहीं भेजा कि आप अपने-आपको भाग्यहीन, अभागा, ग़रीब अथवा मजबूर समझें। उसने आपको यहां इसलिए भी नहीं भेजा कि आप अपने भाग्य को कोसते हुए दिन क़ाटते रहें। उसने आपको यहां इसलिए भेजा है कि आप स्वयं भी हंसें और

दूसरों को भी हंसायें। स्वयं भी प्रफुल्लित रहें तथा औरों को भी प्रफुल्लित रखें। डटकर परिश्रम करें और विजय प्राप्त करें। परमात्मा ने आपके मार्ग में कोई रुकावट नहीं बनायी। जिसे आप रुकावट समझते हैं, वह आपकी अपनी बनायी हुई है। तनिक सोचिये कि जब आप उस परम शक्तिमान प्रभु की रचना हैं और उस असीम का अंश आप में विद्यमान है, तो आप स्वयं को सीमाओं में क्यों बांधते हैं, क्यों अपने को भाग्यहीन समझते हैं?

अपने लक्ष्य पर आंख गड़ाये रखिये और निश्चित समझ लीजिये कि सत्य की अवश्य ही विजय होती है, न्याय की अवश्य ही विजय होती है। बार-बार सोचिये और विचार कीजिये और इस विचार को और अधिक पुष्ट कर लीजिये कि आप भी संसार के सौभाग्यशाली व्यक्तियों में से एक हैं और परमात्मा ने आपको इसलिए यह जीवन प्रदान किया है कि वह आपसे कोई महत्त्वपूर्ण काम पूरा कराना चाहता है। यह भी समझ लीजिये कि आपका जन्म जिस परिवार में हुआ है और जिस समय हुआ है, वह निश्चित ही ऊंचा था; क्योंकि परमात्मा आपके द्वारा जिस कार्य को कराना चाहता है, उसे केवल आप ही कर सकते हैं, कोई दूसरा व्यक्ति नहीं कर सकता। जब आप पर यह बात खुल जाये, तो आपको यह भी मान लेना चाहिए कि आप संसार के सौभाग्यशाली व्यक्तियों में से एक हैं; क्योंकि आपको ही ऐसा शुभ अवसर प्राप्त हुआ है कि आपके ही हाथों से वह परमपिता परमात्मा किसी महत्त्वपूर्ण कार्य को पूर्ण कराना चाहता है। शारीरिक स्वास्थ्य, शिक्षा अथवा प्रशिक्षण की दृष्टि से भी आप ही वह व्यक्ति हैं, जिसके हाथों वह महत्त्वपूर्ण कार्य पूरा होना है।

यदि आप निर्धन हैं, तो भी अपने मन से दीनता के विचारों को निकाल बाहर कीजिये और उस विशाल सम्पत्ति का ध्यान कीजिये, जिसे प्रभु ने आपके लिए असीम परिमाण में बनाया है। इस विचार को तो सर्वथा कुचल डालिये कि आपका जन्म निर्धन रहने के लिए हुआ है। ग़रीब, दीन-हीन और अकर्मण्य रहने से सर्वथा इनकार कर दीजिये और सोचिये कि आप सौभाग्यशाली हैं, आप में उत्साह है, आप प्रबल हैं, आप साहसी हैं, आप अवश्य ही सफल होंगे तथा विजयमाल आपके ही गले में पड़ेगी। तनिक विचार करके देखिये कि जब प्रभु ने आपको इस संसार में भेजा है, तो उसने आपको वैसी योग्यता भी प्रदान की है और आपको वैसा अवसर भी प्रदान किया है। फिर आप क्यों नहीं उस कार्य को इस प्रकार पूरा करके दिखा देते कि सारा संसार चौंक उठे?

उपलब्धि के लिए अपने मन में ऐसा अनुभव कीजिये कि आपके चारों ओर का वातावरण तथा प्रत्येक पदार्थ आपके सफल होने का संकेत दे रहा है। उसके लिए आपके आचार-विचार तथा वेश-भूषा से भी यही प्रकट होना चाहिए कि आप अवश्य सफल होंगे। वास्तव में, आपके सम्पूर्ण व्यक्तित्व से ही सफलता झलकती प्रतीत होनी चाहिए। इसके लिए अच्छा होगा कि आप प्रतिदिन प्रात:काल अपनी उपलब्धियों का चिन्तन करें। अपनी सफलताओं को ध्यान में रखें और कोई भी और कैसी भी सलाह दे, आप अपने रास्ते से न हटें। आप तो अपना मानसिक सन्तुलन बनाये रखकर सफलता प्राप्त करने में जुट जायें। इसके लिए आपको अपनी शक्तियों को अपने वश में करना होगा, उन पर भरोसा करना होगा, अपनी ईमानदारी, निष्ठा और निश्चय पर भरोसा करते हुए यह ठान लेना होगा कि संसार की कोई भी शक्ति आपको अपने निश्चय से डिगा नहीं सकेगी। तभी आप किसी काम को आसानी से कर सकेंगे। इस प्रकार के विचारों से आप में इतनी सामर्थ्य आ जायेगी कि आप जिस काम को करना आरम्भ करेंगे, वह पूर्ण होकर ही रहेगा और आपके जीवन का ढांचा बदल जायेगा। आपके दृष्टिकोण में ऐसा परिवर्तन आयेगा कि आप अपनी समस्याओं पर अपने ढंग से विचार करने लगेंगे और आपके जीवन का नया ही रूप उदित होगा। तब आप अपने लक्ष्य के प्रति, अपने उद्देश्य के प्रति प्रतिबद्ध हो जायेंगे, आपका मन प्रसन्न रहने लगेगा, आपका मस्तिष्क निर्मल हो जायेगा, आपकी विचारधारा पहले से कहीं अधिक प्रभावशाली हो जायेगी, आप अधिक उत्साहपूर्वक चिन्तन कर सकेंगे और आपकी निर्माण करने की सामर्थ्य भी कई गुना बढ़ जायेगी। तब आपके मन की कायरता दूर हो जायेगी, आपमें अपूर्व साहस आ जायेगा और आप जो चाहते हैं, वही होने लगेगा। तब आपकी प्रत्येक आकांक्षा आपकी मुट्ठी में होगी और आपका दृष्टिकोण आपको अन्धकार से निकालकर विजय के प्रकाश की ओर ले जायेगा।

***

सातवां महामन्त्र

आइये, स्वप्न देखें

विश्वविख्यात विचारक एवं लेखक इमर्सन एक बार कहीं जा रहे थे। साथ में बैठे व्यक्ति रेलवे की प्रगति और शेयर बाज़ार की बातें कर रहे थे। कुछ देर बाद इमर्सन ने कहा—"सज्जनो! आओ, अब हम थोड़ी देर के लिए जीवन की वास्तविकता पर विचार करें।"

इमर्सन के पास ऐसी दिव्य दृष्टि थी, जिसके द्वारा वह संसार की उच्चतम संस्कृति के सर्वोत्तम स्वरूप का बहुत पहले दर्शन कर लेते थे। इमर्सन अपने विचारों एवं अपनी दिव्य दृष्टि द्वारा उस समय वहां पहुंच चुके थे, जहां आज लाखों लोग पहुंच चुके हैं, लेकिन उस समय वहां केवल इमर्सन ही पहुंच सके थे। तभी तो इमर्सन को स्वप्नद्रष्टा कहा जाता है।

एडीसन भी स्वप्न देखता था, परन्तु उसकी दूरदृष्टि केवल पचास वर्ष बाद आने वाले मानव के स्वरूप को ही देख पाती थी। उसने भी अपनी तीव्र दृष्टि से देख लिया था कि आने वाली पीढ़ी उसके अन्वेषणों और आविष्कारों के द्वारा जीवन की अनेक सुख-सुविधाएं प्राप्त कर सकेगी। आज उसके अन्वेषण और आविष्कार संसार के लिए अद्वितीय और अतिपरिचित हैं, परन्तु उस समय उनके सपने देखने वाला केवल एडीसन ही था। आज से लगभग पचास वर्ष पहले ही एडीसन ने अपनी दूरदृष्टि द्वारा मनुष्य को इन अनेक यन्त्रों का वास्तविक प्रयोग करते हुए देख लिया था, जिनका अन्वेषण और आविष्कार उसने किया। ऐसे स्वप्नद्रष्टा अपनी दिव्यदृष्टि द्वारा सभ्यता के स्वरूप को आने से बहुत पहले ही देख लेते हैं।

सन् 1949 में कुछ स्वप्नद्रष्टाओं ने अमेरिका के पश्चिमी तट पर सबसे बड़ी बन्दरगाह सान्फ्रांसिसको नामक नगर का निर्माण किया, लेकिन भीषण भूकम्प के कारण वह बन्दरगाह ध्वस्त हो गया। अनेक लोग बे घर-बार हो गये। तब कुछ नये स्वप्नद्रष्टा आये और उन्होंने अपनी कल्पना की आंख से एक नये

सान्फ्रांसिसको को देखा और तब उसी के अनुसार उस नये नगर का निर्माण हुआ, जो पहले से भी अधिक विराट् था। ऐसी होती है मानव की अपराजेय निर्माण भावना, जो कभी थकती नहीं, लेकिन इस निर्माण भावना का उदय सदा कल्पना में ही होता है, स्वप्नों में ही होता है।

अमेरिकी कांग्रेस के कुछ सदस्य अमेरिकी रेगिस्तान से पैसेफ़िक सागर तक रेलवे लाइन बिछाने को एक मूर्खतापूर्ण काम कहा करते थे, लेकिन कुछ स्वप्नद्रष्टाओं की सतत प्रेरणा से ही यह कार्य पूर्ण हुआ। एक छोटे-से रेड इण्डियन गांव को शिकागो-जैसे अन्तर्राष्ट्रीय नगर का रूप देने की कल्पना भी स्वप्नद्रष्टाओं ने ही की थी, और यही क्यों? लासएंजिल्स तथा कंसास आदि अनेक नगरों के बनने से पहले स्वप्नद्रष्टाओं ने इन नगरों की कल्पना कर ली थी, उन्हें अपने सपनों में देख लिया था और उनके सपनों के कारण ही इन नगरों की वास्तविक सत्ता सम्भव हो सकी।

स्वप्नद्रष्टा ही मानवता का अग्रिम दल है। ये कठोर परिश्रमी व्यक्ति ही पसीने से लथपथ होकर मानवता के लिए साफ़-सुथरी-सपाट सड़कें बनाते हैं, जिस पर मानव की एक पीढ़ी के बाद दूसरी पीढ़ी अबाध गति से आगे बढ़ती चली जाती है। जीवन की अनेक सुख-सुविधाएं देने वाली वस्तुएं, जिन्होंने मानव को दासता से निकालकर स्वतन्त्र कराया है, जिन्होंने मानव-जीवन को जीने के योग्य बनाया है, जिन्होंने जीवन को ऊंचा और महान् बनाया है, ऐसे स्वप्नद्रष्टाओं की ही देन हैं। इसलिए मानव उन स्वप्नद्रष्टाओं का ऋणी है। यदि संसार के इतिहास में से उन स्वप्नद्रष्टाओं के वृत्तान्त निकाल दिये जायें, तो उसमें पढ़ने योग्य क्या रह जायेगा?

संसार का वर्तमान स्वरूप स्वप्नद्रष्टाओं के कार्यरूप में परिणत स्वप्नों का जोड़ ही तो है। विशाल समुद्री जहाज़, आश्चर्यजनक सुरंगें, विराट् पुल, अस्पताल, पुस्तकालय, राष्ट्रीय और अन्तर्राष्ट्रीय नगर, जीवन की सभी सुख-सुविधाएं, अनेक वैज्ञानिक साधन और कला-भण्डार—ये सब किसी-न-किसी स्वप्नद्रष्टा के स्वप्न का ही परिणाम है।

प्राय: सुनने को मिलता है कि स्वप्नद्रष्टाओं के स्वप्न अथवा उनकी कल्पनाएं अव्यावहारिक एवं असम्भव होती हैं तथा ऐसे व्यक्ति या तो स्वप्न देखते हैं या फिर उनके पांव धरती पर नहीं पड़ते, लेकिन हमारा कहना है कि यदि ये स्वप्नद्रष्टा न होते, तो मानव-सभ्यता का जो रूप हमें आज दिखाई दे रहा है,

उसका अस्तित्व ही कहां होता? यदि ये स्वप्नद्रष्टा न होते, तो क्या हम आज भी बैलगाड़ी में ही लुढ़कते हुए दिखाई न देते? क्या आज भी लकड़ी के बेड़े समुद्री तूफ़ानों से जूझते दिखाई न देते? क्या आज भी हमारे पत्र खच्चरों पर लादकर एक स्थान से दूसरे स्थान पर न ले जाये जाते? ऐसी अनेक बातें, जो कभी स्वप्न दिखती थीं, आज वे सब सच हो चुकी हैं। कल्पनाशून्य व्यक्ति प्राय: कह उठता है, नहीं, यह नहीं हो सकता, यह सम्भव नहीं है, परन्तु स्वप्नद्रष्टा कहता है, यह हो सकता है, यह होकर ही रहेगा। ऐसे ही स्वप्नद्रष्टा हर प्रकार के कष्ट सहन करते हुए भी अपनी कल्पना की सम्भाव्यता का निरन्तर समर्थन करते रहते हैं। वे भूखे रहते हैं, घोर कष्ट सहते हैं, लेकिन जब तक उनकी दृष्टि, उनकी खोज, उनका आविष्कार, उनकी विचारवस्तु सत्य के रूप में परिणत नहीं हो जाती और मानव-कल्याण का साधन नहीं बन जाती, तब तक उन्हें चैन नहीं पड़ता, तब तक उनका प्रयास निरन्तर जारी रहता है।

कोलम्बस को कितना अपमान सहन करना पड़ा था, उसकी कितनी आलोचना की गयी थी, लोग उसे दुस्साहसी कहकर बुलाते थे और बच्चे उसे पागल कहकर चिढ़ाते थे। उसका अपराध केवल इतना था कि उसने अपने सपनों में सागर के पार भी एक संसार को बसा हुआ देखा था, लेकिन अनगिनत बाधाओं पर विजय प्राप्त करके उसने अपने स्वप्नों को वास्तविक सत्य के रूप में परिणत कर दिखाया।

इसी प्रकार उन लोगों को भी लोग हवाई क़िले बनाने वाला कहते थे, जिन्होंने संसार के एक कोने को दूसरे कोने के निकट ला दिया और स्थान की दूरी समाप्त कर दी। उन स्वप्नद्रष्टाओं की ही बदौलत आज हम हज़ारों मील दूर बैठे लोगों से इस प्रकार वार्तालाप कर सकते हैं, मानो वे हमारे सामने बैठे हों। लेकिन मानव-इतिहास में ऐसे कितने व्यक्ति हैं, जिन्हें एडीसन, बेल या मार्कोनी के समान स्थान दिया जा सके ?

अनेक लोगों का कहना है कि कविता, संगीत एवं चित्रकला के क्षेत्र में तो कल्पना का होना उपयुक्त होता है, परन्तु वास्तविकताओं से परिपूर्ण इस संसार में कल्पना का क्या काम? ऐसे व्यक्तियों को यह नहीं भूलना चाहिए कि मानव-जाति के सभी नेता अथवा अग्रणी व्यक्ति स्वप्नद्रष्टा ही थे। आज ये महान् उद्योग-धन्धे व व्यापार किसी-न-किसी स्वप्नद्रष्टा के ही स्वप्नों का परिणाम हैं। यदि ये व्यक्ति न होते, तो मानव-जाति आज भी रेंगती हुई दिखाई देती।

इसलिए सर्वश्रेष्ठ और व्यावहारिक व्यक्ति वही होते हैं, जो भविष्य को पर्याप्त दूरी से भी पहले देख लेते हैं और निश्चित रूप से आगे निकल जाते हैं।

वास्तव में, इन स्वप्नद्रष्टाओं ने ही मानव को संकीर्ण रूढ़ियों से मुक्त होते देखा, सीमाएं लांघकर विकसित होते देखा और समय के पथ पर अग्रसर होते भी देखा। यदि ये स्वप्नद्रष्टा न होते, तो कौन अपनी दिव्यदृष्टि से इन बातों को पहले ही देख लेता और कौन उन्हें वास्तविक रूप में परिणत करता? इन स्वप्नद्रष्टाओं ने ही यह सब चमत्कार कर दिखाया, जो पहले असम्भव दिखाई देता था। आज का संसार हमें जिस रूप में दिखाई दे रहा है, वह सब उन स्वप्नद्रष्टाओं की ही यादगार है, जिन्होंने मानव के लिए अनेक उत्तम पदार्थों की कल्पना की और अपने चिन्तन द्वारा सम्पूर्ण मानव-जाति का उपकार किया। इन लोगों ने अनेक कष्ट सहे और जेल-यात्राएं भी कीं। न जाने कितने दुःख इन लोगों को झेलने पड़े। गेलीलियो, कन्फ़्यूशियस, सुकरात तथा बुद्ध के स्वप्न करोड़ों लोगों के जीवन की वास्तविकता बन चुके हैं। ईसा मसीह भी कभी स्वप्नद्रष्टा कहे जाते थे, लेकिन उनका सम्पूर्ण जीवन एक भविष्यवाणी था। भविष्य में आने वाले व्यक्तियों के जैसे चित्र उन्होंने देखे थे, भावी सभ्यता का जैसा रूप उन्होंने देखा था, वह सब सत्य सिद्ध हुआ।

देखा जाये, तो दिव्य दृष्टि आपका उपहास नहीं करती, अपितु वह तो इस तथ्य की साक्षी है कि भविष्य में क्या होने वाला है। क़िले पहले हवा में ही बनते हैं, मस्तिष्क में ही उनका चित्र अंकित होता है, उसी चित्र के आधार पर वास्तविक क़िले बन पाते हैं। जार्ज स्टीवेन्सन एक ग़रीब खान-मज़दूर था, जिसने भाप से चलने वाले इञ्जिन का स्वप्न देखा था और उससे यात्रा-पद्धति में क्रान्ति ला दी। लोग उसे पागल और सनकी कहा करते थे। प्रत्येक व्यक्ति यही समझता था कि उसका शोर मचाता हुआ इञ्जिन अपनी चिनगारियों से उनके घरों को जला देगा और उससे उठता हुआ धुआं वायु को अशुद्ध कर देगा तथा घोड़ागाड़ी बनाने वाले लोग काम न मिलने से भूखे मरने लगेंगे, लेकिन स्टीवेन्सन हर प्रकार के विरोधों का सामना करते हुए अपने सपनों को सत्य सिद्ध करने में जुट गया और पन्द्रह वर्षों तक परिश्रम करते हुए अन्त में सफल हुआ।

4 अगस्त, 1806 को दोपहर के समय हडसन नदी के तट पर बड़ी भारी भीड़ जमा हो चुकी थी। लोग एक सिरफिरे व्यक्ति की सफलता का मज़ाक उड़ाने के लिए एकत्र हो रहे थे। राबर्ट फुल्टन नामक वह सिरफिरा व्यक्ति

'क्लेरमॉण्ट' नामक जलयान का प्रदर्शन करने में लगा था। लोगों की बातों का तो क्या, उसे तो अपने तन-बदन की भी सुध न थी। लोग एक-दूसरे से कह रहे थे—भला हडसन नदी की प्रबल लहरों को काटकर भी बिना चप्पुओं की सहायता के कोई व्यक्ति जहाज़ चला सकता है? अनेक व्यक्ति फुल्टन को आधा पागल समझ रहे थे, परन्तु जब 'क्लेरमाण्ट' नामक जहाज़ हडसन नदी की लहरों को चीरता हुआ ऊपर की ओर चल पड़ा, तो फुल्टन को मानव-जाति का बड़ा उपकारक स्वीकार कर लिया गया और इसके सौ वर्ष बाद अगस्त, 1907 को ठीक उसी स्थान पर फुल्टन की अपार सफलता की शताब्दी मनाने के लिए अपार जनता एकत्र हुई और उस आधे पागल को अपनी श्रद्धांजलि अर्पित की।

मोर्स, जिसने टेलीग्राफ़ का आविष्कार किया और उसके पश्चात् फ़ील्ड, जिसने संसार को समुद्री तार का प्रयोग सिखाया और फिर मर्डोक, जिसने कोयले की गैस से लन्दन शहर को प्रकाशित करने की योजना बनायी और इसके बाद चार्ल्स गुडइयर, जिसने रबड़ को व्यावहारिक रूप से उपयोगी बनाने के लिए अपने जीवन के ग्यारह सर्वश्रेष्ठ वर्ष लगा दिये, ऋण के कारण जिसे जेल-यात्रा भी करनी पड़ी, भूख मिटाने के लिए, जिसे अपनी पत्नी के आभूषण तक गिरवी रखने पड़े और जिसके बच्चे की मृत्यु हो गयी, तो कफ़न के लिए उसके पास एक पैसा भी न था, जिसके पांच बच्चे आधा पेट भूखे रहते थे और जिसे पड़ोसी पागल कहा करते थे, लेकिन गुडइयर ने अपनी दृष्टि अपने लक्ष्य पर ही केन्द्रित रखी और आज वही गुडइयर कम्पनी संसार-भर में रबड़ की सबसे बड़ी कम्पनी है।

इलियास हार्वे को स्त्रियां सनकी कहा करती थीं; क्योंकि वह दिन-रात सिलाई की मशीन के सपनों में खोयी रहती थी, उसने भी सिलाई मशीन उपहार में देकर नारी-जाति का महान् उपकार किया है। मेरा कहना है कि महापुरुष सदा ही आदर्शवादी होते हैं और उनकी दृष्टि बड़ी दूर तक और वर्षों पहले ही अनागत को देख लेती है। कोई मूर्तिकार हो या चित्रकार, इञ्जीनियर अथवा भवन-निर्माता, वे सब अपने सपनों में ही जीते हैं। लन्दन के प्रसिद्ध सेण्ट पाल गिरजाघर का सौन्दर्य सर क्रिस्टोफ़र रेन ने पहले ही अपने सपनों में देख लिया था। उस गिरजाघर की नींव तो बाद में रखी गयी, लेकिन उस एक गिरजाघर ने ही लन्दन का नक़्शा बदल दिया। इसी प्रकार बैरन हैसमैन ने संसार के सबसे सुन्दर नगर पेरिस को बनाया।

तनिक विचार कीजिये, जिन लोगों ने हमारे चारों ओर उद्यानों के नक़्शे बनाये, हमें उनका कितना ऋणी होना चाहिए। प्रत्येक सफल व्यक्ति की सफलता उसके सपनों का ही मूर्त रूप होती है, जो समय आने पर फलीभूत होती है। ठीक इसी प्रकार एक अन्य व्यक्ति ने भी स्वप्न देखा और बिना घोड़े के दौड़ती हुई गाड़ी बना कर दिखा दी। जब वह सपने देख रहा था, तो लोग उसके काम को असम्भव कहा करते थे, लेकिन आज वह संसार में सबसे बड़ा निर्माता है। छह वर्ष तक मोटरकार को केवल एक खिलौना अथवा करोड़पतियों की सनक समझा जाता था, लेकिन आज सारे संसार में करोड़ों मोटरकारें करोड़ों लोगों के पास दिखाई दे रही हैं। करोड़पतियों का वही खिलौना आज जनसाधारण के उपयोग की वस्तु बन गया है, जिसने यातायात की समस्या को हल कर दिया है। मानवता के लिए यह सब कितना आनन्ददायी एवं उपयोगी सिद्ध हुआ है, इसे सब जानते हैं। एलीवेटर बनाने का स्वप्न कार्नेगी और उसके साथियों ने देखा था और यह उसी का परिणाम है कि आज संसार-भर में गगनचुम्बी इमारतों का निर्माण सम्भव हो सका है। वास्तव में, मनुष्य को परम्परागत रूप से जो भी उत्तराधिकार में मिला है, उसमें सबसे महान् है—स्वप्न देखने की शक्ति।

यदि आप भी आज के कष्टों की परवा न करें और विश्वासपूर्वक आगे बढ़ने का स्वप्न देखते रहें तथा प्रयास करते रहें, तो निश्चित ही आगे आने वाले दिन बदले हुए होंगे। आप कितने भी निर्धन क्यों न हों, स्वप्न देखने की क्षमता और योग्यता आपसे कौन छीन सकता है? अपने उज्ज्वल भविष्य का स्वप्न देखने से आपको कोई भी नहीं रोक सकता। आप भी स्वप्न देखिये और अपनी योग्यता से सारे संसार को सुखी बनाने की कल्पना कीजिये। याद रखिये कि आशा-आकांक्षा से बढ़कर संसार में कोई दवा नहीं है, कोई प्रेरणा नहीं है, कोई रसायन नहीं है।

अमेरकी लोगों की उन्नति का रहस्य इसी बात में छिपा है कि चाहे कोई भी अमेरिकन कितना भी निर्धन हो, वह एक दिन उन्नति के शिखर पर अवश्य पहुंचेगा। वहां का क्लर्क भी यह सपना देखता है कि एक दिन उसका भी अपना व्यापारिक संस्थान होगा, वहां कारख़ाने में काम करने वाला ग़रीब लड़का भी इस बात का स्वप्न देखता है कि एक दिन उसका भी अपना एक सुन्दर-सा घर होगा। यह सब अमेरिकन लोगों की आस्था और विश्वास के कारण ही है। यदि आप दुविधा में, कष्ट में और असमंजस में भी सत्य, शिव और सुन्दरता का

दर्शन करना चाहें, तो स्वप्न देखिये। स्वप्न बड़ा ही बहुमूल्य वरदान है। यदि आपसे स्वप्न देखने की शक्ति छीन ली जाये, तो क्या आपमें साहस शेष रह जायेगा, क्या आपमें आशा-आकांक्षा जीवित रह जायेगी, क्या आपका हृदय जीवन में संघर्ष कर सकेगा और क्या आप फिर भी आगे बढ़ सकेंगे ?

स्वप्न देखने के कारण ही आपका साहस बढ़ता जाता है, आपका बोझ हलका हो जाता है, आपका पथ आलोकित हो जाता है और आप सफलतारूपी मञ्ज़िल की ओर धीरे-धीरे क़दम बढ़ाते चलते जाते हैं, लेकिन मन की ऐसी शक्तियों का अथवा कल्पना करने की शक्ति का दुरुपयोग भी हो सकता है। अनेक लोग केवल स्वप्न ही देखते रहते हैं और अपनी समस्त शक्तियों को उसी में ख़र्च कर देते हैं। ऐसे लोग सदा अस्वाभाविक, अप्राकृतिक एवं भ्रमपूर्ण वातावरण में ही जीवन व्यतीत करते रहते हैं और अन्त में अपनी अकर्मण्यता के कारण उनकी सारी शक्तियां नष्ट हो जाती हैं। ऐसा इसलिए होता है; क्योंकि वे अपने हवाई क़िलों को वास्तविक स्वरूप देने का प्रयत्न नहीं करते। इसलिए स्वप्न देखिये, परन्तु तब, जब आप में अपने उद्देश्यों के प्रति निष्ठा हो और उन्हें पूरा करने का आपने दृढ़संकल्प कर लिया हो और जब अपने स्वप्नों को साकार करने की आपकी इच्छा हो। केवल इच्छा ही नहीं, अपितु आप अपना सामर्थ्य भी उसी में लगाने को तैयार हों। आपके शब्दों में कठोर परिश्रम, निरन्तर प्रयास अथवा सतत प्रयत्न आवश्यक हैं। तभी आप अपने स्वप्नों को पूर्ण होते देख सकते हैं। जिन स्वप्नों को आप कार्यरूप में परिणत कर डालते हैं, वे ही स्वप्न नये प्रयत्नों के लिए आपकी प्रेरक शक्ति बन जाते हैं; क्योंकि सुन्दर स्वप्न देखने की शक्ति ही सारे संसार को सुन्दर बनाये हुए है।

अमेरिका के राष्ट्रपति रूज़वेल्ट ने भी स्वप्न देखे और उन स्वप्नों के आधार पर ही वह इतना महान् कार्य कर सके कि आज उनका नाम सारे संसार में आदर के साथ लिया जाता है। बच्चे भी स्वप्नों की दुनिया में रहते हैं। वे अपने स्वप्नों में ऐसे-ऐसे पदार्थों की रचना कर डालते हैं, जो इस धरती पर नहीं होते, परन्तु इन्हीं स्वप्नों का बच्चों के भविष्य-निर्माण में बहुत बड़ा योगदान होता है।

अत: आप भी स्वप्न देखिये, कल्पना की उड़ानें भरते रहिये, दूरद्रष्टा बनिये, अपने स्वप्नों पर विश्वास कीजिये और उसके पश्चात् उन्हें यथार्थ सिद्ध करने के लिए कठोर-से-कठोर परिश्रम कीजिये। स्वप्न देखना एक दैवी गुण है, एक ईश्वरप्रदत्त वरदान है। यही वह अंगुली है, जो आपको उन्नति के शिखर पर ले

जाने वाले मार्ग की ओर निर्देश करती है। याद रखिये, जैसा आपका स्वप्न होगा, जैसी आपकी कल्पना होगी, वैसा ही आपका जीवन भी होगा; क्योंकि स्वप्न ही भावी जीवन की भविष्यवाणी हैं।

यदि व्यक्ति अपने जीवन को ठीक उसी प्रकार बनाने का प्रयास करे, जैसा उसने अपने स्वप्नों में देखा था, तो आप कल्पना भी नहीं कर सकते कि इससे उसे क्या मिल सकता है। यद्यपि ऐसा दृष्टिकोण बहुत कठिन है, तथापि यह व्यक्ति के अपने हाथ में है। यह आप ही जानते हैं कि आपको कितना काम करना चाहिए, परन्तु आप उसका शतांश भी नहीं कर पाते, आपको जो बनना चाहिए था, उसका दशमांश भी नहीं बन पाते और इसीलिए केवल उपहास का पात्र बनकर रह जाते हैं, जबकि उस परमपिता परमात्मा ने आपको पूर्ण मानव बनने के लिए जन्म दिया था, किसी विराट् और विशाल कार्य को करने के लिए इस धरती पर भेजा था। आज आप कितने सुन्दर और गौरवमय हैं, उससे कहीं अधिक सुन्दर और महान् बनने के लिए पैदा हुए हैं, परन्तु ध्यान से सोचेंगे, तो आपको पता चलेगा कि आप उतने गौरवशाली नहीं बन सके, जितना आपको बनना चाहिए था। आप तुच्छ व बौने रह गये। प्रेरणा के क्षणों में आपने स्वप्नों में अपने जिस स्वरूप की कल्पना की थी, अपने कर्म के द्वारा आप वैसा नहीं बन सके और आपने ईश्वर की उस इच्छा को पूर्ण नहीं किया और इसीलिए आपका जीवन श्रेष्ठ, विशाल और गौरवमय नहीं बन सका। इसका एकमात्र कारण आपकी अकर्मण्यता ही है। कल्पना में और स्वप्नों में तो इतनी शक्ति है कि सत्कर्मों द्वारा वह आपको उच्चतम शिखर पर भी पहुंचा सकती है। इसलिए आप भी स्वप्न देखें और उन्हें पूरा भी करें।

***

आठवां महामन्त्र

मौलिक बनें

दूसरों की नक़ल करके आज तक कोई भी व्यक्ति महान् नहीं बन सका और न ही दूसरों की नक़ल करने से कोई सफल हो सकता है। सफलता एक ऐसी मौलिक शक्ति है, जिसकी नक़ल नहीं की जा सकती। जो व्यक्ति अपने मौलिक गुणों को अथवा अपनी योग्यता को न पहचान कर सफल होना चाहता है, वह कभी सफल नहीं हो सकता; क्योंकि मौलिकता व्यक्ति के भीतर होती है और यह प्रत्येक व्यक्ति की अपनी ही रचना होती है। अतः यदि आप सफल होना चाहते हैं, तो आपको मौलिक होना ही पड़ेगा और मौलिक होने के लिए अपने-आपको पहचानना होगा, अपने स्वरूप को जानना होगा और अपनी अन्तरात्मा की आवाज़ को सुनना होगा।

ऐसा कोई भी काम-धन्धा या व्यापार नहीं, जिसमें उन्नति अथवा विकास की गुञ्जाइश न हो। आज ऐसे व्यक्ति की सारे संसार को आवश्यकता है, जो किसी भी काम को भली प्रकार से व सुचारु रूप से कर सके। आप यह मत सोचिये कि यदि आपके सामने आपकी योजना से सम्बन्धित कोई उदाहरण नहीं है, तो आपकी योजना सफल नहीं हो सकती और न आप यह सोचिये कि आपके पास कम अनुभव है या आपकी आयु छोटी है, इसलिए आप सफल नहीं हो सकते। सच बात तो यह है कि जिसके पास संसार को देने के लिए कोई नयी अथवा मूल्यवान् बात है, तो उसकी वह बात सुनने के लिए सारा संसार तैयार है। यदि आपका व्यक्तित्व प्रभावशाली है, शक्तिशाली है और आपमें अपने विचारों के अनुरूप सोचने की शक्ति है अथवा आप नये और मौलिक रूप से किसी काम को कर सकते हैं तथा इस बात से कभी भयभीत नहीं होते कि आप अकेले हैं, तो सारा संसार आपका सम्मान करेगा।

मौलिकता एक ऐसा गुण है, जिसकी ओर प्रत्येक अधिकारी का ध्यान तुरन्त आकर्षित होता है तथा जिसमें सबको अपनी ओर आकर्षित करने की

शक्ति होती है। मौलिकता का ही दूसरा नाम सूझ-बूझ और किसी काम को नये ढंग से करने की कुशलता है। जिस व्यक्ति में यह गुण होता है, वह अवश्य सफल होता है और तब सारी दुनिया उसकी ओर खिंची चली आती है। लेकिन इसके लिए आवश्यकता इस बात की होती है कि आप सब प्रकार की बाधाओं को हटाते हुए अपने मार्ग का स्वयं निर्माण करें। तभी संसार पर आपका प्रभाव पड़ेगा और तभी लोग आपको पहचानेंगे। जो व्यक्ति अपने कार्यक्षेत्र में सीना ठोककर और अपने सिर को ऊंचा करके अपनी उपस्थिति की घोषणा करता है, सारा संसार उस व्यक्ति के आगे नतमस्तक हो जाता है।

यूं तो मौलिकता का महत्त्व सदा से बना रहा है, परन्तु आज के युग में इसका महत्त्व पहले से कहीं अधिक हो गया है। मौलिक चिन्तन और मौलिक विचारक के सामने सारा संसार रास्ता छोड़कर हट जाता है; क्योंकि ऐसे व्यक्ति ही समाज को रचनात्मक शक्ति प्रदान करते हैं। जो लोग मशीन की भांति काम करते हैं, परन्तु जिनमें मौलिकता नहीं होती, उनकी मांग घटती जा रही है। सारा संसार ही पिछलग्गू और सीखने वालों से भरा पड़ा है। हर कोई पीछे चलना चाहता है और यह चाहता है कि उनके लिए विचार करने का काम कोई अन्य व्यक्ति करे, परन्तु मौलिक व्यक्ति नेता होता है और उसमें ऐसी शक्ति होती है, जो उसे पुराने और घिसे-पिटे रास्ते से हटाकर नये मार्ग की ओर ले जाती है।

ऐसे डॉक्टर, जो पुराने तौर-तरीक़ों को छोड़कर नयी और मौलिक विधि को अपनाते हैं, अधिक सफल होते हैं। जो वकील अपने मुक़द्दमे की वकालत मौलिक रूप से करते हैं, वे अधिक सफल होते हैं। इसी प्रकार जो अध्यापक नये साधनों व विचारों को अपना कर अध्यापन का कार्य करते हैं, वे भी अधिक सफल होते हैं। वास्तव में, यह सफलता उस व्यक्ति की न होकर उसके मौलिक गुणों की होती है; क्योंकि यही वे गुण हैं, जिनकी संसार खुले रूप से घोषणा करता है और ये गुण उसे ईश्वरप्रदत्त होते हैं। ऐसे व्यक्ति को इस बात का पता होता है कि परमात्मा ने उसे जो काम सौंपा है, वह किसी अन्य को नहीं सौंपा। आज सारे संसार को ऐसे ही धर्म-प्रचारकों की आवश्यकता है, जो अपने आचरण और कर्म से जनता को धर्म का उपदेश दें।

आज संसार में ऐसे लाखों व्यक्ति हैं, जो किसी भी काम को ईमानदारी से कर सकते हैं, लेकिन वे ऐसा तभी कर सकेंगे, जब उनके लिए कोई कार्यक्रम बना दे या उन्हें वैसा करने की आज्ञा दे। वे सब पीछे चलने वाले हैं, नेता या

अगुआ नहीं हैं। ऐसे व्यक्ति बहुत कम हैं, जिनमें स्वयं कार्य में प्रवृत्त होने की क्षमता हो या जो मौलिक रूप से काम को आगे बढ़ा सकें।

अतः काम कोई भी हो, आप दूसरों की नक़ल मत कीजिये, दूसरों के पीछे मत चलिये, काम को उसी ढंग से मत कीजिये, जिस ढंग से आपसे पहले वाले लोग उसी काम को करते आये हैं, बल्कि अपने ही नये ढंग से कीजिये और लोगों पर अपनी मौलिकता की, अपनी विशिष्टता की, अपनी ख़ूबी की छाप लगा दीजिये और यह स्पष्ट कर दीजिये कि आपके ढंग के सम्मुख पिछला ढंग बहुत मामूली था, सफलता-प्राप्ति के लिए आपका स्वतन्त्र एवं मौलिक ढंग ही आवश्यक है।

आप दृढ़तापूर्वक काम कीजिये और इस बात की चिन्ता मत कीजिये कि आप अधिक सफल होते हैं या कम। बस, इतना ध्यान रखिये कि आप किसी की नक़ल न करें। इसके साथ ही यह भी आवश्यक है कि आप अपने मौलिक ढंग को दूसरों के सम्मुख प्रकट कर दें; क्योंकि मौलिकता जीवन की शक्ति है, जबकि नक़ल मृत्यु है। अतः प्रकाश में आने से डरिये मत। यदि आप मौलिक हैं, तो आपका विकास अवश्य होगा, परन्तु नक़ल से आप कभी फल-फूल न सकेंगे। पिछलग्गू बनकर आप कभी उन्नति नहीं कर सकेंगे। आगे बढ़ना तो आपके अपने नेतृत्व के कारण ही सम्भव है। इसलिए दृढ़निश्चय कीजिये कि आप ऐसे व्यक्ति बनेंगे, जो सुधार और प्रगति के लिए सदा तैयार रहता है। आपका उद्देश्य मौलिक होना चाहिए, तभी आपको इस संसार में सफलता मिल सकेगी। प्रत्येक बात में पुराने रीति-रिवाजों पर चलने से ही आपकी प्रगति का मार्ग अवरुद्ध हुआ है।

आज संसार के अनेक प्रगतिशील नवयुवक इसीलिए उन्नति नहीं कर सके; क्योंकि उन्होंने पुरान ज़माने से चले आ रहे तरीक़ों की नक़ल की। वे अपने बाप-दादा की दुकान या कारख़ाने में काम करने लगे, जहां सब काम पुराने ढर्रे पर ही होता आ रहा था, जहां पुरानी परम्परा का ही अनुकरण किया जाता था। इसीलिए उन नवयुवकों की प्रगतिशीलता नष्ट हो गयी। किसी ने उनके नये व मौलिक विचारों का स्वागत नहीं किया और न किसी ने उनकी ओर ध्यान दिया और अनेक अद्वितीय गुणों वाले वे नवयुवक मिट्टी में मिल गये और उनकी मौलिक प्रतिभा नष्ट हो गयी। यदि वे अपने मौलिक ढंग से काम करते, तो अवश्य ही कुछ आश्चर्यजनक कर दिखाते और महान् कहलाते।

कितने ही व्यापारिक संस्थान, दुकान अथवा प्रतिष्ठान आज भी पुराने ढंग से काम कर रहे हैं और नवयुवकों की मौलिक प्रतिभा को नष्ट करते जा रहे हैं। वे उनकी कार्यशक्ति का गला घोट रहे हैं। आज जबकि संसार में नये-नये साधनों और काम करने के नये-नये तरीक़ों का चलन हो गया है, जिसके कारण समय और धन दोनों की बचत हो रही है और व्यक्ति स्वतन्त्र रूप से काम कर रहा है। ऐसी दशा में पुराने साधनों तथा पुराने तरीक़ों से चिपके रहना बुद्धिमत्तापूर्ण नहीं कहा जा सकता। यह प्रवृत्ति बड़ी घातक है और इसीलिए अनेक पुराने कारख़ाने और व्यापारिक संस्थान, जिनका किसी समय बड़ा नाम था, धीरे-धीरे सिकुड़ गये और नये आने वाले नवयुवक, बल्कि उन्हीं के कर्मचारी अपनी मौलिकता के बल पर समय के साथ चलकर आगे बढ़ते हुए उन्नति करते चले गये।

मौलिकता अपने-आप में एक बड़ा विज्ञापन है। मौलिक व्यक्ति जिस ढंग से काम करता है, वह उसका अपना ढंग होता है। उसके द्वारा बनाया गया प्रत्येक पदार्थ औरों से हटकर और विशिष्टता लिये होता है, तभी तो उसका प्रत्येक ग्राहक उसका चलता-फिरता विज्ञापन बन जाता है।

अमेरिका के बोस्टन शहर में एक डिपार्टमेण्टल स्टोर के मालिक बड़े ही प्रगतिशील हैं और वह नित नये और मौलिक ढंग से अध्ययन करते रहते हैं। वह जब अपने ग्राहकों को कुछ राशि वापस लौटाते हैं, तो वह सारी राशि नये सिक्कों में देते हैं। इस पर उन्हें कुछ ख़र्च भी नहीं करना पड़ता और न कोई विशेष कष्ट ही सहना पड़ता है। यह एक बहुत बुद्धिमत्तापूर्ण विज्ञापन है और इस ढंग को अपनाने से उस स्टोर का व्यापार भी बढ़ गया है।

बात बिल्कुल सीधी और स्पष्ट है। हाथ में पुराने सिक्के लेने से कोई आनन्द नहीं आता, जबकि नये-नये सिक्कों को देखकर प्रसन्नता होती है। अपने व्यापार को बढ़ाने के लिए उस स्टोर के मालिक द्वारा अपनाये गये तरीक़ों में से यह एक है।

आपने प्रायः देखा होगा कि नयी साज-सज्जा से सुसज्जित दुकानें लोगों को अपनी ओर आकर्षित करती हैं। लोग भी ऐसी ही जगहों पर आना पसन्द करते हैं; क्योंकि वे जानते हैं कि वहां उन्हें नये-नये डिज़ाइन का माल मिलेगा और वहां नये ढंग से काम होता है। अनेक व्यापारिक संस्थान अपने कर्मचारियों को अधिक वेतन केवल इसीलिए देते हैं कि वे ग्राहकों के साथ नये-नये ढंग से

व्यवहार करें, जिससे प्रभावित होकर वे अधिक माल ख़रीदें। इस प्रकार के नये ढंग को अपनाने वाले संस्थानों में ग्राहकों की भीड़ लग जाती है।

न्यूयार्क में एक होटल है, जो अपना विज्ञापन कभी नहीं करता, लेकिन लोग फिर भी वहां आते हैं और जब वे वहां से बाहर निकलते हैं, तो उस होटल के बारे में ही बातें करते हुए निकलते हैं। अन्य बातें समान होने पर भी वे उस होटल का ही ग्राहक बनना पसन्द करते हैं। यदि कुछ लोगों की वहां कमरा लेने की सामर्थ्य नहीं होती, तो वे वहां भोजन के लिए ही चले आते हैं। वास्तव में, वे उस होटल में नये-नये फ़ैशन तथा अनेक प्रसिद्ध व्यक्तियों को देखने के लिए जाते हैं। इसका एकमात्र कारण है—होटल का अत्याधुनिक एवं नवीनतम होना, जहां की हर चीज़ और हर बात नयी है। वहां के साधन नवीनतम हैं और वहां की साज-सज्जा मौलिक है।

इसका अर्थ यह नहीं है कि यदि आप भी नये ढंग से काम करें, तो इतने से ही आपको सफलता मिल जायेगी, अपितु इसका अर्थ यह है कि आपकी मौलिकता प्रभावशाली व आकर्षक हो, तभी उसका कुछ मूल्य हो सकता है। प्रभावहीन एवं आकर्षणविहीन मौलिकता से कुछ भी लाभ नहीं होता। ऐसे सैकड़ों व्यक्ति हैं, जो नित नये ढंग की खोज करते रहते हैं, पर वे कभी कोई उल्लेखनीय सफलता प्राप्त नहीं कर सके । इसका कारण यही है कि उनकी मौलिकता प्रभावहीन होती है, उसमें कोई आकर्षण नहीं होता या उसमें व्यावहारिकता की कमी होती है। ऐसी मौलिकता को कार्यरूप में परिणत नहीं किया जा सकता। मैं एक ऐसे व्यक्ति को जानता हूं, जो नयी-नयी सूझ-बूझ के द्वारा नित्य नयी कल्पना करता है, परन्तु कभी सफल नहीं हो सका। उसने अपने पुरखों से प्राप्त न जाने कितनी सम्पत्ति नष्ट कर डाली, किन्तु कभी कोई प्रभावशाली और व्यावहारिक साधन नहीं खोज सका। इससे सिद्ध होता है कि उसमें निर्णयात्मक बुद्धि एवं व्यावहारिक कार्यकुशलता की कमी है।

यदि कोई नवयुवक अपनी कार्यकुशलता का अधिकाधिक उपयोग कर सकता है, तो उसे चाहिए कि वह अपने काम में अधिकतम मौलिकता का उपयोग करे और काम में अधिकाधिक उत्तमता लाने का प्रयास करे। काम को आरम्भ करते ही उसे यह दृढ़निश्चय भी कर लेना चाहिए कि उसकी प्रत्येक रचना पर उसके व्यक्तित्व और उसकी मौलिकता की छाप स्पष्ट अंकित हो जाये। मौलिकता की यह छाप ही उसके चरित्र की भी छाप होगी; क्योंकि

उसकी बनायी हुई वस्तु में मौलिकता की सभी विशेषताएं स्पष्ट दिखाई देंगी। तब उसके हाथ से निकली सभी वस्तुओं पर उसके चरित्र का ट्रेडमार्क होगा, जिसे देखते ही लोग दूर से पहचान लेंगे कि वह वस्तु अमुक व्यक्ति के हाथों से निकली है। ऐसा करने पर उसे किसी प्रकार के विज्ञापन की आवश्यकता नहीं रह जायेगी। उसकी मौलिकता ही उसके लिए विज्ञापन का कार्य कर देगी।

आपने सुना होगा कि अमुक वस्तु मुंह से बोलती है। इसका अर्थ यही है कि वह वस्तु वास्तव में उपयोगी और अच्छी है। अनेक व्यक्ति नये ढंग से काम करने से बहुत कतराते हैं। ऐसे व्यक्ति सदा किसी-न-किसी का अनुकरण करते दिखाई देते हैं। ऐसे लोगों ने यह सिद्धान्त बना लिया होता है कि जो बात उनके बाप-दादा के लिए अच्छी थी, वही उनके लिए भी अच्छी सिद्ध होगी। परिवर्तन शब्द के नाम से ऐसे व्यक्ति घबरा उठते हैं। उन्हें तो उदाहरण से ही मतलब होता है। दूसरों के उदाहरण पर चलना ही जब ऐसे व्यक्तियों की आदत बन जाती है, तो वे नये ढंग को नहीं अपना सकते। वे सदा यही सोचते हैं कि जब अभी तक किसी ने नये तरीक़े को नहीं अपनाया, तो अवश्य ही उसका कोई कारण रहा होगा।

ऐसे लोगों को पुराने रीति-रिवाज बहुत प्रिय होते हैं। उन्हें पुरानी बातों से बहुत प्रेम होता है। उनके मतानुसार जो भी पुराना है, वह बड़ा मूल्यवान् है। इस प्रकार पुरानी रूढ़ियों में जकड़े हुए लोग विकास के कामों में बाधक ही सिद्ध होते हैं। हर नगर, क़स्बे और गांव में आपको इस प्रकार के लोग मिल जायेंगे, जिन्हें पुराने ढंग के मकान, पुराना फ़र्नीचर और पुराना तौर-तरीक़ा ही पसन्द है। ऐसे लोग कोई प्रगति नहीं कर सकते; क्योंकि उनके विचार से वे प्रगति कर चुके हैं। नये विचारों से ऐसे लोगों को डर लगता है, लेकिन जो पुराने रिवाजों का दास है, वह आगे नहीं बढ़ सकता। वे तो पीछे दौड़ने वाले हैं। जब वे नयी विधि और नयी वस्तु की ओर आकर्षित नहीं हो सकते, तो वे पिछड़े रह जाते हैं। ऐसे व्यक्ति शक्तिहीन होते हैं और नये ज़माने के साथ नहीं चल पाते, पिछड़ जाते हैं, लेकिन मौलिकता में आगे बढ़ने की शक्ति और हर नयी चीज़ को ग्रहण करने की योग्यता होती है।

अनेक लोग अपने को भाग्यहीन समझते हैं और सदा यह सोचकर डरते रहते हैं कि कहीं कोई अन्य व्यक्ति उन्हें असाधारण न मान ले, लेकिन उस परमपिता परमात्मा ने इस संसार में कोई भी दो वस्तुएं एक-जैसी नहीं बनायीं

और न ही कोई दो व्यक्ति एक-जैसे बनाये हैं। व्यक्ति को जन्म देने के पश्चात् प्रकृति अपने सांचे को तोड़ देती है और नये व्यक्ति को जन्म देने के लिए नया सांचा बनाती है। विशिष्ट व्यक्तियों का चरित्र सदा ही उदात्त एवं महान् होता है। उनमें मौलिकता होती है और उनका व्यक्तित्व भी सुदृढ़ होता है, इसीलिए उन्हें भीड़ में भी अलग से पहचान लिया जाता है। विशिष्ट होना दुर्बलता नहीं, अपितु सबलता का परिचायक है। अब्राहम लिंकन का व्यक्तित्व भी विशिष्टतापूर्ण था, लेकिन उसकी विशिष्टता को उसके चरित्र से अलग करके नहीं देखा जा सकता। ऐसी विशिष्टता—जिसके कारण व्यक्ति आकर्षणविहीन दिखे—अनेक बार लाभदायक सिद्ध होती है।

नक़ल करने वाले व्यक्ति से बढ़कर आकर्षणविहीन वस्तु और क्या हो सकती है? जिस व्यक्ति की मुखाकृति पर उसके व्यक्तित्व की छाप नहीं दिखती, उसका भी कोई व्यक्तित्व हो सकता है? दृढ़ एवं उत्साही व्यक्ति को सभी पसन्द करते हैं। जो अपने व्यक्तित्व से हमें प्रभावित करे, जो विराट् बनकर हम पर छा जाये, जो हमें अपने से ऊंचा और महान् दिखे, उससे हम डरते हैं और उसकी प्रशंसा करते हैं; क्योंकि उसके सामने पहुंचते ही हमें ऐसा अनुभव होता है, मानो हम किसी विशाल पर्वत के सामने खड़े हों। हम उस पर्वत की ऊबड़-खाबड़ और खुरदरी तराइयों को समतल नहीं बनाना चाहते; क्योंकि ये ही उस पर्वत के गौरव और उसकी शक्ति का अनुमान होते हैं। इसी प्रकार किसी व्यक्ति के चरित्र से उसके खुरदरेपन या उसकी कठोरता को दूर नहीं करना चाहिए; क्योंकि यही वे गुण हैं, जो उसके व्यक्तित्व को अलग-थलग बनाते हैं।

हमारा विश्वास है कि मौलिक व्यक्ति ही कुछ प्रगति कर सकता है, वही उन्नति कर सकता है और उसके द्वारा बनाये गये मार्ग पर चलकर अनेक लोग उन्नति कर सकते हैं। संसार में जो कुछ भी नया, शक्तिशाली एवं प्रगतिशील दिखाई पड़ता है, वह सब ऐसे ही मौलिक व्यक्तियों के हाथों हुआ होता है। जो व्यक्ति अपना कार्यक्रम स्वयं निश्चित कर लेता है, वह दूसरों की नक़ल नहीं करता, दूसरों से सलाह नहीं मांगता, बल्कि अपनी बुद्धि के अनुसार निर्भय होकर कार्य करता है; क्योंकि जो व्यक्ति वीरतापूर्वक अपने उद्देश्य की ओर बढ़ता जाता है, उसी व्यक्ति का हम पर प्रभाव भी पड़ता है। उस व्यक्ति में ऐसी शक्ति होती है, जो किसी भी काम को पूरा कर दिखाती है और सफलता-प्राप्ति में सहायक सिद्ध होती है। ऐसे व्यक्तियों में निर्भयता कूट-कूट कर भरी होती है।

उत्साह और साहस–जैसी शक्तियां भी उनमें विद्यमान होती हैं, जो मौलिकता के साथ मिलकर उनकी विशिष्ट योग्यता को भी प्रमाणित करती हैं। नक़ल करने वाले व्यक्ति कायर और दुर्बल होते हैं। इसलिए आप मौलिक बनें और मौलिक बनने से कभी न घबरायें। कौन जाने आपकी मौलिकता और नयी सूझ–बूझ के कारण आप कोई ऐसी वस्तु बना दें, जो संसार के सभी व्यक्तियों के लिए उपयोगी हो, अतः अपने आत्मविश्वास को जगाइये और अपनी नवीनतम मौलिकता की छाप अपने द्वारा बनायी गयी प्रत्येक वस्तु पर लगा दीजिये।

लोगों की भीड़ से मत घबराइये और न उस भीड़ से छिपने की कोशिश ही कीजिये। हर बात में अपने बाप–दादा की नक़ल करने का भी प्रयत्न मत कीजिये और न ही अपने पड़ोसियों के पिछलग्गू बनने की कोशिश कीजिये। ऐसा करना उतना ही मूर्खतापूर्ण होगा, जितना कमल के फूल का यह सोचना कि वह सूर्यमुखी का फूल बन जाये। प्रकृति ने प्रत्येक व्यक्ति को उसकी क्षमता और उद्देश्य के अनुसार ही विशिष्ट साधन प्रदान किये हैं और हर व्यक्ति किसी–न–किसी विशेष काम को करने के लिए ही पैदा हुआ है। इसलिए यदि वह किसी अन्य व्यक्ति की नक़ल करने का प्रयास करता है अथवा अपने लिए निर्धारित काम करने की अपेक्षा अन्य कोई काम करता है, तो वह कभी ठीक प्रकार से काम नहीं कर सकता।

अनेक व्यक्ति अपने आदर्श व्यक्तियों व नेताओं की नक़ल करने का प्रयत्न करते हैं। कोई उनके वस्त्रों की नक़ल करता है, कोई उनके बोलने के ढंग की। इन सब का परिणाम यह होता है कि ऐसे व्यक्ति अपनी विशिष्टता को खो बैठते हैं और जिन नेताओं का अनुकरण करने का प्रयास वे करते हैं, वैसे तो कदापि नहीं बन पाते। इसका कारण यही है कि उनमें अपने आदर्श व्यक्ति अथवा नेता के समान शक्ति नहीं होती।

यह संसार नक्कालों को कभी आगे नहीं बढ़ने देता। जो दूसरों की नक़ल के साथ अपने को बांध लेता है, वह भला कैसे आगे बढ़ सकता है, उसकी उन्नति अथवा विकास कैसे हो सकता है? वह तो सदा शक्तिहीन और व्यक्तित्वहीन ही रहेगा। आपने अनेक बार देखा होगा कि अनेक संस्थानों में कुछ ऐसे व्यक्ति अवश्य होते हैं, जिनकी बुद्धि नितान्त मौलिक होती है। ऐसे ही व्यक्ति प्रतिभाशली होने के कारण सब पर शासन करते हैं। ऐसे व्यक्ति को शासन करने से कौन रोक सकता है? वह तो शासन करेगा ही। इसलिए यदि आप भी दूसरों पर

शासन करना चाहते हैं, तो अपने-आपको पहचानें, अपनी शक्तियों को पहचानें, अपनी योग्यता को पहचानें और इन सबसे अधिक अपनी मौलिकता को पहचानें तथा इस बात का सदा ध्यान रखें कि आप किसी अन्य व्यक्ति की नक़ल अथवा अनुकृति नहीं हैं। तभी आपका आत्मविश्वास बढ़ेगा और तभी आप दूसरों पर शासन करने में सफल हो सकेंगे। ध्यान रखें कि जब लोग आपके बारे में यह कहना आरम्भ कर देंगे कि यह व्यक्ति मौलिक है और ऐसा व्यक्ति हमने आज तक नहीं देखा, तो आपकी श्रेष्ठता की छाप स्पष्ट दिखाई देगी। ऐसे व्यक्ति से बात करके हर व्यक्ति अपने-आपको तरोताज़ा अनुभव करता है; क्योंकि ऐसे व्यक्ति लकीर के फ़कीर नहीं होते, रूढ़ियों के दास नहीं होते, पुराने ढर्रे के गुलाम नहीं होते। वे तो अपनी आंखों से देखते हैं, अपने पैरों से चलते हैं और अपने ही कानों से सुनते हैं। इसीलिए वे सबल और सफल सिद्ध हो जाते हैं।

किसी की नक़ल करने से कोई लाभ नहीं होता। आपको अपने मौलिक रूप में प्रकट होना ही होगा, अपनी शक्तियों को प्रकट करना ही होगा। आप भले ही कितना भी प्रयास कर लें, किसी दूसरे व्यक्ति के स्थान पर नहीं पहुंच सकते और यदि आप ऐसा करने की चेष्टा करेंगे, तो अप्राकृतिक, अस्वाभाविक, अकर्मण्य एवं आकर्षणविहीन दिखाई देंगे और आपकी शक्तियां भी नष्ट हो जायेंगी। अतः इस बात को सदा याद रखें कि मौलिकता ही आपके व्यक्तित्व के विकास में सहायक हो सकती है, नक़ल नहीं।

***

नौवां महामन्त्र
अपने उद्देश्य को पहचानें

पानी को जब तक दो सौ बारह डिग्री पर गरम करके भाप न बनायी जाये, तब तक इञ्जिन अपनी जगह से हिल नहीं सकता और न ही गाड़ी को खींच सकता है। यहां तक कि दो सौ दस डिग्री तक गरम करने से भी इञ्जिन नहीं चल सकता और गाड़ी नहीं खींची जा सकती। इसी प्रकार अनेक व्यक्ति अपने जीवन की गाड़ी को कुनकुने पानी से चलाने का प्रयत्न करते हैं और बहुत हुआ, तो उबलते पानी का प्रयोग करते हैं, लेकिन फिर भी उनकी प्रगति नहीं हो पाती, वे आगे नहीं बढ़ पाते। वास्तव में, उनके इञ्जिन के बॉयलर में पानी दो सौ या दो सौ दस डिग्री तक ही गरम हो पाता है और उनके जीवन की गाड़ी जहां की तहां खड़ी रह जाती है। इसका अर्थ यह हुआ कि काम के प्रति उनका उत्साह उतना तेजस्वी नहीं हो पाता, जितना होना चाहिए। उत्साह मन्द होने पर काम में सफलता नहीं मिल सकती, ठीक उसी प्रकार जिस प्रकार कुनकुना पानी इञ्जिन को नहीं खींच सकता। जब तक कोई व्यक्ति किसी काम में अपनी आत्मा को पूर्ण रूप से नहीं लगा देता, जब तक अपनी सम्पूर्ण जीवन-शक्ति को किसी काम में नहीं झोंक देता, तब तक उसे किसी भी प्रकार की सफलता अथवा उपलब्धि की आशा नहीं करनी चाहिए।

फ़िलिप्स ब्रुक्स नवयुवकों से बातचीत करते हुए, उन्हें प्रेरित किया करते थे कि वे कुछ बनने के लिए तथा कुछ करने के लिए काम में अपनी समस्त शक्ति नियोजित कर दें। कुछ बनने के लिए केवल इतना ही पर्याप्त नहीं कि आपकी इच्छाशक्ति वैसा बनने की हो। उसके लिए आपको अपनी समग्र शक्ति को एकत्र करके उसे एक लक्ष्य पर केन्द्रित करना होगा। प्रत्येक व्यक्ति को यह अधिकार है कि वह जिस वस्तु को चाहे, उसकी इच्छा करे, लेकिन उसे प्राप्त वही कर पाता है, जिसका शारीरिक एवं मानसिक सन्तुलन सही हो। केवल इच्छा मात्र से कुछ नहीं हो सकता। इच्छा करने और कर्म करने में आकाश-

पाताल का अन्तर है। इच्छा कुनकुना पानी है, जो जीवन की गाड़ी को लक्ष्य तक नहीं पहुंचा सकता, लेकिन वही कुनकुना पानी जब दो सौ बारह डिग्री पर गरम होकर खौलने लगता है, अर्थात् जब आप अपने उद्देश्य के प्रति समग्र शक्ति लगाकर प्रयत्न करने लगते हैं, तो आपकी गाड़ी आपके लक्ष्य तक अवश्य पहुंच जायेगी।

यदि रूज़वेल्ट अपने लक्ष्य के प्रति अधूरे मन से काम करते, तो आज सारे संसार में उनका इतना नाम न होता। उनके जीवन में सफलता-प्राप्ति का यही रहस्य था कि उन्होंने अपने लक्ष्य की प्राप्ति के लिए अपनी सम्पूर्ण शक्ति को दृढ़संकल्प के साथ नियोजित कर दिया था। अपनी पूरी सामर्थ्य को संगठित एवं एकत्रित करके वह काम में जुट जाते थे और कभी भी काम के प्रति टाल-मटोल अथवा बहानेबाज़ी नहीं करते थे। उनका यह नियम था कि जिस काम को एक बार हाथ में ले लेते थे, उसे पूरा करके ही दम लेते थे। रूज़वेल्ट का जीवन ऐसे प्रत्येक व्यक्ति के लिए एक उत्तम उदाहरण है, जो जीवन में सफलता प्राप्त करना चाहता है।

यदि आपका जीवनोद्दश्य महान् है, तो आपको उसे सर्वोपरि रखना चाहिए तथा उसकी तुलना में आपकी सभी इच्छाएं तुच्छ हो जानी चाहिए। जीवन में उसकी ही सत्ता सर्वोपरि होनी चाहिए। ऐसा होने पर ही आपकी शक्ति बढ़ सकेगी, जिसके परिणामतः आपके जीवन की गाड़ी आगे बढ़ती जायेगी। जो व्यक्ति अपने जीवनोद्देश्य को निश्चित कर लेता है और उसके लिए सदा उत्साहित बना रहता है, उसमें ऐसी शक्ति पैदा हो जाती है, जिसे हम रचनात्मक, क्रियात्मक अथवा निर्माणात्मक सृजन शक्ति कह सकते हैं। ऐसा कर्मठ व्यक्ति ही स्रष्टा बन सकता है। लक्ष्य के बिना कोई भी व्यक्ति मौलिक अथवा रचनात्मक कर्ता नहीं बन सकता और जब तक व्यक्ति एकनिष्ठ होकर अपने मन को किसी एक ही बिन्दु पर एकाग्र नहीं करता, तब तक वह उन्नति के पथ पर अग्रसर नहीं हो सकता और न अपने जीवनोद्देश्य को ही प्राप्त कर सकता है। अतः व्यक्ति को चाहिए कि वह अपने काम-धन्धे को ठीक वैसे ही देखे, जैसे कोई कलाकार अपनी किसी सर्वोत्तम कृति को अपनी ही प्रतिमूर्ति समझता है और उसके विषय में बातचीत करके स्वयं को गौरवान्वित अनुभव करता है। जितनी सन्तुष्टि उसे इस बात से होती है, उतनी किसी अन्य बात से नहीं होती, परन्तु खेद की बात है कि अनेक लोगों को अपने पेशे में तनिक भी रुचि नहीं होती और उन्हें बड़ी

सरलता से उस धन्धे से अलग किया जा सकता है। ऐसे अनेक नवयुवक हैं, जो अपने पेशे या धन्धे में ठीक प्रकार काम करते दिखते हैं, परन्तु उन्हें किसी अन्य काम-धन्धे में लगने के लिए कभी भी भड़काया जा सकता है। इसका कारण यही है वे हर समय इसी दुविधा में पड़े रहते हैं कि जिस काम में वे लगे हुए हैं, क्या वह ठीक है और क्या वे उसमें लगकर लाभ उठा सकते हैं? ऐसे नवयुवक जब किसी व्यक्ति को किसी अन्य काम में सफल होते देखते हैं, तो प्रायः सोचने लगते हैं कि वे भी उसी धन्धे में लगकर अपना भाग्य आज़मायें। इस प्रकार के व्यक्ति, जिनका अपने काम-धन्धे से इतना शिथिल सम्बन्ध हो, वे सचमुच ही धन्धे में नहीं लगे हुए हैं, वे सफल कैसे हो सकते हैं?

यदि प्रकृति ने आपको किसी काम के लिए बुलाया है और आपके लिए वह काम निश्चित किया है, तो वही काम आपका जीवनोद्देश्य हो जाना चाहिए और यह भी कि आप जीवन-भर उस काम को नहीं छोड़ सकते और केवल वही कार्य आपके मस्तिष्क के एक-एक सेल में रम जाना चाहिए, आपकी नस-नाड़ी के अणु-अणु में व्याप्त हो जाना चाहिए, आपके रक्त के कण-कण में लीन हो जाना चाहिए। जिस काम से आपके जीवन का स्वरूप विशिष्ट एवं शक्तिशाली बनता है, समझ लीजिये वही आपका जीवनोद्देश्य है। उद्देश्य तक पहुंचने में भले ही कितनी भी देर लग जाये, किसी की परवा किये बिना आपको उसमें लगे रहना चाहिए। भले ही कुछ भूलों के कारण आप थोड़ी देर के लिए अपने उस उद्देश्य से भटक जायें, परन्तु आप उसे सदा के लिए छोड़ नहीं सकते और न ही किसी अन्य उद्देश्य को प्राप्त करने का आपका अटल संकल्प आपके मन से दूर हो सकता है।

प्रायः व्यक्तियों का चरित्र इतना सबल नहीं होता कि वे लगातार किसी काम को करते रहें। उनका धीरज समाप्त हो जाता है और वे अपने उद्देश्य की प्राप्ति के मार्ग को छोड़ देते हैं। ऐसे व्यक्ति कभी अपने उद्देश्य को प्राप्त करने में सफल नहीं हो सकते। यदि इस संसार में ऐसी कोई वस्तु है, जिसके लिए व्यक्ति को संघर्ष करना पड़े, तो वह केवल उसका उद्देश्य है और उसकी प्राप्ति में ही व्यक्ति को अपने सम्पूर्ण स्वरूप को प्रकट करने का अवसर प्राप्त होता है। यदि कोई व्यक्ति अपने उद्देश्य के लिए घोर परिश्रम नहीं करता, तो उसका जीवन निरर्थक है। फिर चाहे वह कितना ही कर्तव्यपालन अथवा कितना ही परिश्रम करे, उसके जीवन का कोई मूल्य नहीं है। उद्देश्य की प्राप्ति में दृढ़संकल्प बड़ा

ही सहायक सिद्ध होता है; क्योंकि दृढ़संकल्प में बड़ी शक्ति छिपी होती है। उसकी प्रेरणा से व्यक्ति में लगन पैदा होती है और वह आगे बढ़ते व्यक्ति को और भी आगे बढ़ने की प्रेरणा देता है, पीछे हटने की नहीं। यदि कोई व्यक्ति एक बार दृढ़संकल्प करके आगे बढ़े, तो उसके रास्ते की सभी बाधाएं स्वत: नष्ट हो जाती हैं और मार्ग कितना भी लम्बा क्यों न हो, बलिदान कितना भी क्यों न देना पड़े, परन्तु दृढ़संकल्प की शक्ति उसे उसके उद्देश्य तक अवश्य पहुंचा देती है।

जब किसी महान् एवं रचनात्मक उद्देश्य के लिए व्यक्ति के मन में प्रेरणा जागृत होती है, तो उसमें एक अद्भुत दैवी शक्ति का उदय होता है। तब मनुष्य सर्वथा नवीन बन जाता है और वह प्रत्येक वस्तु में एक दिव्य ज्योति का दर्शन करने लगता है। तब भय, सन्देह, उदासीनता आदि दुष्ट लालसाएं—जो उसके रास्ते को रोके खड़ी थीं—नष्ट हो जाती हैं और प्राणों में नवजीवन सञ्चरित होने लगता है। तब कुरूपता का स्थान सुन्दरता ले लेती है। तब अस्त-व्यस्त जीवन भी नियम और क्रम से चलने लगता है, तब विचार और कर्म में समन्वय स्थापित होने लगता है, तब व्यक्ति सोते से जाग उठता है और कर्मठ बन जाता है। रसायनशास्त्रियों के विश्लेषण के अनुसार यदि परमाणुओं के संयोग को भंग कर दिया जाये अथवा किसी परमाणु को तोड़ा जाये और उसे अन्य परमाणुओं के आकर्षण से अलग कर दिया जाये, तो उस परमाणु को अद्भुत शक्ति प्राप्त होती है और वह तुरन्त ही अन्य स्वतन्त्र परमाणुओं से जा मिलने को उनकी ओर लपकता है। लेकिन यदि उसी परमाणु को अधिक देर तक अलग रखा जाये, तो उसकी सारी शक्ति नष्ट हो जाती है और वह व्यर्थ हो जाता है। ठीक इसी प्रकार मनुष्य का उद्देश्य भी होता है, जो सर्वश्रेष्ठ, साधनसम्पन्न, सर्वोत्कृष्ट और सम्पूर्ण शक्ति से जुड़कर महान् बन जाता है।

जो व्यक्ति अपने उद्देश्य को कल पर टाल देते हैं अथवा अपने विचारों को कार्यरूप में परिणत करने में देरी करते हैं, वे सदा दुर्बल बने रहते हैं, परन्तु उत्साही, शक्तिशाली एवं प्रभावशाली व्यक्ति अपने विचारों को शीघ्रातिशीघ्र कार्यरूप में परिणत कर डालते हैं। विचार और संकल्प नित नये रूप में आपके सम्मुख आते रहते हैं। यह ईश्वरीय नियम है, जो अबाध गति से चलता रहता है। इसीलिए मैं आपसे ज़ोर देकर कहता हूं कि आज के विचार, आज की कल्पना, आज के समाचार आज के लिए ही हैं, केवल आज के लिए, कल के लिए नहीं। इसलिए इन्हें आज ही पूरा कर लें, अन्यथा कल ये समाप्त हो जायेंगे।

कल आपको नये विचार मिलेंगे, नयी प्रेरणा प्राप्त होगी, नयी कल्पनाएं मिलेंगी, इसलिए आज की प्रेरणा को, आज के विचार को, आज के संकल्प को आज ही पूरा कर लीजिये। किसी चित्रकार की भांति जो उस दृश्य को, उस भावना को तुरन्त चित्रपट पर अंकित कर लेता है, जो उसके मन में, उसकी आत्मा में चमक उठता है, लेखकों के मन में भी उत्साहपूर्ण विचार उदित होते हैं, जिससे उनके मस्तिष्क में प्रकाश भर जाता है और लेखक को लेखनी हाथ में लेने पर विवश कर देता है। तब लेखक उन विचारों को काग़ज़ पर उतारने लगता है। यदि वह लेखक उस विचार को किसी अन्य समय के लिए टाल देता है अथवा उसे लिखने की सुविधा न मिल सके या उसे प्रतीक्षा करनी पड़े, तो उस विचार की कल्पना धुंधली होकर सर्वथा लुप्त हो जाती है।

क्या आपने कभी सोचा है कि विराट् रचनाओं और उपलब्धियों के दिव्य चित्र आपके मस्तिष्क पर क्यों अंकित होते हैं अथवा इस प्रकार के प्रबल एवं शक्तिशाली संवेग आपके मन में क्यों उठते हैं? मन और मस्तिष्क में इतनी तेज़ी से विचार क्यों उठते हैं? इसका उत्तर मात्र यही है कि आप उनका प्रयोग उसी समय कर लें, जब वे नवीन हों। यदि आपने इन संकल्पों को, इन विचारों को, इन संवेगों को तुरन्त ही कार्यरूप में परिणत नहीं किया, तो ये नष्ट हो जायेंगे और तब उनका आपके चरित्र पर बहुत बुरा प्रभाव पड़ेगा। योजना पूर्ण कर लेने पर व्यक्ति की सहनशक्ति और साहस बढ़ जाते हैं, लेकिन काम को पूर्ण वही कर पाता है, जिसका चरित्र दृढ़ हो, जिसका निश्चय पक्का हो तथा जिसके मन में कार्य के प्रति आत्मविश्वास और निष्ठा हो।

यदि आप अपने चिन्तन के सर्वोत्तम क्षणों को कार्यरूप में परिणत कर सकें, तो आपका जीवन इतना श्रेष्ठ बन जायेगा कि आप उत्कृष्ट व्यक्तियों की श्रेणी में जा बैठेंगे, लेकिन उत्साह मन्द पड़ते ही या निश्चय से हटते ही संकल्प नष्ट हो जाता है। यह सत्य को धोखा देने-जैसी बात है कि आप यह सोचें कि आप महान् संकल्प करते हैं, इसलिए आप महान् कर्ता भी हैं।

मैं एक ऐसे व्यक्ति को जानता हूं, जिसे यदि कोई यह कह दे कि वह कठोर परिश्रमी नहीं है, तो वह बहुत अपमानित अनुभव करता है जबकि योग्य व्यक्ति होते हुए भी वह आज तक सफल नहीं हो सका। इसका कारण केवल यही है कि उसका जीवन एक से दूसरे और दूसरे से तीसरे काम को करते हुए व्यतीत हो रहा है। जल्दी-जल्दी काम बदलने वाला व्यक्ति कभी सफल नहीं हो सकता।

इसके साथ ही आपको यह भी समझना आवश्यक है कि काम को बीच में छोड़ देने की आदत बड़ी घातक होती है तथा आवश्यकता से अधिक सावधानी और विश्वास का अभाव—ये दो बातें आपकी प्रबल शत्रु हैं।

आपने प्राय: देखा होगा कि जब आपके मन में किसी कार्य को करने की प्रेरणा जागृत होती है, तब काम करना बहुत सरल हो जाता है। तब आप उत्साहित होकर दौड़ते-से दिखते हैं, लेकिन जब आप काम के प्रति उत्साहहीन हो जाते हैं, तब काम को बराबर टालते जाते हैं, लेकिन काम को टालना अथवा उत्साहहीन होकर काम करना गुलामी है, दासता है, जबकि उत्साह से भरकर, प्रसन्न मन से काम को करना आनन्द की बात है। निरन्तर प्रयत्न करके व्यक्ति श्रेष्ठ एवं महान् बन सकता है। फिर जैसी आपकी आकांक्षा और जैसे आपके प्रयत्न होंगे, उनके सहारे आप जैसा चाहें, वैसा बन सकते हैं। लेकिन केवल इच्छा अथवा कामना से कुछ नहीं होने वाला है। आपने अनेक व्यक्तियों को यह कहते हुए सुना होगा—मेरी यह इच्छा है या मैं चाहता हूं कि ऐसा हो जाये। ऐसा व्यक्ति यदि काम करना चाहे, तो कर सकता है, जबकि इसके विपरीत कुछ ऐसे व्यक्ति भी हैं, जो जानते हैं और चाहते भी हैं कि जिस काम के विषय में उन्होंने अपने हृदय में धारणा बना रखी है, उसे अवश्य पूरा करना है और उन्होंने उस काम को पूरा नहीं किया अथवा अपने मनोवाञ्छित उद्देश्य को पूरा नहीं किया, उनका जीवन व्यर्थ है। इस प्रकार के व्यक्ति ही ऐसा संकल्प करते हैं कि मैं अपने जीवनोद्देश्य को प्राप्त करके ही दम लूंगा। इस प्रकार मन-ही-मन प्रतिज्ञा करते हुए वे निश्चय कर लेते हैं और सभी साधनों को जुटाकरअपनी समग्र शक्ति को अपने लक्ष्य पर केन्द्रित करके, अपनी आकांक्षा को पूरा करके ही दम लेते हैं और संसार में महान् कहलाते हैं।

***

दसवां महामन्त्र

बालों को आगे से पकड़ें

मेन नामक नगर के बाहरी हिस्से में एक गडरिया रहता था। उसका एक बेटा था, जिसका नाम विलियम फ़िक्स था। उसने जहाज़ के बढ़ई का काम सीख लिया और वह बोस्टन नगर में जा पहुंचा। वहां सड़क पर कुछ नाविक किसी जहाज़ के बारे में बातें कर रहे थे, जो बहामा द्वीपसमूह के पास चट्टानों से टकराकर चकनाचूर हो चुका था। लोगों का विचार था कि उस जहाज़ में अपार धनराशि मौजूद थी। वे नाविक उसी धनराशि के विषय में बातें कर रहे थे। नाविक अभी किसी निष्कर्ष पर पहुंचे भी नहीं थे कि फ़िक्स ने निश्चय कर लिया कि वह उस धनराशि को खोज निकालेगा। वह तुरन्त उस स्थान की ओर चल पड़ा और वहां पहुंचते ही उसने अपना काम आरम्भ कर दिया। उसे इस काम को करने में कई दिन लग गये, परन्तु अन्त में वह सफल हुआ और उसने वह ख़ज़ाना खोज निकाला।

फ़िक्स की इस सफलता का कारण यह था कि नाविक जिस विषय में बातें कर रहे थे, उसने उस काम को क्रियात्मक रूप देने का निश्चय कर लिया और अपनी इसी धुन के कारण वह इस कठिन कार्य में सफल भी हुआ। संसार में ऐसे बहुत कम व्यक्ति हैं, जिनमें किसी चीज़ को भली-भांति देखने व समझने की शक्ति होती है। अधिकांश लोग तो देख ही नहीं पाते और यदि उन्हें कुछ आभास होता भी है, तो उन्हें यह ज्ञान नहीं होता कि वह उस अवसर को पकड़ लें। ऐसे व्यक्ति तो बहुत ही कम हैं, जो विचारों को कार्यरूप में परिणत कर सकें, परन्तु यही वह गुण है, जो किसी काम में निर्णायक भूमिका अदा करता है।

सिकन्दर किसी देश पर आक्रमण करने जा रहा था, तो उसने मन्दिर की पुजारिन से कहा कि वह मन्दिर में जाकर उसकी विजय के लिए प्रार्थना करे। पुजारिन ने मन्दिर में जाने से इनकार कर दिया और यह कहकर सिकन्दर को टालने का प्रयत्न किया कि आज का दिन शुभ नहीं है, परन्तु सिकन्दर उससे आग्रह करता ही रहा। पुजारिन सिकन्दर का आग्रह टाल तो न सकी, परन्तु

मन्दिर में जाये बिना ही बोली—बेटा! तुम जाओ, तुम जो भी काम करना चाहते हो, तुम्हारा दृढ़निश्चय तुम्हें अवश्य सफल करेगा। तुम्हें कोई नहीं जीत सकता।

वास्तव में, सिकन्दर को कोई नहीं जीत सका। इसका कारण केवल यही था कि वह जिस काम को करने का निर्णय ले लेता था, उस पर स्थिर रहता था।

जार्ज ईलियट ने अपनी एक कविता में लिखा है—"उस व्यक्ति के लिए अवसर का क्या महत्त्व है, जो उसका उपयोग करना ही नहीं जानता।"

अवसर से लाभ उठाने के अतिरिक्त असाधारण रूप से वे ही व्यक्ति सफल हुए हैं, जिन्होंने प्राप्त अवसरों में सुधार लाकर उन्हें अपने अनुकूल बना लिया।

क्लीवलैण्ड के फ़ोटोग्राफ़र जेम्स एफ़ राइडर ने एक दिन किसी जर्मन अख़बार में पढ़ा कि बोहेमिया के फ़ोटोग्राफ़र फ़ोटोग्राफ़ी में किसी नयी तकनीक का प्रयोग करते हैं, जिसके द्वारा वे चित्र के नेगेटिव में ही सुधार कर लेते हैं, जिससे तस्वीर बहुत सुन्दर लगती है।

राइडर ने उसी समय बोहेमिया से एक फ़ोटोग्राफ़र को बुलाने का निश्चय किया और उसके सहयोग से उसने अपने फ़ोटोग्राफ़ी के काम को और भी उन्नत बना लिया। उसने बोहेमिया के उन छोटे यन्त्रों से अपने चित्रों के नेगेटिव और भी अच्छी तरह सुधारे और वह अमेरिका का सुप्रसिद्ध फ़ोटोग्राफ़र बन गया। कुछ ही समय बाद बोस्टन में फ़ोटोग्राफ़ी की एक प्रदर्शनी हुई, जिसमें राइडर को अमेरिका का सर्वश्रेष्ठ फ़ोटोग्राफ़र घोषित किया गया तथा उसकी श्रेष्ठ फ़ोटोग्राफ़ी के लिए उसे पुरस्कृत और सम्मानित भी किया गया।

राइडर ने अवसर को उसके माथे के अगले बालों से पकड़ा और उससे अपने काम में जो भी सहायता प्राप्त हो सकती थी, उसने प्राप्त की। इसीलिए वह अपने मन की अपार शक्तियों को प्रकट करने में सफल सिद्ध हुआ। यही कारण था कि उसका व्यापार और प्रसिद्धि दिन-दूनी व रात-चौगुनी बढ़ने लगी।

टामस कुक का नाम आज सारे अन्तर्राष्ट्रीय जगत् में बड़े सम्मान से लिया जाता है, परन्तु किसी समय यही टामस कुक खराद पर काम किया करता था। एक दिन उसे लिसेस्टर पहुंचना था, जिसके लिए उसे इंग्लैण्ड की सड़कों पर पन्द्रह मील पैदल चलना पड़ा। वह वहां नशाबन्दी से सम्बन्धित एक सम्मेलन में भाग लेने आया था। यह सम्मेलन मज़दूरों आदि को यह समझाने के लिए आयोजित किया गया था कि वे अपने गाढ़े ख़ून-पसीने की कमाई को शराब आदि नशीले पदार्थों पर न उड़ायें।

टामस कुक को इस लम्बी यात्रा में एक विचार सूझा कि क्यों न रेलवे कम्पनी को सम्मेलनों में भाग लेने वालों के लिए विशेष रेलगाड़ियां चलाने के लिए कहा जाये। जब उसने अपना यह विचार रेलवे कम्पनी के सामने रखा, तो उन्हें भी यह बात पसन्द आयी; क्योंकि इससे उनकी आय में भी वृद्धि होती थी। विशेष रेलगाड़ियां चलायी जाने लगीं और टामस कुक ने यात्री गाड़ियों के कार्यक्रम में रुचि लेना प्रारम्भ कर दिया। जैसा पीछे बताया जा चुका है टामस कुक का नाम आज अन्तर्राष्ट्रीय जगत् में ख्यातिप्राप्त है।

कुक का यह काम कितना उपयोगी था। अनेक व्यक्ति मीलों पैदल चलते थे, परन्तु किसी के मन में कभी कोई विशेष विचार नहीं आया, परन्तु इंग्लैण्ड की खुली सड़कों पर एक विचारशील व्यक्ति ने पन्द्रह मील पैदल चलकर एक ऐसी योजना बना दी, जिससे यात्रियों को ही लाभ नहीं हुआ, अपितु खराद पर काम करने वाले उस लड़के ने ख्याति के साथ-साथ अपार धन भी अर्जित किया। इसका कारण केवल यही था कि उसने अपने विचारों को कार्यरूप में परिणत करने के लिए तुरन्त क़दम उठाया।

प्रारम्भिक दिनों में सूत चर्ख़ियों पर काता जाता था। हाथ से चलने वाली इन चर्ख़ियों में सूत के छोटे-छोटे टुकड़े अटक जाया करते थे, जिससे कारीगरों को अपना काम रोककर वे टुकड़े निकालने पड़ते थे, जिससे चर्ख़ी को साफ़ करने में बहुत समय लग जाता था। इससे सूत कातने के काम में बहुत हानि होती थी।

राबर्ट पील नामक एक व्यक्ति ने सूत कातने की कुछ चर्ख़ियां लगा रखी थीं। उसके पिता इस बात से बहुत परेशान थे कि बार-बार सूत अटकने पर बहुत थोड़ा काम हो पाता है। राबर्ट के पिता जब भी कारख़ाने में आते, तो वह देखते कि डिक नामक एक कारीगर की चर्ख़ी कभी नहीं रुकती थी और वह पूरा वेतन पाता था।

एक दिन राबर्ट के पिता ने उस कारीगर से पूछ ही लिया—"डिक! तुम्हारी चर्ख़ियां कभी रुकती क्यों नहीं हैं? उनमें सूत कभी क्यों नहीं अटकता?"

डिक ने उत्तर दिया—"हां, यह बात तो ठीक है।"

"इसका क्या करण है?"

"राबर्ट महोदय! यह एक रहस्य की बात है। यदि मैं तुम्हें बतला दूं, तो तुम भी मेरे समान इस काम में उस्ताद हो जाओगे।"

राबर्ट ने मुसकराते हुए कहा—"हां, तुम्हारी यह बात तो ठीक है, परन्तु यह रहस्य बतलाने के लिए मैं तुम्हें इसका उचित पारिश्रमिक भी दूंगा। क्या तुम अपनी खड्डियों के समान दूसरी खड्डियों को भी बिना रुके चला सकते हो?"

"इसमें क्या सन्देह है?" डिक ने उत्तर दिया। "यदि आप मुझे प्रतिदिन एक बोतल शराब दें, तो मैं इस विषय में आपको सब कुछ बता दूंगा।"

राबर्ट ने उत्तर में कहा—" मुझे तुम्हारी यह शर्त मंज़ूर है।"

डिक ने अपना मुंह राबर्ट के कान के पास ले जाकर धीरे-से फुसफुसाकर कहा—"खड्डियों में खड़िया मल दिया करो।"

यही वह रहस्य था। इसके बाद कुछ ही दिनों में राबर्ट अन्य खड्डी वालों की अपेक्षा बहुत आगे बढ़ गये और उन्होंने डिक की सहायता से ऐसी खड्डियों का निर्माण भी किया, जिनकी चर्ख़ियों में खड़िया अपने आप लग जाती थी। उन्होंने अपनी प्रतिज्ञा के अनुसार डिक को शराब के बदले इनाम के रूप में बहुत-सा धन भी दिया।

एक व्यक्ति की छोटी-सी सूझ-बूझ ने लाखों डालर बेकार जाने से बचा लिये। इतना होने पर भी शायद संसार इस बात के सम्बन्ध में न जान पाता, यदि श्री राबर्ट में चीज़ों को ध्यान से देखने, समझने तथा अपने विचारों को कार्यरूप में परिणत करने के गुण और दृढ़इच्छाशक्ति न होती।

संसार में ऐसे अनेक उदाहरण हैं। पैनोव नामक स्थान पर एक स्त्री बारह हज़ार दर्जन से कहीं अधिक घूंसेबाज़ी के दस्ताने बनाती थी। उसने एक बार कहा था—मैंने यह काम सन् 1864 में एक छोटे-से कमरे में आरम्भ किया था। उस समय मेरी कुल पूंजी चालीस डालर थी और मैं ऐसे प्रदेश में रहती थी, जहां काम की कमी थी और स्त्रियां दिन-भर बेकार रहती थीं। उनकी यह इच्छा रहती थी कि वे भी कुछ बुनाई-सिलाई आदि का काम करें। जब मैंने यह काम आरम्भ किया था, तो प्रथम वर्ष में पचीस पौण्ड का सूत भी काम में न आ सका था। धीरे-धीरे मैंने अपना प्रयास जारी रखा और अन्त में गांव के पन्द्रह सौ लोगों को दस्ताने बुनने के काम में लगाने में सफल हुई। उसके बाद मैंने यह काम मशीनों से करना आरम्भ कर दिया। जब दस्ताने हाथ से बनाये जाते थे, तो उन पर प्रति जोड़ा चौबीस सेण्ट ख़र्च आता था, परन्तु मशीनों द्वारा बनाये जाने पर वह ख़र्च केवल छह सेण्ट रह गया।

पैनोव की उस महिला और उसके पड़ोसियों में केवल इतना अन्तर था कि

उस महिला ने जो कुछ सोचा, उसे कार्यरूप में परिणत कर दिखाया, जबकि उसके पड़ोसी केवल सोचकर ही रह जाते थे। जो व्यक्ति अपने विचारों को कार्यरूप में परिणत कर देता है, वह सोच-विचार करने वाले व्यक्तियों से सदा आगे रहता है। ऐसा सदा से होता आया है और सदा होता रहेगा।

अलबामा में एक गुलाम रहता था, जिसका नाम जॉन नाइट था। जब गुलामों को आज़ादी मिली, तो वह एक फ़र्म के साथ बन्दरगाह में माल ढोने का काम करने लगा। उसने देखा कि एक फ़र्म मध्य अमेरिका में फलों का व्यापार करती थी। उस मज़दूर ने काम करते समय यह विचार किया कि यदि मैं भी फलों का काम करूं, तो मेरा भविष्य भी सुधर सकता है। उसने अपने उस विचार को कार्यान्वित कर दिखाया। जॉन ने ग्वाटेमाला की सरकार से फ़ालतू पड़ी पचास हज़ार एकड़ भूमि ले ली तथा न्यूआर्लियन्स में फलों का व्यापार करने वाले व्यापारियों से समझौता किया कि वे उससे प्रतिवर्ष दो लाख डालर मूल्य के फल ख़रीदेंगे। फलों के व्यापार में सफल होने के बाद उसने कॉफ़ी उगाने का काम आरम्भ कर दिया। धीरे-धीरे वह फ़र्नीचर में काम आने वाली मूल्यवान् लकड़ी का भी व्यापार करने लगा और फिर वह समय आया, जब वह मध्य अमेरिका के महाधनी और शक्तिशाली व्यक्तियों में गिना जाने लगा। उसकी सफलता का कारण यही था कि उसमें किसी बात को कार्यरूप में परिणत करने के साथ ही सूझ-बूझ से काम करने का गुण भी विद्यमान था।

वाशबर्न नामक एक छोटा-सा लड़का लुहार का काम सीखता था। वह बहुत शर्मीला था, परन्तु साथ ही विचारशील भी था। उसने एक दिन सोचा कि इंग्लैण्ड में केवल एक ही करख़ाना है, जो पियानों के तारों का निर्माण करता है और इस कार्य पर उस काख़ाने का एकाधिकार है। अमेरिका में कहीं भी ऐसा अच्छा कारख़ाना नहीं है, जो इस प्रकार के उत्तम तारों का निर्माण करता हो। बस, विचार आने की देर थी, उसने मन-ही-मन दृढ़निश्चय कर लिया कि मैं स्वयं संसार में सर्वश्रेष्ठ तार बनाऊंगा और उसके बाद बड़े पैमाने पर उनके उत्पादन के सम्बन्ध में कोई नया ढंग खोज निकालूंगा।

उस शर्मीले बालक ने अवसर को पहचाना और अपने विचारों को कार्यरूप में परिणत कर दिखाया। उसने जो सोचा, उसे करके दिखा दिया। फिर वह समय आया, जब उसके कारख़ाने में बने तार ही स्टैण्डर्ड माने जाने लगे। जिस समय की यह बात है, उस समय उसके कारख़ाने में प्रतिदिन बीस टन लोहे के

तार मशीनों द्वारा बनते थे और उस कारख़ाने में सात सौ से अधिक व्यक्ति काम किया करते थे। अपने कार्य में सफल होने के बाद और अपार धनराशि कमाने के पश्चात् वह उसका अधिकांश भाग दान में दे दिया करता था, जिससे उस-जैसे अन्य शर्मीले बालकों का भी कल्याण हो सके।

संसार में ऐसे अनेक उदाहरण भरे पड़े हैं, जहां उन्नति करने वाले व्यक्तियों ने अपनी आंखें पूरी तरह खुली रखकर अवसर को पहचाना और महान् सफलता प्राप्त की। एडीसन भी उनमें से एक था। आज उसे और उसके काम को कौन नहीं जानता? उसने अपना सारा जीवन अवसरों की खोज में बिता दिया और जब-जब अवसर आये, तब-तब उसने उनसे पूरा-पूरा लाभ उठाया; क्योंकि उसके मन में जो भी विचार आते थे, वह उन्हें कार्यरूप में परिणत करने का प्रयास किया करता था। एडीसन में अवसर को समझने और विचारों को कार्यरूप में परिणत करने का गुण था।

एक पाश्चात्य उत्पादन विशेषज्ञ का कहना है कि यूरोप के बहुत से कारख़ाने बहुत थोड़ा काम कर पाते हैं। इसका कारण यह है कि जब उन्हें अवसर प्राप्त होता है, तो उससे लाभ उठाने के लिए वे पूरी तरह तैयार नहीं होते। जबकि इसके विपरीत अमेरिका में जब किसी व्यक्ति के पास कोई अच्छी चीज़ होती है, तो वह उससे पूरा-पूरा लाभ उठाने का प्रयत्न करता है और संसार को अपने माल से पाट देता है।

आज जापान भी यही कर रहा है।

व्यापार में सफलता प्राप्त करने के लिए व्यक्ति में किन्हीं विशेष गुणों का होना आवश्यक है। जो युवक आने वाले अवसरों से लाभ उठाने के लिए तैयार रहते हैं, उनमें इन गुणों का होना बहुत आवश्यक है। सम्भव है कि कोई व्यक्ति विचारवान् हो, उद्यमी भी हो, परिश्रमी भी हो, चरित्रवान् भी हो, परन्तु व्यापार में सफलता की दृष्टि से जो बात आवश्यक है, वह उसमें न हो। वह बात है—सब बातों को भली प्रकार देखना और समझना। यदि किसी व्यक्ति में ये गुण हैं, तो जब उसके सामने अवसर आता है, तो वह उसका सही ढंग से उपयोग कर सकता है। इस बात से कोई अन्तर नहीं पड़ता कि अवसर उसके द्वार पर ही आये। यदि उसकी आंखें खुली हैं, तो अवसर उसे अवश्य प्राप्त होंगे।

विचारों को कार्यरूप में परिणत करने का गुण बहुत आवश्यक है। संसार के किसी भी कोने में स्थित किसी भी बड़े नगर में जाकर पूछें कि इस नगर में

ऐसा कौन व्यक्ति है, जो व्यापार में लगा है और जिस पर राष्ट्र की उन्नति आश्रित है, तो आपको पता चलेगा कि सफल व्यक्ति वही हैं, जो देखते हैं, विचार करते हैं तथा विचार की हुई बात को कार्यरूप में परिणत कर दिखाते हैं। ऐसे ही व्यक्तियों के कन्धों पर किसी राष्ट्र की उन्नति आधारित होती है।

मानसिक गुणों के सम्बन्ध में कुछ भी कहा जाये, परन्तु देखने, समझने और विचारों को कार्यरूप में परिणत करने की योग्यता व्यक्तित्व का अनिवार्य गुण है। जिन व्यक्तियों में विभिन्न कार्य करने का महान् गुण होता है, वे ही योग्य और सम्पन्न होते हैं। विभिन्न व्यक्तियों में विभिन्न कार्य करने की शक्ति होती है, परन्तु विचारों को कार्यरूप में परिणत करने का मूल सिद्धान्त एक ही होता है।

चार्ल्स गोल्ड नामक एक व्यक्ति किसी बन्दरगाह में कण्डक्टर का काम करता था। वह चतुर व्यापारी तो था, परन्तु धनी नहीं था। उसने एक बार एक कार-कपलर का पेटेण्ट पांच सौ डालर में करा लिया। उसने यह पेटेण्ट जिस व्यक्ति से ख़रीदा था, उसकी यह शर्त थी कि यदि चार्ल्स गोल्ड कारख़ाना लगा लेगा, तो उसे उस कार-कपलर के आविष्कारक को उस कारख़ाने में फ़ोरमैन रखना होगा। गोल्ड को मालूम था कि वाशिंगटन में पेटेण्ट करने वाला दफ़्तर कार-कपलरों के पिचत्तर से भी अधिक नमूनों के पेटेण्ट जारी कर चुका था और उसे यह भी पता था कि उस आविष्कार में अन्य आविष्कारों की अपेक्षा बहुत अन्तर था। उसका बनाया कार-कपलर रेलवे के काम भी आ सकता था। सूझ-बूझ के धनी चार्ल्स गोल्ड में एक विशेष गुण यह भी था कि वह अपने विचारों को कार्यरूप में परिणत करने में भी माहिर था। उसके हाथ कोई अच्छी चीज़ लग जाती थी, तो वह उससे अधिकाधिक लाभ उठाने का प्रयत्न करता था। शर्त के अनुसार उसने कार-कपलरों के निर्माण की फ़ैक्ट्री लगायी और उस कार-कपलर के आविष्कारक को फ़ोरमैन के पद पर नियुक्त कर दिया। आज उसी फ़ैक्ट्री में तीन हज़ार छह सौ से भी अधिक व्यक्ति काम कर रहे हैं।

इसी से मिलती-जुलती कथा न्यूयार्क के एक गवर्नर की भी है। उन्होंने अमेरिका की ज़िला मैसेंजर सर्विस की व्यवस्था से बहुत लाभ उठाया। उन्होंने इस व्यापार में मैसेंजर सर्विस व्यवस्था को पांच लाख डालर से भी अधिक राशि वसूल करके दी। यह उन लोगों का वह धन था, जिसे वसूल करने में वे बिल्कुल असमर्थ थे। इस प्रकार की व्यवस्था करके कारनेल ने ही धन नहीं कमाया, अपितु उस सर्विस की व्यवस्था करने वालों ने भी पर्याप्त धन कमाया। कारनेल

ने जिस व्यक्ति से उसकी यह योजना ख़रीदी थी, उसे उसने केवल दो हज़ार डालर दिये थे। यदि कारनेल भी अन्य व्यक्तियों के समान होते, तो वह भी हतोत्साहित होकर बैठ जाते।

स्थिति को भली-भांति देखना-समझना, विचारों को क्रियात्मक रूप देना, सदा सतर्क रहना, ग्रहण करने की दृष्टि रखना तथा परिस्थितियों को समझकर उनसे लाभ उठाना हर व्यक्ति के वश की बात नहीं है, लेकिन जिन व्यक्तियों में ये गुण होते हैं, वे कारनेल की भांति स्वयं भी सफलता प्राप्त करते हैं और दूसरों को भी लाभ पहुंचाते हैं।

***

ग्यारहवां महामन्त्र

मालिक कहा करते हैं

बड़े-बड़े कल-कारख़ाने तथा उद्योग-धन्धे चलाने वाले लोग प्राय: यही कहते सुने जाते हैं कि आजकल जो नवयुवक उनके यहां काम करने के लिए आते हैं, वे अवसर के लिए तैयार ही नहीं होते। उन्हें जिस काम पर लगाया जाता है, वहां आगे बढ़ने के अनेक अवसर आते हैं और यदि वे तैयार हों, तो ये अवसर स्वयं उनकी गोद में आ सकते हैं, परन्तु उनमें अवसर को प्राप्त करने की क्षमता ही नहीं होती और फिर वे इसके लिए व्यवस्था को दोष देते हैं।

डिज़रायली का कहना है—"जीवन में सफलता-प्राप्ति का रहस्य यह है कि व्यक्ति अवसर को पहचानने और उसे प्राप्त करने के लिए तैयार रहे। अवसर जब भी आये, वह उसे पकड़ ले। उसकी ओर से आंख बन्द न रखे। मुझे याद है कि मैंने कैनन लिण्डन के लेखों में पढ़ा था कि हमें जो बड़े-बड़े पद प्राप्त होते हैं, सम्भवत: उनकी प्राप्ति इस बात पर निर्भर करती है कि उनके आने से पूर्व हम क्या थे और हमने अपने आपको कैसा बना रखा था। वस्तुत: हम जो हैं, वह वर्षों पहले के आत्मानुशासन का ही परिणाम है।"

अब तक आपने जो कुछ पढ़ा है, उससे आपको यह तो स्पष्ट हो ही गया होगा कि यदि श्री हरबर्ट की महत्त्वाकांक्षा केवल किराये की गाड़ी हांकने की ही होती, तो वह तेरह वर्ष की आयु में ही सफल हो चुके थे। यदि उनमें केवल रेलवे कम्पनी का स्विचमैन होने ही क्षमता होती, तो वह अठारह वर्ष की आयु में ही उसे प्राप्त कर चुके थे। इसी प्रकार यदि वह ब्रेकमैन अथवा कण्डक्टर बनने की ही महत्त्वाकांक्षा रखते, तो इन कामों तक वह अपने जीवन के प्रारम्भिक दिनों में ही पहुंच चुके थे, परन्तु हरबर्ट इन छोटे-छोटे कामों से ही सन्तुष्ट होने वाले नहीं थे। उन्होंने बहुत पहले ही यह निश्चय कर लिया था कि यह रेलवे कम्पनी ही मेरे लिए सब कुछ है। इसीलिए उन्होंने रोड़ी भरने वाला मज़दूर बनना स्वीकार किया, स्विचमैन के पद पर रहे, ब्रेकमैन रहे और यहां तक कि

गाड़ियों में झाड़ू लगाने का काम भी किया। इस प्रकार उन्होंने उन सभी कार्यों को स्वीकार किया, जो उन्हें अपने लक्ष्य तक पहुंचाने में सहायक बने। वह अपने लक्ष्य से एक इंच भी इधर-उधर न रुके। उनके जीवन से पता चलता है कि उन्हें अनेक अवसर प्राप्त हुए, परन्तु अधिकांश अवसरों का निर्माण उन्होंने स्वयं किया। उन्होंने अवसर की प्रतीक्षा न की।

अवसर की प्रतीक्षा करना मूर्खता है। आपको तो उसका निर्माण करना है और उसका निर्माण उसी प्रकार करें, जिस प्रकार झोंपड़ी में पैदा होने वाले लिंकन ने किया, जिस प्रकार सांझ के झुटपुटे में हेनरी विल्सन ने किया। उसने उस समय ऐसी हज़ारों पुस्तकें पढ़ डालीं, जिनके सम्बन्ध में उनकी आयु के बच्चे सोच भी नहीं सकते और अपने सायंकाल का समय व्यर्थ नष्ट कर देते हैं।

आप भी अपने लिए अवसर का निर्माण उसी प्रकार कीजिये, जिस प्रकार भेड़ चराने वाले लड़के फ़र्गूसन ने किया। वह तारों की दूरी को धागे में पिरोये हुए मनकों से नापने का प्रयत्न किया करता था। क्या उस समय कोई यह कल्पना कर सकता था कि भेड़ चराने वाला यह लड़का कभी एक महान् व्यक्ति बन जायेगा?

महान् गणितज्ञ जार्ज का नाम तो आपने सुना ही होगा। आप भी अपने लिए उसके समान ही अवसर का निर्माण कर सकते हैं। वह कोयला खानों में काम किया करता था और डब्बों में कोयला भरा करता था। कोयले के डब्बों के किनारों पर खड़िया और चाक से गणित के प्रश्न हल करते-करते ही वह महान् गणितज्ञ बन गया।

आप भी उसी प्रकार अवसर का निर्माण कर सकते हैं, जिस प्रकार डगलस ने काग़ज़ के टुकड़ों और पोस्टरों से पढ़ना सीखकर अपने लिए अवसर का निर्माण किया अथवा जिस प्रकार नेपोलियन बोनापार्ट ने अनेक भयंकर परिस्थितियों में से गुज़र कर अपने लिए अवसरों का निर्माण किया।

आपने अन्धी और बहरी अमेरिकन महिला हेलन कीलर का नाम तो सुना ही होगा। वह महिला आज अन्तर्राष्ट्रीय ख्याति-प्राप्त है। जिस प्रकार उसने अपने लिए अवसर प्राप्त किये, क्या आप अपने लिए उस प्रकार अवसर का निर्माण नहीं कर सकते?

जो व्यक्ति प्रयत्न कर सकता है, जिसमें किसी कार्य को करने की इच्छा और अभिलाषा है, वह अपने लिए अवसर का निर्माण अवश्य कर सकता है।

यदि किसी आलसी व्यक्ति को सुनहरा अवसर भी मिलेगा, तो भी उसे कोई लाभ नहीं होगा; क्योंकि वह उस अवसर को ग्रहण करने के योग्य ही नहीं होता। ऐसी स्थिति में बड़े-से-बड़ा अवसर भी आपको उपहास की वस्तु बना सकता है।

यदि कोई व्यक्ति किसी अच्छे पद पर नियुक्त हो जाता है, तो इसका कारण उसके पिछले अनेक वर्षों की तैयारी होती है। केवल परिस्थितियों के कारण ही उसे लाभ नहीं मिलता। भाग्य भी उसी व्यक्ति का साथ देता है, जो उसके योग्य होता है।

रस्किन ने लिखा है—"पूरा यौवनकाल ज्ञान-वृद्धि, निर्माण और बहुत कुछ सीखने का समय होता है। समय का कोई भी क्षण ऐसा नहीं, जो भाग्य-निर्माण के उपयुक्त न हो। यदि आप उस क्षण को ग्रहण न कर सकें और वह क्षण गुज़र जाये, तो फिर कभी लौटकर नहीं आयेगा। यह बिल्कुल उसी प्रकार है, जैसे लोहे के ठण्डा पड़ जाने पर उस पर चोट मारने से कोई लाभ नहीं होता।"

सेण्ट बर्नार्ड ने कहा है—"मुझे मेरे अतिरिक्त कोई अन्य व्यक्ति हानि नहीं पहुंचा सकता। मुझे जो भी हानि होती है, उसके लिए मैं स्वयं ज़िम्मेदार हूं। वास्तविक हानि मेरे ही दोषों के कारण होती है।"

किसी सुप्रसिद्ध राजनीतिक नेता का कहना है—"योग्य व्यक्तियों के लिए अवसरों की कोई कमी नहीं होती। ऐसे व्यक्ति, जिन्हें कोई काम नहीं करना होता, सदा सुयोग्य व्यक्तियों की खोज में रहते हैं। वे इस बात के लिए उत्सुक रहते हैं कि ऐसे व्यक्ति से अधिकाधिक लाभ उठाया जाये।"

जब कोई व्यक्ति कुछ बनने की योजना बनाता है, जब कोई व्यक्ति किसी खेत को हरा-भरा करना चाहता है, दर्द से छुटकारा पाना चाहता है अथवा कोई मुक़द्दमा जीतना चाहता है, तो वह किसी अत्यन्त उपयुक्त व्यक्ति को खोजता है। वह बड़ी निष्ठा से ऐसे व्यक्तियों की खोज करता है और अपनी इस खोज में तब ही सफल हो सकता है, जब उसे इस प्रकार के दक्ष व्यक्तियों की जानकारी हो। क्या आप अनुमान लगा सकते हैं कि खोजभरी दृष्टि से कोई योग्य व्यक्ति छिपा रह सकता है? यदि योग्य व्यक्ति जान-बूझकर छिपने का प्रयत्न करे, तो भी ज़रूरतमन्द व्यक्ति उसे खोज ही लेते हैं और उससे जिन कार्यों को पूरा कराने की आवश्यकता होती है, उसे प्रेरित करके उससे वह कार्य करा लेते हैं।

जीवन में सफल होने का एकमात्र उपाय यही है कि मनुष्य अपने को किसी भी कार्य को पूर्ण करने के योग्य बनाये। प्रत्येक मनुष्य में किसी-न-किसी

कार्य के प्रति स्वाभाविक रुझान होता है। उसकी इच्छा होती है कि वह किसी विशेष कार्य को करे। आज युवकों के सामने ऐसी अनेक सुविधाएं हैं कि वे अपने स्वाभाविक रुझान वाली योग्यता को और अधिक विकसित कर सकें, पर वे नौकरियों तथा अन्य किसी कार्य को चलाने के लिए सहायकों की खोज में ही अपना बहुत-सा समय बरबाद कर देते हैं।

आज अनेक अवसर विद्यमान हैं, उनकी कोई सीमा नहीं। वे मानव-समाज की नींव में प्रच्छन्न रूप से विद्यमान हैं। उनसे अधिकाधिक लाभ उठाना प्रत्येक व्यक्ति का कर्तव्य है, परन्तु इसके लिए आवश्यक है कि व्यक्ति अवसर को स्वयं पहचाने और उसे उपयोग में लाये। अवसर के विद्यमान होने पर भी व्यक्ति को अपने लिए उसका निर्माण स्वयं करना होता है।

गारफ़ील्ड का कहना है—"अवसर को सेना को एकत्र करने के लिए बिगुल की आवाज़ कहा जा सकता है। वह सेना को लड़ने के लिए एकत्र कर सकता है, परन्तु बिगुल की आवाज़ में सेना को युद्ध में जिताने की शक्ति नहीं होती। वह शक्ति तो सेना में होनी चाहिए। हमारा जीवन एक प्रशिक्षणशाला है और यह प्रशिक्षण कहीं बाहर से प्राप्त नहीं होता। मनुष्य को स्वयं अपने आपको प्रशिक्षित करना होता है।"

जिस प्रकार यह कहना नितान्त मूर्खता की बात है कि शब्दकोश में से शब्द इकट्ठे करके कोई भी व्यक्ति पुस्तक अथवा निबन्ध लिखने में सफल हो सकता है, उसी प्रकार यह कहना भी मूर्खतापूर्ण है कि जिस व्यक्ति में समय पर काम करने अथवा काम को पूरी तरह करने आदि के गुण हैं, तो वह सफल हो सकेगा। वास्तविकता यह है कि मनुष्य कितना ही गुणी क्यों न हो, उसमें कितनी ही अच्छी आदतें क्यों न हों, उसका स्वभाव कितना ही अच्छा क्यों न हो, पर इन सब गुणों से भी आवश्यक एक अन्य गुण है और वह है—कार्य को करने की क्षमता।

दूसरे शब्दों में हम इस बात को इस प्रकार कह सकते हैं कि जो व्यक्ति हाथ में फावड़ा लिये रोड़ियां भर रहा था, जिस आदमी के हाथ में स्विच था, जिसके हाथ में ब्रेक था, जो आदमी कण्डक्टर का पंच लिये इधर-से-उधर घूमता-फिरता था, उन सब बातों के पीछे वह स्वयं था। अतः यह सिद्ध हो जाता है कि व्यक्ति में सफलता प्राप्त करने वाला व्यक्तित्व भी विद्यमान होना चाहिए, जिससे वह अपने जीवन में अवसरों से लाभ उठाने के लिए सदा तैयार रहे।

प्रत्येक व्यक्ति में वह ऊर्जा विद्यमान रहती है, जिससे वह किसी विशेष कार्य में निपुणता प्राप्त करता है। अत: यह निश्चित जान लेना चाहिए कि कुछ विशेष प्रकार की आदतें, स्वभाव अथवा गुण धारण करने मात्र से ही व्यक्ति सफल नहीं हो सकता। यह ठीक है कि सफलता-प्राप्ति के लिए इन बातों का होना अनिवार्य है, परन्तु इनका महत्त्व दूसरे दर्जे का है। पहले दर्जे का महत्त्व उस ढंग का है, जिस ढंग से वह व्यक्ति काम करता है।

यह बात स्मरण रखने की है कि आप किसी भी क्षेत्र में सफलता प्राप्त करने के लिए अपनी शक्तियों का कितना भी विकास करें तथा जीवन में विविध क्षेत्रों के लिए अपने-आपको कितना भी प्रशिक्षित करें, पर वह केवल प्रशिक्षण ही रहेगा, इससे अधिक उसका कुछ महत्त्व नहीं। महत्त्व की बात और जीवन का वास्तविक प्रयोजन यह है कि आपको जो अवसर प्राप्त होते हैं, आप उनसे लाभ उठायें। यह वाशिंगटन इरविंग ने हमें उस व्यक्ति के सम्बन्ध में बताया था, जिसने खाई पार करने के लिए एक लम्बी दौड़ लगायी थी। खाई को पार करने के लिए उसे एक लम्बी कूद लगानी थी। वह उस लम्बी कूद के लिए लगभग तीन मील पीछे गया और वहां से दौड़ता हुआ खाई तक पहुंचा, परन्तु तब तक उसका दम फूल चुका था, इसलिए उसे बेबस होकर आराम करने के लिए बैठना पड़ा। यह बात उस व्यक्ति से किसी भी प्रकार पृथक् नहीं हो सकती, जो भाग्य के भरोसे ही किसी काम की तैयारी में कई वर्ष लगा दे और ऐसा करने में ही अपने आपको पूर्णतया थका हुआ अनुभव करने लगे। ऐसी स्थिति में उसे असफलता के सिवा और क्या मिल सकता है?

ऐसी ही एक घटना मैंने किसी विद्यार्थी के सम्बन्ध में भी सुनी थी। जब उससे यह पूछा गया कि उसने स्कूल में पढ़ते समय क्या विशेष उल्लेखनीय काम किया था, तो उसका उत्तर था कि वह प्रात:काल बहुत जल्दी उठता था। उसने अपने पूरे छात्र-जीवन में जिस विषय में दक्षता प्राप्त की थी, वह था—प्रात:काल जल्दी उठना। क्या इसका अर्थ यह नहीं कि वह सारा दिन और कुछ भी न करे? क्या केवल प्रात:काल जल्दी उठने से ही किसी व्यक्ति को सफलता प्राप्त हो सकती है?

***

बारहवां महामन्त्र

उतावला सो बावला

लिण्डन ने कहा है—"कल आप क्या होंगे, यह इस बात पर निर्भर करता है कि आप आज क्या हैं और आप आज क्या हैं, यह इस बात पर निर्भर करता है कि कल आपने क्या किया था।"

एडीसन ने कहा है—"मानव संगमरमर के उस टुकड़े के समान है, जो अभी तक खान में पड़ा हुआ है और जिसके भीतर छिपा हुआ सौन्दर्य तब तक प्रकट नहीं हो सकता, जब तक कोई मूर्तिकार अपने कला-कौशल के द्वारा उसे आकार-प्रकार प्रदान न करे, उसकी सतह को चमकदार न बनाये, उसे कोई स्वरूप न प्रदान कर दे।"

आरनोल्ड ने कहा है—"आप जो कुछ भी जानते हैं, निरन्तर अभ्यास से उस ज्ञान को बढ़ाते जाइये। परमात्मा ने जो शक्तियां आपको प्रदान की हैं, यदि आप उनका उचित प्रयोग करेंगे, तो वे और भी अधिक विकसित हो जायेंगी।"

चार्ल्स किंग्सले ने कहा है—"आप जो कुछ जानते हैं और जितना जानते हैं, उसकी ही रक्षा आप कर सकते हैं, लेकिन यदि आप प्रयत्न करें, तो उससे भी अधिक जानने की शक्ति प्राप्त कर सकते हैं।"

प्रयत्न करने के पश्चात् सफलता की प्रतीक्षा करना बहुत आवश्यक है, लेकिन आज के युग की सबसे बड़ी कमज़ोरी है—उतावलापन। जिसे भी देखिये, अपने कर्म का फल पाने के लिए आतुर हुआ दिखाई देता है, उतावला हुआ दिखाई देता है। पूर्ण तैयारी किसी भी कार्य में सफलता पाने के लिए सबसे पहली और आवश्यक शर्त है, लेकिन आज का व्यक्ति थोड़े-से परिश्रम से ही बहुत कुछ पाने की कामना लिये फिरता है। वह चाहता है कि कोई ऐसा फ़ार्मूला हाथ लग जाये, जिसके द्वारा सफलता उसकी मुट्ठी में आ जाये।

आपने भी नवयुवकों को प्राय: यह कहते सुना होगा—"अब मैं और अधिक प्रतीक्षा नहीं कर सकता।" वे अपने इस उतावलेपन को गुण समझते हैं, जो

वास्तव में बहुत भारी दोष है। व्यापार-व्यवसाय में, सभा-समाज में, यहां तक कि मन्दिर-मस्जिद में भी उनका उतावलापन बना ही रहता है। कोई प्रतीक्षा करना नहीं चाहता, किसी काम-धन्धे में लगने से पहले उसकी पूरी तैयारी करना नहीं चाहता और न ही आवश्यक जानकारी प्राप्त करना चाहता है, जिसका परिणाम यह होता है कि ऐसे लोगों के काम सदा ही आधे-अधूरे अथवा अधकचरे रह जाते हैं और इसीलिए कठिनाइयां आने पर ऐसे व्यक्ति एक काम को छोड़कर दूसरे काम की ओर दौड़ पड़ते हैं।

असफलता अथवा अधूरी सफलता का सर्वप्रमुख कारण है—उतावलापन। अधूरे पश्रिम से पूरे फल की कामना करना अथवा कर्म की उपेक्षा करके भाग्य के भरोसे बैठे रहना। जल्दबाज़ी और उतावलेपन को गुण मानकर आज के नवयुवक एवं नवयुवतियां काम-धन्धे में लगने की अपेक्षा आरामतलब होना अधिक पसन्द करते हैं। वे काम करना नहीं चाहते और आशा करते हैं कि उनकी ज़रूरत शीघ्रातिशीघ्र पूर्ण हो जाये।

कवि पोप ने लिखा है—"आधी-अधूरी या अल्प शिक्षा बड़ी भयंकर होती है। यह मनुष्य को कहीं का नहीं छोड़ती।" एक कहावत है—"नीम हकीम ख़तर ए जान, नीम मुल्ला ख़तर ए ईमान।" इसलिए गहरा और गम्भीर अध्ययन कीजिये; क्योंकि ओछे व्यक्ति संसार में थोड़ा-सा अध्ययन करके ही अहंकार के मद में चूर हो जाते हैं। यदि वे गहन व गम्भीर अध्ययन करें, तो अवश्य ही शान्त एवं विनयी बन सकेंगे।

अज्ञानी व्यक्ति अपने भेदों को छिपाने के लिए न जाने कितनी भूलें करता है। ऐसी भूलें, जिन पर उसे बाद में सिवा पछताने के और कुछ नहीं करना पड़ता। आज हर व्यक्ति आसान और छोटा रास्ता (शार्ट कट) तलाश करता है। वह ऐसे टोटकों की तलाश में रहता है, जिनसे सफलता उसके चरणों में लोटने लग जाये। फिर भले ही ऐसे टोटकों के लिए उसे कितना ही परिश्रम एवं प्रयत्न क्यों न करना पड़े, कितना ही समय बरबाद क्यों न करना पड़े, कितनी ही शक्ति क्यों न नष्ट करनी पड़े। एक आदर्श कहावत है—"धीरा सो गम्भीरा।" वैसे प्रकृति का भी आदर्श वाक्य है—धीरज। किसी पुष्प के पल्लवित होने के लिए जितने समय की आवश्यकता होती है, उतना समय तो लगेगा ही, ऐसा प्रकृति का विधान है। जब तक पूरा प्रयत्न और पूरा समय नहीं मिल पाता, तब तक फूल पूरी तरह से नहीं खिल सकता।

बिशप हॉल ने अपने एक ग्रन्थ के अध्ययन में पूरे तीस वर्ष लगाये थे।

आवेन्स ने अपनी एक पुस्तक लिखने में बीस वर्ष लगाये थे।

सुप्रसिद्ध संगीतकार मूर ने अपने संगीत की एक धुन बनाने में कई सप्ताह तक निरन्तर प्रयत्न किया था और जब लोगों ने वह धुन सुनी, तो वे झूम उठे और उनके मुख से ये शब्द निकले थे—"यह अनोखी प्रतिभा का चमत्कार है।"

आज अधिकांश व्यक्तियों में यह प्रवृत्ति देखी जाती है कि जिस काम को सीखने में जितना समय आवश्यक है, वे उससे चौथाई समय भी उस काम में नहीं लगाना चाहते। किसी भी व्यवसाय का सम्पूर्ण अध्ययन नहीं करना चाहते। किसी भी व्यवसाय के बारे में पूरी जानकारी प्राप्त करना नहीं चाहते, उसके विशेषज्ञ नहीं बनना चाहते, जिसका परिणाम होता है—असफलता।

किसी धनी व्यक्ति ने एक चित्रकार से कहा—"मेरे लिए एक सुन्दर-सा चित्र बना दो।" चित्रकार ने उनके लिए चित्र बना दिया, तो उस धनी व्यक्ति ने चित्रकार से उस चित्र का मूल्य पूछा। चित्रकार ने उस चित्र का मूल्य एक हज़ार फ्रांक मांगा।

धनी व्यक्ति बोला—"केवल पांच मिनट में ही तुमने ये चित्र बनाया है और इसका मूल्य एक हज़ार फ्रांक मांग रहे हो?

चित्रकार ने उत्तर दिया—"जी हां, आपका कहना ठीक है। चित्र तो मैंने पांच मिनट में ही बनाया है, परन्तु चित्रकारी सीखने के लिए मैंने तीस साल तक अपना तन, मन और धन लगाया है।"

सफलता-प्राप्ति के लिए निरन्तर प्रयत्न और धीरज की आवश्यकता होती है, उतावलेपन की नहीं। जब आप अपने व्यवसाय के विशेषज्ञ बन जायें, तब ही कार्यक्षेत्र में उतरें, तो लोग आपकी वाह-वाह कर उठेंगे। लेकिन अधूरे, अधकचरे और उतावलेपन से किये गये प्रयत्नों से सफलता की आशा करना, अपना मज़ाक उड़वाना है। किसी भी वस्तु के निर्माण में गम्भीर अध्ययन, कठोर परिश्रम तथा गहरी नींव की आवश्यकता होती है और वह नींव इतनी पक्की होनी चाहिए कि लोग उसे सजीव चट्टान कह उठें, तभी वह भवन टिकाऊ बन सकेगा। इसी प्रकार प्रत्येक काम में धीरज और सहनशीलता का बड़ा भारी महत्त्व होता है।

एक प्रसिद्ध पियानोवादक अकसर अपनी किसी धुन का सार्वजनिक प्रदर्शन तब तक नहीं करता था, जब तक उसे पन्द्रह सौ बार एकान्त में बजाकर

स्वयं सन्तुष्ट न हो जाता था। उसने अपने इस कठोर परिश्रम के बल पर ही कीर्ति अर्जित की थी।

इस प्रकार का धीरज, ऐसी लगन, इस प्रकार की परिश्रमशीलता, इस प्रकार का दृढ़निश्चय व इस प्रकार का आत्मविश्वास ही सदा विजयी होता है, लेकिन इनके अभाव में अपनी विजय को प्रतिभाशाली समझने वाले व्यक्ति लज्जित होकर रह जाते हैं। सफलता किसी वृक्ष पर नहीं लगती, जिसे आप तोड़ लें और सफल बन जायें। यह तो निरन्तर कठोर परिश्रम से ही प्राप्त होती है।

किसी धनी व्यक्ति ने कभी कहा था—"मैं कई वर्ष तक लगातार सूर्योदय से पहले ही अपने कार्यालय में पहुंच जाता था और एक दिन भी अठारह घण्टे काम करने से पहले अपने कार्यालय से बाहर नहीं निकला।"

शहतूत के पत्ते एक दिन रेशमी वस्त्र बन जाते हैं, पर उतावलेपन से नहीं, धीरज के कारण।

विश्व के सर्वश्रेष्ठ चित्र 'मोनालिसा' के सिर की कला-रचना करने में चित्रकार ल्योनार्दो द् विंशी ने पूरे चार वर्ष लगाये थे, इसीलिए उसका यह चित्र आज तक सर्वश्रेष्ठ माना जाता है।

संसार के अनेक विशिष्ट एवं महान् व्यक्ति प्रारम्भ में अत्यन्त साधारण बालक थे, परन्तु उन्होंने प्रारम्भ से ही परिश्रम, उद्यम, साहस तथा धैर्य का पाठ पढ़ा और तभी वे विशिष्ट एवं महान् बन सके ।

एडीसन ने लिखा है कि फ़ोनोग्राफ़ के निर्माण में उसे अदम्य धीरज रखना पड़ा था और अथाह परिश्रम करना पड़ा था। उसने लिखा है कि सात महीने तक अठारह से बीस घण्टे प्रतिदिन वह एक ही शब्द पर लगातार काम करता रहा, लेकिन अपनी अटूट लगन और धीरज के कारण ही उसे अपने प्रयत्नों में सफलता मिली।

प्रतिष्ठा एवं मान-सम्मान प्राप्त करने का एक ही उपाय है और वह है— धीरज। धीरज रखना, मन को अपने उद्देश्य पर एकाग्र रखना और निरन्तर परिश्रम करते जाना।

कोई भी ज्ञान कितना ही महत्त्वहीन प्रतीत होता हो, फिर भी उसे अपने मस्तिष्क में एकाग्र करने से, हर प्रकार की जानकारी प्राप्त करने से, किसी भी पुस्तक, पत्रिका, लेख, भाषण आदि हर अवसर से लाभ उठाने से और उन सब प्रयत्नों पर चिन्तन एवं मनन करने से जो साररूप नवनीत प्राप्त होता है, उसी को

अनुभव कहते हैं और यह अनुभव कभी भी, किसी भी काम में प्रयोग में लाया जा सकता है।

एक बार किसी व्यक्ति ने वैब्सटर से आग्रह किया कि वह किसी महत्त्वपूर्ण विषय पर सभा में भाषण दे। वैब्स्टर ने उत्तर दिया—"उस विषय पर तैयारी करने के लिए मेरे पास अभी समय नहीं है और मैं बहुत व्यस्त हूं।" आग्रह करने वाले मित्र ने कहा—"कोई बात नहीं, आप कुछ थोड़ा-सा ही बोल दीजिये। आपके उन्हीं शब्दों से लोगों का ध्यान उस विषय की ओर आकर्षित हो जायेगा।" वैब्स्टर ने उत्तर दिया—"यदि आपको मेरे शब्दों में इतनी शक्ति दिखाई देती है, तो इसका केवल एक कारण है कि मैं जब तक किसी विषय पर आवश्यक अध्ययन न कर लूं, तब तक उस विषय पर कुछ भी नहीं बोलता।"

इसलिए ध्यान दीजिये कि सौभाग्य अथवा अवसर आने पर आपकी उपयोगिता अथवा आपके व्यक्तित्व की प्रतिभा तभी सिद्ध हो सकती है, जब आपने वर्षों तक निरन्तर परिश्रम एवं धैर्यपूर्ण प्रयत्न किया हो।

***

तेरहवां महामन्त्र
उठें, हिम्मत करें

जॉन फ़ील्ड ने अपने मित्र डेविस से पूछा—"डेविस! मेरा लड़का मार्शल तुम्हारी दुकान में कैसा काम कर रहा है?"

डेविस उस समय किसी ग्राहक से बातचीत में व्यस्त था। कुछ देर बाद उसने जॉन को एक सेब देते हुए कहा—"देखो जॉन! तुम और मैं पुराने मित्र हैं, बुरा मत मानना। तुम जानते हो कि मैं मुंहफट व्यक्ति हूं। तुम्हारा लड़का मार्शल बराबर काम में लगा रहता है और ईमानदार भी है, परन्तु वह एक हज़ार साल भी मेरे यहां काम करता रहे, तो भी व्यापारी नहीं बन सकता। दसअस्ल, वह व्यापारी बनने के योग्य ही नहीं है। तुम उसे अपने साथ वापस ले जाओ और खेती-बाड़ी करना सिखाओ।"

यदि मार्शल डेविस की दुकान पर ही एक क्लर्क बना रहता, तो वह कभी संसार के श्रेष्ठतम व्यापारियों का अगुआ न बन पाता। जब वह शिकागो वापस आया, तो उसने अपने चारों ओर ग़रीब लड़कों के लखपति बनने के अनेक उदाहरण देखे। तब उसकी भी आशा-आकांक्षा जाग उठी और उसने यह निश्चय कर लिया कि जब दूसरे व्यक्ति ऐसे अनेक अद्भुत कार्य कर सकते हैं, तो वह क्यों नहीं कर सकता?

यह ठीक है कि मार्शल में आरम्भ से ही महान् व्यापारी बनने के गुण मौजूद न थे, परन्तु परिस्थितियों और आकांक्षाओं को भड़काने वाले वातावरण ने उसकी सोयी शक्तियों को उत्तेजित करके जगा दिया। यदि वह शिकागो न जाकर कहीं और चला जाता, तो उसका इतनी तेज़ी से उन्नति करना सम्भव न था। सन् 1856 में, जब मार्शल फ़ील्ड शिकागो पहुंचा, तब वह एक नवयुवक था। उस समय शिकागो का विकास आरम्भ हुआ था। तब उस शहर में लगभग पचास हज़ार लोग रहते थे। कुछ वर्ष पहले यही शहर रेड इण्डियन्स का एक छोटा-सा व्यापारिक स्थल था, लेकिन दिन-दूनी, रात-चौगुनी उन्नति कर रहा

था और प्रत्येक व्यक्ति का यही मत था कि शिकागो में काम करने से उज्ज्वल भविष्य निश्चित है। उसी समय नवयुवक फ़ील्ड भी शिकागो पहुंचा और उसने इतनी उन्नति की कि उसका नाम संसार के श्रेष्ठतम व्यापारियों में प्रसिद्ध हो गया।

अनेक व्यक्ति ऐसा सोचते हैं कि महत्त्वाकांक्षा मनुष्य में जन्म से ही होती है। अन्य व्यक्ति यह भी सोचते हैं कि जन्म के समय हममें जैसी महत्त्वाकांक्षा होती है, वैसी ही सदा बनी रहती है तथा उसमें कोई भी परिवर्तन या परिवर्द्धन होना सम्भव नहीं होता, जबकि वास्तविकता यह है कि महत्त्वाकांक्षा एक कामना है, जिसका यदि भली-भांति पालन-पोषण किया जाये, तो वह बड़ी तेज़ी से विकसित हो सकती है, लेकिन ठीक उसी प्रकार उसे भी निरन्तर देख-भाल और प्रशिक्षण की आवश्यकता होती है, जैसे संगीत में निपुण होने के लिए निरन्तर अभ्यास आवश्यक होता है। यदि आप अपनी महत्त्वाकांक्षा को जानने का ही प्रयत्न नहीं करते, तो फिर उसमें वह शक्ति नहीं रह जाती और न उसका विशिष्ट स्वरूप ही आपको दिखता है। कैसी भी योग्यता क्यों न हो, यदि उसे प्रयोग में नहीं लाया जायेगा, तो उसकी प्रखरता नष्ट हो जायेगी और वह योग्यता कुण्ठित हो जायेगी। वर्षों अकर्मण्य बने रहने के बाद आप यह आशा कैसे कर सकते हैं कि आपकी आकांक्षा चिरनवीन एवं उत्साहपूर्ण बनी रहेगी? अकर्मण्यता और आलस्य महत्त्वाकांक्षा के दो शत्रु हैं, जिनके कारण वह कुण्ठित हो जाती है। आपको लगातार अवसर प्राप्त होता रहे और आप उससे लाभ उठाने का कुछ भी प्रयत्न न करें, तो आपकी आशा-आकांक्षा धीरे-धीरे मन्द और निर्बल होकर समाप्त हो जायेंगी।

इमर्सन ने कहा है—"मेरी सबसे बड़ी आवश्यकता और सबसे बड़ी समस्या केवल यह है कि कोई मुझे इतना शक्तिशाली बना दे कि मैं जो चाहूं, कर सकूं। मैं वह नहीं करना चाहता, जो नेपोलियन या लिंकन ने किया, मेरी आकांक्षा तो सिर्फ़ मेरी आकांक्षा है, जिसे मैं ही पूर्ण कर सकता हूं। मैं सर्वोत्तम कार्य कर पाता हूं या नहीं, इससे कोई अन्तर नहीं पड़ता। समस्या तो यह है कि मैं अपनी शक्तियों का दस-पन्द्रह या बीस प्रतिशत प्रयोग में लाता हूं या नब्बे प्रतिशत।"

आज आपको ऐसे लोग हर स्थान पर मिल सकते हैं, जो अपनी आयु का अधिकांश भाग बीत जाने पर भी जागृत नहीं होते। उन्होंने अपनी शक्ति और योग्यता का बहुत ही कम उपयोग किया होता है और इसी कारण वे मध्यम दर्जे

के रह गये। उनकी सर्वोत्तम शक्ति और योग्यता इतनी गहरी सो गयी कि वे उसे जगा नहीं सके । ऐसे लोगों से मिलने पर आपको पता चलेगा कि उनमें महान् शक्ति छिपी हुई थी, लेकिन वह शक्ति कभी उपयोग में नहीं लायी गयी और उनकी महान् सफलताएं उनके भीतर ही घुटकर रह गयीं।

कुछ समय पहले समाचार-पत्रों में पढ़ने को मिला था कि पन्द्रह वर्ष की आयु होने पर भी किसी लड़की का मानसिक विकास केवल एक शिशु के समान ही हुआ था और उसे केवल कुछ ही वस्तुएं आकर्षित कर पाती थीं। वह सदा निष्क्रिय-सी पड़ी रहती थी और अन्य लड़कियों से भिन्न प्रकार की हरकतें करती थी। एक दिन उसने गली से आती संगीत की ध्वनि सुनी, तो अचानक ही उसकी सम्पूर्ण चेतना जाग उठी और उसे अपना वास्तविक स्वरूप प्राप्त हो गया। उसकी योग्यताएं जागृत हो उठीं और कुछ ही दिनों बाद उसने अपनी आयु के अनुकूल मानसिक विकास भी प्राप्त कर लिया। इसी प्रकार हममें से अनेक व्यक्तियों में ऐसी ही अपार शक्ति छिपी हुई है। यदि हम उसे जगा दें, तो हम भी अनेक अद्भुत कार्य कर सकते हैं।

इस सम्बन्ध में एक अन्य उदाहरण किसी क्लर्क का है, जो अर्द्धशिक्षित था और केवल पचीस रुपये मासिक वेतन पाता था। एक दिन उसने शिक्षा के सम्बन्ध में भाषण सुना, तो वह उसी दिन से पढ़ने लगा और परीक्षा-पर-परीक्षा पास करता हुआ एम. ए. तक जा पहुंचा। एम. ए. की परीक्षा में वह अपने क्षेत्र में सर्वप्रथम आया। इसके बाद वह हालैण्ड चला गया, जहां विश्वविद्यालय से उसने डॉक्टरेट की उपाधि ग्रहण की और वहां दर्शनशास्त्र का प्रोफ़ेसर बन गया।

मैं ऐसे अनेक लोगों को जानता हूं, जो कभी अपनी सफलता की सम्भावना के बारे में सोच भी नहीं सकते थे। आधी उम्र बीत जाने पर जब उन्हें अपने भीतर छिपी योग्यता और शक्ति का आभास हुआ, तो वे अचानक जाग उठे, उनके भीतर उत्साह का सागर ठाठें मारने लगा। ऐसा तब हुआ, जब उन्होंने कोई प्रेरणादायक पुस्तक पढ़ी या कोई विचारोत्तेजक भाषण सुना। तब उन्होंने अपने सम्मुख अपने उद्देश्य को निश्चित किया और आत्मविश्वास के सहारे महान् सफलता प्राप्त की।

आपके जीवन में इस बात का बड़ा महत्त्व है कि आपके मित्र तथा मिलने-जुलने वाले आप पर विश्वास करते हैं, आपकी योग्यताओं को पहचानते हैं, आपकी सराहना करते हैं अथवा आपके आदर्शों व उद्देश्यों पर सदा चोट करते

रहते हैं, आपकी आशा–आकांक्षाओं को धूमिल करते हैं।

न्यूयार्क के बाल–न्यायालय के एक प्रमुख अधिकारी ने सन् 1905 में कहा था कि किसी बालक या बालिका का कुसंगति छुड़ाना अथवा उसे दूषित वातावरण से बाहर निकालना, उसके सुधार के लिए पहला क़दम है। पूरे पन्द्रह वर्षों की खोज और परीक्षणों के बाद बाल–विशेषज्ञ इस परिणाम पर पहुंचे कि वंशानुगत गुण–दोषों की अपेक्षा संगति अथवा वातावरण से प्राप्त गुण–दोष अधिक प्रबल सिद्ध होते हैं। हममें से कोई भी व्यक्ति इतना प्रबल नहीं कि उस पर वातावरण का कोई भी प्रभाव न पड़े। व्यक्ति कितना ही दृढ़इच्छाशक्ति वाला हो, कितना ही दृढ़निश्चयी हो, वातावरण का प्रभाव उस पर पड़ता ही है। तभी उसमें परिवर्तन आता है। श्रेष्ठ कुल में उत्पन्न किसी बालक को लीजिये, जिसे सब सुख–सुविधाएं प्राप्त हों और उसे किन्हीं जंगली लोगों के हाथों में पालन–पोषण के लिए सौंप दीजिये और देखिये कि उसकी श्रेष्ठ वंश–परम्परागत प्रवृत्तियां कितनी बाक़ी बचती हैं।

आपने सुना होगा कि किसी व्यक्ति का बालक जंगल में खो गया और उसे भेड़ियों ने पाला–पोसा। मादा भेड़िया उसे अपना स्तन्यपान कराती रही। वह भेड़ियों की ही भांति गुर्राता और भौंकता भी था और उन्हीं की भांति दोनों हाथ–पांवों से चलता था। ऐसा होता है वातावरण का प्रभाव। हममें से प्रायः सभी लोगों के जीवन पर वातावरण का ऐसा ही प्रभाव पड़ता है। जो भी भाषण या उपदेश आप सुनते हैं, उसका कुछ–न–कुछ प्रभाव आप पर अवश्य पड़ता है। उसकी कुछ–न–कुछ छाप भी आपके चरित्र पर अवश्य पड़ती है। इसी प्रकार संगति और वातावरण का प्रभाव भी आप पर अवश्य पड़ता है। कुछ वर्ष पहले रूसी मज़दूरों की एक टोली अमेरिका भेजी गयी थी। वे लोग वहां जहाज़ बनाने की विधि अपनी आंखों से देखने गये थे। छह महीने बाद, जब वे रूस पहुंचे, तो ठीक वैसा ही काम करना सीख गये थे, जैसा अमेरिका में करते थे, लेकिन कुछ ही वर्षों के बाद अपने घरेलू वातावरण में घुल–मिल जाने के कारण उनकी आकांक्षाएं फिर से सोने लगीं और उनकी कार्यकुशलता नष्ट हो गयी।

अनेक रेड–इण्डियन्स अमेरिकन विश्वविद्यालयों से ग्रेजुएट होकर प्रतिवर्ष जब बाहर निकलते हैं, तो अपनी वेश–भूषा एवं मुखाकृति से बुद्धिमान् एवं महत्त्वाकांक्षी प्रतीत होते हैं, पर जब वे दोबारा अपने क़बीले में जाकर रहने लगते हैं, तो वहां का वातावरण धीरे–धीरे इस प्रकार से उनके व्यक्तित्व को क्षीण

करता चला जाता है कि उनका व्यवहार अशिक्षितों-जैसा हो जाता है। कुछ लोग इसका अपवाद भी हैं, किन्तु ऐसे लोग वही हैं, जिनकी महत्त्वाकांक्षा और उन्नति करने का संकल्प बड़ा तीव्र होता है, वातावरण का जिन पर कोई प्रभाव नहीं पड़ता और जो सदा अपने लक्ष्य की ओर दृढ़तापूर्वक चलते जाते हैं।

यदि आप कभी असफल लोगों से बातें करें, तो आप पायेंगे कि अधिकांश व्यक्ति इसलिए असफल हुए कि उन्हें कभी उत्साहवर्धक एवं आकांक्षाओं के लिए उत्तेजक एवं प्रेरक वातावरण में रहने का अवसर ही नहीं मिला। उनकी महत्त्वाकांक्षा इतनी प्रबल सिद्ध न हो सकी कि वे निराशाजनक, निरुत्साहकारक एवं दोषपूर्ण वातावरण में भी आगे बढ़ते जाते। यह वातावरण का ही प्रभाव होता है कि अनेक लोग जेल में पहुंच जाते हैं और वहां से अनेक नये दोष सीखकर बाहर निकलते हैं और छूटने के बाद फिर जेल में ही जा पहुंचते हैं।

आप अपने जीवन में कुछ भी काम करें, लेकिन महत्त्वाकांक्षा को उत्तेजित करने वाले वातावरण में अवश्य रहें; क्योंकि ऐसा वातावरण ही आपके विकास का मार्ग प्रशस्त कर सकता है। सदा उन्हीं लोगों की संगति में रहें, जो आपको समझते हैं, जो आप पर विश्वास करते हैं, जो लक्ष्य-प्राप्ति में आपको निरन्तर सहायता प्रदान करते हैं, जो आपको निरन्तर उत्साहित एवं प्रेरित करते हैं। ऐसे ही लोगों के साथ अपना सम्बन्ध बना लीजिये, जो किसी महान् कार्य में लगे हों। उन्हीं की संगति कीजिये, जिनकी महत्त्वाकांक्षा ऊंची हो। तभी आप भी संसार में कुछ बन सकेंगे, कुछ कर सकेंगे। महत्त्वाकांक्षा छूत की बीमारी की तरह फैलती है। आपके संगी-साथियों की सफलता ही आपको भी सफलता की ओर अग्रसर करती है और आप कठोर-से-कठोर संघर्ष करने के लिए तैयार हो जाते हैं। यह सब वातावरण का ही प्रभाव होता है। जो व्यक्ति किसी महान् उद्देश्य के लिए प्रयत्नशील रहते हैं, उनकी संगति में प्रबल शक्ति होती है, जिसे ग्रहण करके आप भी अपनी मनोवाञ्छित वस्तु को प्राप्त कर सकते हैं। यदि आप में शारीरिक शक्ति नहीं है या आप आलसी, सुस्त अथवा आरामपसन्द हैं, तो अपने से ऊंची महत्त्वाकांक्षा वाले व्यक्तियों से सम्पर्क कीजिये, उनसे बातचीत कीजिये, उनकी संगति में रहिये। आप पायेंगे कि आपकी महत्त्वाकांक्षा भी सदा जीवित, जागृत एवं उत्तेजित होती रहेगी।

***

चौदहवां महामन्त्र
सफलता ही सफलता

मिराब्यू ने कहा है—"जो व्यक्ति यह निश्चय कर लेता है कि वह अपने लिए स्वयं रास्ता बनायेगा, उसके लिए कुछ भी असम्भव नहीं रह जाता।"

टेम्पर का कहना है—"जिस व्यक्ति की इच्छाशक्ति फ़ौलाद के समान मज़बूत है, उसके लिए सफलता के अनेकानेक मार्ग स्वयं ही बन जायेंगे। ऐसा व्यक्ति यदि बौना भी हो, तो भी अपने दृढ़निश्चय एवं प्रबल इच्छाशक्ति के बल पर युद्ध में भी विजय प्राप्त कर सकता है।"

बुलवर का कहना है—"जो नवयुवक असफलता-जैसे शब्द को महत्त्व देते हैं, वे कभी पूर्ण मानव के रूप में विकसित नहीं हो सकते।"

जॉन फ़ास्टर का कहना है—"जिस व्यक्ति की भावनाओं से स्थिरता प्रकट होती हो, वह किसी भी कार्य को करने में सफल हो जाता है; क्योंकि ऐसे व्यक्ति के मार्ग की सारी बाधाएं स्वयं हट जाती हैं।"

एक बार स्पेन वालों ने बड़े उत्साह में भर कर हालैण्ड पर आक्रमण कर दिया और उन्होंने यह सोचा कि इस बार हालैण्ड वालों को अपने अधीन अवश्य कर लेंगे। हालैण्ड के प्रशासक विलियम ने तुरन्त आदेश जारी कर दिया कि नगर में जल के प्रवेश को रोकने वाले सारे बांध तोड़ दिये जायें और हालैण्ड को समुद्र के हवाले कर दिया जाये। इससे समुद्र की लहरें हालैण्ड नगर के भीतर घुस गयीं और हालैण्ड निवासी भूखों मरने लगे, लेकिन उन्होंने आक्रमणकारियों के आगे अपना सिर नहीं झुकाया। अपने नगर को शत्रु के हवाले करने की अपेक्षा, उन्होंने उसे समुद्र के हवाले कर देना उचित समझा। समुद्र का जल बढ़ता गया और उस अथाह जलराशि को बढ़ता देखकर स्पेन के सैनिक रातों-रात वापस भागने पर मजबूर हो गये। सवेरा होते ही समुद्र की लहरें वापस लौट गयीं, तो हालैण्ड वाले अस्त्र-शस्त्र लेकर शत्रुओं से जूझने के लिए आगे बढ़ आये, लेकिन शत्रु तो रात में ही भाग गये थे, उनका कहीं कोई नामो-निशान भी

नहीं था। दृढ़संकल्प के बल पर ही हालैण्ड वालों ने अपने को स्पेन के अधीन होने से बचा लिया।

सन् 1837 की बात है, अमेरिका के न्यूयार्क नगर में चांसलर के निवासस्थान पर एक प्रीतिभोज का आयोजन किया गया, जहां देश-भर से प्रमुख व्यक्ति आमन्त्रित किये गये थे। उसी प्रीतिभोज में एक फ्रांसीसी नवयुवक भी था, जिसका चेहरा कुछ उतरा हुआ दिखाई देता था। आमन्त्रित अथियों में से प्राध्यापक मोर्स ने जब उस फ्रांसीसी नवयुवक को ध्यान से देखा, तो वहां उपस्थित एक राजनयिक मिस्टर लैटिन से कहा—"ज़रा इस नौजवान का मस्तक तो देखो, लगता है यह व्यक्ति बहुत बुद्धिमान् है।" मिस्टर लैटिन ने उत्तर दिया—"हां, इसके मस्तक पर लिखा है, यह एक दिन फ्रांस का सम्राट् बनेगा। क्या इससे बढ़कर भी कोई बेतुकी बात आप कहना चाहते हैं?" मोर्स ने उसके बाद मिस्टर लैटिन से कुछ भी नहीं कहा। वास्तव में, उनकी बात उस समय सर्वथा असंगत प्रतीत होती थी; क्योंकि जिस फ्रांसीसी युवक का ज़िक्र उन्होंने किया था, उसे देश-निकाला दे दिया गया। उसके पास न कोई शक्ति थी, न धन, न संगी-साथी, लेकिन चौदह वर्ष बाद उसी नवयुवक ने अपनी प्रबल इच्छाशक्ति के बल पर फ्रांस का सम्राट् बनकर दिखा दिया। उस नवयुवक का नाम था—नेपोलियन तृतीय। ठीक है कि उसे अपने उद्देश्य की प्राप्ति से पहले कई वर्ष जेल में काटने पड़े, उसका सब कुछ छिन गया और अन्त में उसे देश-निकाला दे दिया गया, लेकिन फिर भी उसने अपने धीरज को नहीं छोड़ा, आशा को नहीं छोड़ा और अन्त में अपनी महत्त्वाकांक्षा को पूरा कर दिखाया।

शायद आपने 'इलस्ट्रेटेड लन्दन न्यूज़' के प्रकाशक मिस्टर इंग्रस का नाम सुना होगा। वह अपने देश के सफलतम व्यक्ति गिने जाते थे, लेकिन उन्हीं मिस्टर इंग्रस ने जिस समय अपना काम प्रारम्भ किया था, तो वह नाटिंघम में अख़बार बेचा करते थे। अपने एक भी ग्राहक को नाराज़गी और निराशा से बचाने के लिए वह दस-दस मील पैदल जाया करते थे। एक बार ऐसा हुआ कि अख़बार को लाने और पहुंचाने की व्यवस्था बिगड़ गयी, तो यही व्यक्ति रात में दो बजे बिस्तर छोड़कर पैदल ही लन्दन जा पहुंचा। इस प्रकार की प्रबल इच्छाशक्ति वाले व्यक्ति ही सफल हो पाते हैं।

हैनरी फ़ासेट की दोनों आंखें शिकार करते हुए एक दुर्घटना में नष्ट हो चुकी थीं, फिर भी उसने दुःख से पीड़ित अपने पिता से कहा—"पिताजी! आप

चिन्ता न करें। यह अन्धापन मेरे जीवन में आने वाली सफलताओं के मार्ग में बाधा नहीं बनेगा।" वही हैनरी फ़ासेट एक दिन संसद सदस्य बना। तनिक विचार कीजिये कि जिस व्यक्ति की दोनों आंखें दुर्घटना में नष्ट हो चुकी हों, वही अपने राष्ट्र के सर्वश्रेष्ठ व्यक्तियों में स्थान पा जाये! इसका कारण मन में अपने उद्देश्य के प्रति प्रबल इच्छा और अटूट निष्ठा ही थी। हैनरी फ़ासेट को कहीं भी लाने-ले जाने का काम उसकी लड़की किया करती थी। वही अपने नेत्रहीन पिता की पथ-प्रदर्शिका तथा संरक्षिका थी। उस बालिका के साहस की भी दाद देनी होगी, जिसने अपने पिता के लिए अद्भुत त्याग किया। बाद में यही बालिका ऑक्सफ़ोर्ड विश्वविद्यालय में इतिहास के प्राध्यापक का पद पाने में सफल हुई। इस पद को कोई विरला ही प्राप्त कर सकता है। इससे पहले ऐसा पद किसी भी महिला को प्राप्त नहीं हो सका था। पुरुष भी प्रौढ़ावस्था में ही इस पद पर पहुंच पाते थे और वह भी तब, जब उनकी योग्यता बहुत उच्च स्तर की हो जाती थी, लेकिन उस बालिका ने इतना ऊंचा पद प्राप्त किया और सारे संसार का ध्यान अपनी ओर आकर्षित कर लिया।

मिल्टन ने कहा है—"परिस्थितियां कभी किसी व्यक्ति की सहायता नहीं करतीं। सफलता उन्हीं व्यक्तियों को मिलती है, जो अपने मार्ग में आयी बाधाओं से संघर्ष कर सकें। परिस्थितियों से अधिक प्रबल प्रमाणित होकर ही आप उन पर विजय प्राप्त कर सकते हैं।"

यदि आप आगे बढ़ना चाहते हैं, उन्नति करना चाहते हैं, सफल होना चाहते हैं, तो आप में दृढ़इच्छाशक्ति का होना बहुत आवश्यक है। अन्य सभी बातें समान होने पर भी केवल वही व्यक्ति सफल होता है, जिसमें अपने प्रतियोगी से अधिक प्रबल इच्छाशक्ति होती है। यह ठीक है कि परिस्थितियां भी हमें आगे बढ़ाने में सहायक होती हैं, केवल इच्छाशक्ति के बल पर ही कोई नेपोलियन, बीचर अथवा लिंकन नहीं बन सकता, लेकिन इच्छाशक्ति का कुशलता से प्रयोग न कर पाना तथा बुद्धिमत्तापूर्वक एवं समझ-बूझ के साथ उसका समर्थन करना बहुत आवश्यक है। कभी-कभी बाधाएं ऐसी अजेय होती हैं कि हम उन पर विजय प्राप्त नहीं कर पाते, लेकिन जब भी हम दृढ़इच्छाशक्ति के साथ आगे बढ़ते हैं, तो यह आशा अवश्य कर सकते हैं कि कैसी भी अजेय बाधा हमारे मार्ग में क्यों न हो, हम उसे अवश्य ही दूर कर सकेंगे। वास्तव में आगे चलकर ही हमें पता चलता है कि जिन बाधाओं को हम अजेय समझ बैठे थे, वे स्थायी नहीं हैं,

उन्हें दूर किया जा सकता है और वास्तव में वे दूर हो भी गयीं।

एक छोटा-सा बालक भी इस बात को जानता है कि डॉक्टरों को अनेक रोगी तथा वकीलों को अनेक मुवक्किल परिस्थितियों के कारण ही प्राप्त होते हैं। परिस्थितियों के कारण ही धनी व्यक्तियों के बेटे-पोते अनेक व्यापारिक संस्थानों के अध्यक्ष बन जाते हैं। अपनी असीम योग्यता और अनुभव के आधार पर ही अनेक निर्धन पुत्र, जिनमें अपूर्व योग्यता होती है, जिनकी शिक्षा तथा अनुभव भी बहुत अधिक होते हैं, अपनी उन्नति के लिए संघर्ष करते दिखाई देते हैं और वर्षों परिश्रम करने के बाद भी मध्यम दर्जे का पद ही प्राप्त कर पाते हैं।

ऐसे हज़ारों नवयुवक मौजूद हैं, जिनकी योग्यता बहुत ऊंचे दर्जे की थी, परन्तु वे अत्यन्त साधारण पद पर ही काम करते रह गये, जबकि अनेक व्यक्ति जैसे-तैसे उनसे अधिक ऊंचे पद पर पहुंच गये। इसका अर्थ यह है कि परिस्थितियां भी किसी व्यक्ति के जीवन में महत्त्वपूर्ण स्थान रखती हैं। हम जानते हैं और हर कोई जानता है कि प्रबल इच्छाशक्ति होने पर भी, अटूट परिश्रम करने पर भी, सभी को सदा ही विजयश्री प्राप्त नहीं होती, असफलताएं भी हाथ लगती हैं। इसका मुख्य कारण है मनुष्य की प्रकृति, उसकी स्वभावगत सीमाएं तथा ऐसी त्रुटियां और दुर्बलताएं, जिनके कारण आप विजय प्राप्त नहीं कर पाते।

शेक्सपियर का कहना है—"प्रायः मनुष्य अपने भाग्य का स्वयं निर्माता होता है, लेकिन जब वह स्वयं आपने भाग्य का निमार्ण नहीं कर पाता या विजय प्राप्त नहीं कर पाता, तो उसका दोष ग्रह-नक्षत्रों को दे देता है और स्वयं भी उन ग्रह-नक्षत्रों का दास बन जाता है।"

डिज़राइली ने भी कहा है—"मनुष्य परिस्थितियों का दास नहीं है, अपितु परिस्थितियां मनुष्य द्वारा ही बनायी गयी हैं। इसलिए ऐसा व्यक्ति, जो हर प्रकार की बाधाओं का डटकर मुक़ाबला करता है और किसी भी प्रकार के बन्धनों को स्वीकार न करते हुए अवसर पाते ही उसे अपने हाथों से पकड़ लेता है, वही विजय प्राप्त कर सकता है।"

गेटे ने भी कहा है—"जिस व्यक्ति की इच्छाशक्ति अटूट एवं अटल है, वह सारे संसार को अपनी इच्छा के अनुकूल चला सकता है।"

विक्टर ह्यूगो ने कहा है—"हममें शक्ति की कमी नहीं होती, अपितु इच्छाशक्ति की कभी होती है।"

किसी भी महान् उद्देश्य की प्राप्ति के लिए दृढ़निश्चय एवं अटल संकल्प

की बहुत आवश्यकता होती है। इनके सहारे ही व्यक्ति आत्मशिक्षण एवं आत्मसंस्कार प्राप्त कर अनेक बाधाओं को पार कर जाता है। तब उसे लगता है कि उसके भीतर प्रबल इच्छाशक्ति किसी शोले की भांति भड़क उठी है। तब वह अपने को पहले से भी अधिक सुधारता हुआ, कठिनाइयों को दूर करता हुआ, आवश्यक साधनों को जुटाता हुआ तथा निराशा के स्थान पर आशा एवं उत्साह को जगाता हुआ आगे-ही-आगे बढ़ता चला जाता है। वे सभी महान् व्यक्ति, जो अपने साथियों की अपेक्षा अधिक ऊंचे उठे, वे केवल अपनी इच्छाशक्ति और अपनी सामर्थ्य के कारण ही ऐसा कर सके। अन्य बातें तो उनमें भी वैसी ही थीं, जैसी उनके अन्य साथियों में थीं।

जूलियस सीज़र के बारे में कहा जाता है कि उसने जितनी विजय प्राप्त की, उसमें उतनी सैनिक योग्यता नहीं थी, परन्तु उसमें क्रियाशीलता थी, उसमें दृढ़निश्चय था, प्रबल इच्छाशक्ति थी।

स्मरण कीजिये कि 'किन्तु', 'परन्तु' एवं 'सन्देह' का आपके जीवन में कोई स्थान नहीं है। आवश्यकता है, तो केवल दृढ़निश्चय की। आपको उस प्रत्येक शब्द के लिए अपने कानों को खुला रखना है, जो आपके लक्ष्य की प्राप्ति के मार्ग में सहायक सिद्ध होता हो। आपको अपने हृदय की उस प्रत्येक भावना और अनुभूति को ग्रहण करना है, जो प्रेरणा प्रदान कर आपको सफल बना सके । ऐसे व्यक्ति को दुनिया की कोई भी ताक़त सफल होने से नहीं रोक सकती। परिस्थितियों का पञ्जा दृढ़इच्छाशक्ति वाले मनुष्य को अपनी मुट्ठी में नहीं दबोच सकता। ऐसे व्यक्तियों के लिए संसार स्वयं रास्ता छोड़ देता है।

कनफ़्यूशियस ने कहा है—"आप किसी व्यक्ति की दृढ़इच्छाशक्ति को पराजित नहीं कर सकते, भले ही किसी विशाल सेना को परास्त कर लें।"

दृढ़इच्छाशक्ति के बल पर ही किट्टो बाइबिल का एक महान् पण्डित बन गया। वही किट्टो, जो ग़रीब, गूंगा और बहरा था। उसने अपनी पत्रिका में लिखा है—" 'असम्भव' शब्द पर मुझे कोई विश्वास नहीं। मैं नहीं मानता कि कोई काम ऐसा भी हो सकता है, जिसे न किया जा सके। प्राकृतिक योग्यता अथवा जन्मजात प्रतिभा केवल कहानियां हैं, लेकिन यदि चाहे, तो हर व्यक्ति अवसर से लाभ उठा सकता है और परिश्रम करके, जो चाहे, प्राप्त कर सकता है।"

लिंकन का उदाहरण किसी भी व्यक्ति के लिए एक आदर्श है। वह ग़रीबी में पैदा हुआ, गुण्डागर्दी में पला और हर प्रकार से निरुत्साहित होने के बावुजूद

ऊंचा उठा और अमेरिका की राष्ट्रीय एकता एवं स्वाधीनता का सेनानी बन बैठा। उसकी प्रबल एवं दृढ़इच्छाशक्ति ने उसके मार्ग को प्रशस्त कर दिया। जिस समय उसके मित्रों ने उसे विधायक पद के लिए मनोनीत किया, तो उसके विरोधियों ने उसका बहुत मज़ाक उड़ाया। चुनाव आन्दोलन के दौरान वह जो कोट पहनता था, वह इतना छोटा था कि उसे पहनकर बैठने में भी लिंकन को बहुत कठिनाई होती थी। उसकी फटी हुई पतलून घुटनों तक ही पहुंचती थी। उसके सिर पर तिनकों से बना टोप था और पैरों में टूटे-फूटे जूते थे। लेकिन उसने उस समय भी अपना साहस न छोड़ा और जब वह विधानसभा का सदस्य चुना गया, तो उसने अपने सूट के लिए कपड़ा उधार लिया, ताकि वह विधानसभा सदस्य के रूप में सम्मानित दिख सके। लेकिन विजय प्राप्त करने के बाद भी विधानसभा में अपना स्थान ग्रहण करने के लिए वह तीन सौ मील तक पैदल चलकर गया था।

ऐसे अनेक व्यक्ति हुए हैं, जिन्होंने सूखी रोटी और पानी पर निर्वाह किया, जिन्होंने झाड़ियां जलाकर उसके प्रकाश में पुस्तकें पढ़ीं और ज्ञान प्राप्त किया, जिन्होंने भूसे की कोठरियों में सोकर रात गुज़ारी, जिन्होंने पेट भरने के लिए बैरागिरी का काम किया, परन्तु अपनी दृढ़इच्छाशक्ति के बल पर अपने जीवन को बदल डाला और सारे संसार में यश प्राप्त किया। जो विजय का मूल्य चुकाने के लिए तैयार है तथा जिसे पराजय का भय नहीं, वह अवश्य विजयी होता है। इतिहास में ऐसे अनेक उदाहरण भरे पड़े हैं।

उग्र भीड़ ने पेरिस पर क़ाबू किया हुआ था, अधिकारियों के हौसले पस्त हो चुके थे। उनमें इतना साहस नहीं रह गया था कि वे कुछ कर सकते। इतने में एक व्यक्ति वहां अधिकारियों के पास आया और उनसे बोला कि वह एक ऐसे व्यक्ति को जानता है, जो उस उग्र भीड़ को अपने वश में कर सकता है। सभी अफ़सरों ने एक स्वर में कहा—"उसे तुरन्त बुलाओ।" तब नेपोलियन को बुलाया गया और जैसे ही वह आया, उसने न केवल उस उग्र भीड़ पर क़ाबू पा लिया, अपितु सारे अफ़सरों को भी अपने वश में कर लिया, सारे फ्रांस पर अपना शासन क़ायम कर लिया और सारे यूरोप को पराजित कर दिखाया।

इन सब उदाहरणों का आशय केवल यही है कि सफलता अथवा असफलता व्यक्ति की इच्छाशक्ति पर निर्भर करती है। इसलिए इच्छाशक्ति को दृढ़ कीजिये, तभी आपका जीवन स्थिर रह सकता है, आप आगे बढ़ सकते हैं। व्यक्ति में

योग्यता अथवा प्रतिभा की कमी नहीं होती, कमी होती है एक निश्चित उद्देश्य की और उस उद्देश्य की प्राप्ति के लिए दृढ़इच्छाशक्तिपूर्वक कार्य करने की।

जॉन लीडन एक गडरिया था। उसका बचपन ग़रीबी और उत्साहहीनता के वातावरण में बीता, परन्तु ज्ञान प्राप्त करने की उसकी इच्छा इतनी प्रबल थी कि पढ़ने के लिए उसे छह मील तक नंगे पांव जाना पड़ता था। उसने स्कूली शिक्षा यहीं तक प्राप्त की, लेकिन अधिक शिक्षा प्राप्त करने की दृढ़इच्छाशक्ति उसमें थी, जिसके लिए उसने समस्त बाधाओं का सामना किया और अन्त में पुस्तकों की एक दुकान खोज निकाली, जहां उसे बहुमूल्य पुस्तकें पढ़ने का अवसर मिला। वह घण्टों बैठा उन बहुमूल्य पुस्तकों को पढ़ता रहता। उस समय उसे भूख-प्यास की भी सुध न रहती थी। निरन्तर अध्ययन करते-करते उन्नीस वर्ष की आयु से पहले ही वह गडरिये का लड़का बिना किसी स्कूल में विधिवत् शिक्षा प्राप्त किये एडिनबरा के प्राध्यापकों को भी अपने ग्रीक अथवा लैटिन भाषा के ज्ञान से चकित करने लगा। इतना ही नहीं, जब उसे यह पता चला कि सरकारी नौकरी में एक सर्जन के सहायक का पद ख़ाली है, तो उसने मात्र छह महीने में ही चिकित्सा के क्षेत्र में सम्मानसहित उपाधि प्राप्त की और उस पद को प्राप्त कर लिया।

वेब्सटर जिस समय कॉलेज में पहुंचा, तो मज़ाक करने के लिए उसके किसी मित्र ने उसके पास बूट-पालिश की एक डिब्बी भेज दी, ताकि वेब्स्टर लोगों के जूते पालिश करके अपना गुज़ारा कर सके । वेब्स्टर ने उस मित्र को एक पत्र लिखा और धन्यवाद दिया। बाद में उसी वेब्स्टर की गिनती संसार के सर्वाधिक महान् व्यक्तियों में होने लगी।

सिडनी स्मिथ का कहना है—''पृथ्वी पर कोई भी व्यक्ति इतना महान् नहीं हो सकता, जितना वेब्सटर था।'' कार्लाइल ने भी वेब्स्टर के विषय में लिखा है—"उसे देखते ही मन में इच्छा होती है कि भले ही सारे संसार का विरोध क्यों न सहना पड़े, पर मैं उसका समथर्न ही करूंगा।"

इसलिए अवसर पर कुछ भी मत छोड़िये, योजना बनाइये, सफलतापूर्वक विस्तृत विवरण प्राप्त कीजिये, प्रत्येक साधन, उद्देश्य और उपाय का निरीक्षण-परीक्षण कीजिये और निश्चयपूर्वक तैयार की गयी रूपरेखा से तनिक भी इधर-उधर हुए बिना अपना काम करते जाइये। इससे आपको उस समय भी लाभ प्राप्त होगा, जब दूसरों को हानि हो रही होगी। सफलता का मूल—सूक्ष्म यथार्थता,

काम करने का सही ढंग तथा काम करने की शक्ति—इन तीन बातों पर ही आधारित है।

लोग सफलता को भाग्य के नाम से पुकारते हैं, जबकि सफलता का अर्थ है—उचित निर्णय, अवसर से भरपूर लाभ उठाने की योग्यता एवं सतर्कता। अकसर लोग किसी को सफल होते देखकर कहा करते हैं कि वह कितना सौभाग्यशाली है, परन्तु यदि उस सफल व्यक्ति के जीवन-चरित्र का सूक्ष्म निरीक्षण किया जाये, तो उसकी इस सफलता का कारण होगा—उसका स्वस्थ शरीर, कठोर परिश्रम करने का स्वभाव, उसका दृढ़निश्चय, उसका साहस, उसका आत्म-वशीकरण, उसकी निष्ठा, उसकी वफ़ादारी, उत्साह, उद्देश्य और सबसे ऊपर 'हां' को विजय और 'ना' कहने की उसकी आदत।

जो व्यक्ति कमर कसकर कठोर परिश्रम करने के लिए सदा अपनी क़मीज़ की बांहें चढ़ाये तैयार रहते हैं और काम को पूरा करने में तेज़ी से जुट जाते हैं, जो नीरस-से-नीरस काम से भी कभी ऊबते नहीं हैं और न थकते ही हैं और जिन्हें काम के बिना चैन नहीं पड़ता, जो धूल-मिट्टी और कचरे में भी काम करते नहीं घबराते, जिन्हें काम से ही काम रहता है, वास्तव में, वे ही सौभाग्यशाली व्यक्ति होते हैं।

नवयुवकों को यह सीखना चाहिए कि वे महान् हैं और उन्हें अपने भाग्य पर अवश्य ही विजय प्राप्त करनी है। दस में से नौ बार भाग्य केवल कल्पना मात्र ही सिद्ध होता है, लेकिन आलसी व्यक्ति फिर भी भाग्य के भरोसे ही बैठे रहते हैं। जिनका कोई लक्ष्य नहीं होता, जिनका कोई उद्देश्य नहीं होता, जो अपने काम से परिचित नहीं हैं, जो लापरवाह हैं, जो हर काम को उपेक्षा की दृष्टि से ही देखते हैं, वे ही भाग्य-भाग्य चिल्लाते रहते हैं। अवसर बहुत तेज़ चलता है। उसके माथे पर बाल हैं, जिनसे उसका मुंह ढका रहता है तथा जो पीछे से गञ्जा है। साहसी और कर्मठ व्यक्ति उसे पकड़ लेता है और उससे लाभ उठा लेता है, लेकिन आलसी व्यक्ति उसे ताकता ही रह जाता है।

किसी ने ठीक ही कहा है कि परिश्रमी, साहसी, पराक्रमी व दृढ़इच्छाशक्ति वाले व्यक्ति को कोई हरा नहीं सकता। उसके शत्रु भी उसका विरोध करने से पहले ही उसके आगे झुक जाते हैं; क्योंकि वह दूसरे लोगों द्वारा आलोचना किये जाने से पहले ही अपने काम को पूरा कर डालता है।

मानव-जाति का इतिहास ऐसे अनेक लोगों के कारनामों से भरा पड़ा है,

जिन्होंने दुर्भाग्य, निर्धनता तथा अनादर की पीठ में लात मारकर सौभाग्य, धन-सम्पत्ति और मान-सम्मान को अपनी मुट्ठी में कर लिया। जिन लोगों को दूसरे व्यक्ति घटिया समझते रहे, वे ही सफल हो गये, परन्तु इसका एकमात्र कारण उनकी फ़ौलाद की भांति मज़बूत इच्छाशक्ति ही था।

इसलिए अवसर की प्रतीक्षा मत कीजिये, अपितु उसका निर्माण कीजिये। 'असम्भव' शब्द को कुचल डालिये और अपने विरोधियों को मजबूर कर दीजिये कि वे आपसे मुआफ़ी मांगें, लेकिन यह सब दृढ़इच्छाशक्ति, अटूट निष्ठा, अटल विश्वास, परिश्रमशीलता और कठोर कर्मठता से ही सम्भव हो सकता है।

***

पन्द्रहवां महामन्त्र
अपने व्यक्तित्व को केन्द्रित करें

जर्मन कवि गेटे ने कहा है—"तू जहां भी है, पूरी तरह वहीं का होकर रह।"

जीवन में सफलता प्राप्त करने के लिए यह एक ऐसा महामन्त्र है, जिसके अनेक अर्थ हो सकते हैं। आप जिस काम को भी अपने हाथ में लें, उसे एक बार में ही समाप्त कर दें। जो काम आपके हाथ में है, उसमें अपने सम्पूर्ण व्यक्तित्व को केन्द्रित कर दें। यह चिन्ता न करें कि उसका परिणाम क्या होगा। किसी भी काम को पूर्ण निष्ठा से करें, परन्तु काम सम्पन्न होने पर परिणाम के लिए किसी भी प्रकार का पश्चात्ताप न करें।

सुप्रसिद्ध लेखक डेल कारनेगी ने जीवन में सफलता-प्राप्ति के लिए अनेक पुस्तकें लिखी हैं। नवयुवकों के असफल होने का कारण बतलाते हुए उन्होंने लिखा है—"वे व्यापार में इसलिए असफल होते हैं कि अपने मन को एकाग्र नहीं कर पाते। क्या आप बता सकते हैं कि उस प्रत्येक व्यक्ति ने, जिसने उन्नति की है और जो महान् बना है तथा उस प्रत्येक व्यक्ति ने जिसने सफलता प्राप्त की है, क्या उसने अपनी सभी शक्तियों को एक ही दिशा में प्रेरित नहीं कर दिया था?"

पूरी तरह ध्यान दिये बिना किसी भी कार्य को करने से कोई लाभ नहीं हो सकता। अतः यही उचित है कि जिस समय आप किसी काम को कर रहे हों, उस समय उस काम में ही अपने ध्यान को पूर्णतया केन्द्रित कर दें। आज के युग में जो व्यक्ति अपने प्रयत्नों को इधर-उधर बिखेरता है, वह जीवन में कभी सफल नहीं हो सकता। असफलताओं के अनेक कारणों में से एक कारण व्यक्ति की मानसिक चञ्चलता होती है। बीसवीं सदी के इस अत्यधिक उन्नत युग में अस्थिर उद्देश्य और डगमगाते हुए ध्येय के लिए कोई स्थान नहीं है। ग़लत दिशा में किया गया प्रयत्न अपनी शक्तियों को नष्ट करने के सिवा कुछ नहीं है। सम्भव है कि ऐसी स्थिति में व्यक्ति सारी उम्र काम करता रहे, परन्तु फिर भी

जीवन में आगे न बढ़ सके। यह बात बिल्कुल वैसी है, जैसी एक बच्चे ने अपने खिलौने के इञ्जिन के बारे में कही थी—"इसमें गाड़ी की तरह भाप भी निकलती है, इञ्जिन की तरह सीटी भी बजती है, परन्तु यह आगे-पीछे चलती नहीं।"

किसी किसान के पास एक नौकर था, जो खेत में हल चला रहा था। किसान ने उसे टोकते हुए कहा—"देखो, इस प्रकार काम नहीं चलेगा। तुम्हारा हल टेढ़ी दिशा में चल रहा है। इन लकीरों में पैदा हुई फ़सल किसी भी काम की नहीं है। वह देखो, सामने गाय खड़ी है। अपनी दृष्टि उस पर जमाये रखो और सीधा हल चलाओ।''

नौकर ने हामी भर दी और पुनः हल चलाना प्रारम्भ कर दिया।

दस-पन्द्रह मिनट बाद किसान किसी काम से लौटकर आया, तो उसने देखा कि हल तो सारे खेत में गोल चक्र में चला हुआ है। उसने आवाज़ लगायी और नौकर से कहा—"अरे रुको, यह तुमने क्या कर दिया?"

नौकर बोला—"श्रीमानजी! विश्वास कीजिये, मैंने आपकी आज्ञानुसार ही काम किया है। मैं तो गाय की ओर आंखें जमाये सीधा चलना चाहता था,परन्तु यह गाय ही एक स्थान पर नहीं टिकती।"

इसे कहते हैं अस्थिर उद्देश्य के पीछे इधर-उधर मारे-मारे भटकना तथा जीवनोद्देश्य की विचारहीन एवं बुद्धिहीन व्यवस्था।

इससे क्या प्राप्त होगा?

केवल असफलता।

जीवन में कुछ व्यक्ति सफल होते हैं और कुछ असफल। उनका अन्तर इस बात से नहीं नापा जा सकता कि उनमें से किसने कितना कार्य किया। वास्तविक अन्तर यह है कि किसने बुद्धिमत्तापूर्वक कितना कार्य किया। अन्तर अपने-आप स्पष्ट हो जायेगा। एक व्यक्ति जिसमें अधिक बुद्धि नहीं है, परन्तु वह एक स्थिर उद्देश्य पर अपनी शक्तियों को केन्द्रित करके कार्य करता है, तो वह उस अधिक बुद्धिमान् व्यक्ति से—जिसने अपनी शक्तियों को बिखेर रखा है और यह निश्चय नहीं कर पा रहा कि उसे आगे क्या करना है—अधिक सफल होगा।

जिस व्यक्ति का उद्देश्य स्थिर है, उसका मुक़ाबला कोई भी नहीं कर सकता। उस व्यक्ति की स्थिति तक पहुंचना प्रत्येक के लिए सम्भव भी नहीं होता, जिसने अपना तन-मन-धन और सम्पूर्ण व्यक्तित्व ही एक ध्येय की प्राप्ति के लिए लगा दिया हो। बड़े-से-बड़े शिक्षित, परिश्रमी और दृढ़इच्छाशक्ति वाले व्यक्ति

भी ऐसे व्यक्ति का मुक़ाबला नहीं कर सकते। जिसके जीवन का कोई उद्देश्य ही न हो, वह भला कैसे सफल हो सकता है?

एक सुप्रसिद्ध नाटककार ने लिखा है—"यह ठीक है कि कुछ नौकाएं ऐसी भी होती हैं, जिन्हें ठीक ढंग से गन्तव्य दिशा की ओर नहीं चलाया जाता, पर वे फिर भी तट पर पहुंच जाती हैं, परन्तु किसी व्यक्ति के सम्बन्ध में ऐसा कभी नहीं कहा जा सकता। जो व्यक्ति अस्थिर मन से , कभी इधर तथा कभी उधर जाता है और कोई निश्चय नहीं कर पाता, उसे उसकी जीवन-यात्रा पूरी होने से पहले ही अस्थिर विचारों के थपेड़े उठाकर न जाने कहां फेंक देंगे।"

यदि आप किसी ऐसे कारख़ाने में जायें, जहां दिग्दर्शक यन्त्रों का निर्माण होता है, तो आप देखेंगे कि जब तक दिग्दर्शक यन्त्र की सुई को चुम्बकित नहीं किया जाता, वह इधर-उधर घूमती ही रहती है, कभी किसी एक दिशा में, तो कभी किसी दूसरी दिशा में, परन्तु ज्योंही उसे चुम्बकित कर दिया जाता है, तो उसमें एक विशेष प्रकार की शक्ति आ जाती है और तब उसका मुंह केवल उत्तर दिशा की ओर ही रहता है। उसके बाद वह निष्ठापूर्वक उत्तर दिशा का संकेत देना आरम्भ कर देती है। यदि ऐसा न हो, तो विशाल सागर की छाती पर लड़खड़ाते हुए जहाज़ कभी अपने गन्तव्य स्थान पर न पहुंच पायेंगे।

इसी प्रकार कोई भी व्यक्ति जब तक किसी दिशा की ओर स्थिरतापूर्वक अपनी कार्यशक्ति को प्रेरित नहीं करता, तब तक वह अपने गन्तव्य स्थान पर नहीं पहुंच सकता। जीवन में किसी योजना के बिना काम करना ऐसी ही मूर्खता है, जैसे बिना दिग्दर्शक यन्त्र के जहाज़ को समुद्र में ले जाना। जिस जहाज़ की पतवार टूट चुकी हो तथा जिसमें दिग्दर्शक यन्त्र भी न लगा हो, तो उसके इञ्जिन में कितनी भी भाप भरी हो, वह सारा समय इधर-से-उधर तैरता रहेगा, पर किसी निश्चित बन्दरगाह पर नहीं पहुंच सकेगा।

कुनार्ड ह्वाइट कम्पनी के जहाज़ बहुत प्रसिद्ध हैं। जब समुद्र शान्त होता है तथा पानी का बहाव और वायु अनुकूल होते हैं, उनके जहाज़ सीधे बन्दरगाह पर पहुंच जाते हैं, परन्तु जब तूफ़ान उठ खड़ा होता है और समुद्र पर गहरा कोहरा छा जाता है, तब भी वे रुकते नहीं, चलते ही रहते हैं। उनके सामने केवल एक ही उद्देश्य होता है—बन्दरगाह। उन्हें बन्दरगाह तक पहुंचना ही होता है। वे कभी इस बात की चिन्ता नहीं करते कि मौसम कैसा है और मार्ग में कैसी बाधाएं हैं। अनेक प्रकार की विपरीत परिस्थितियां होने पर भी इस कम्पनी के जहाज़ों के

सम्बन्ध में यह भविष्यवाणी की जा सकती है कि वे अपने सही स्थान पर अवश्य ही पहुंच जायेंगे। इस कम्पनी का जहाज़ बोस्टन के लिए चला हो, तो वह कभी न्यूयार्क या किसी अन्य बन्दरगाह पर नहीं पहुंचा। बोस्टन के लिए चला जहाज़ बोस्टन बन्दरगाह पर ही पहुंचा।

इसी प्रकार युवकों को भी चाहिए कि वे अपने मन में किसी एक अच्छे उद्देश्य के प्रति समर्पण की भावनाएं पैदा करें और सब ओर से अपना ध्यान हटा लें। उद्देश्यहीन व्यक्ति ही जीवन में भयंकर रूप से असफल होते हैं; क्योंकि उद्देश्यहीन होने पर वे न तो काम में रुचि लेते हैं और न पूरे दिल से काम ही करते हैं। उनका मन सदा चञ्चल रहता है, इसीलिए वे दृढ़ता से काम में नहीं लगे रह सकते। वे अपने कार्यों को एक सूत्र में नहीं पिरो सकते। वे अपने जीवन को न कोई दिशा दे सकते हैं और न उसे सार्थक ही कर सकते हैं, लेकिन ऐसे व्यक्ति, जो किसी निर्धारित उद्देश्य के प्रति पूर्णतया समर्पित होकर कार्य करते हैं, संसार उनकी प्रशंसा करने लगता है। ऐसे व्यक्ति का एक नैतिक दृष्टिकोण होता है, उसके कार्यों का कोई उद्देश्य होता है और इसीलिए उसे सफलता प्राप्त होती है। ये ऐसे गुण हैं, जिनका प्रभाव संक्रामक होता है। जो भी व्यक्ति ऐसे स्थिर उद्देश्य वाले व्यक्ति के सम्पर्क में आते हैं, वे उसके गुणों से प्रभावित हुए बिना नहीं रह सकते।

मेजर विलियम फ़िनले ओहियो क्षेत्र से अमेरिकी कांग्रेस के सदस्य चुने गये। उस समय प्रेज़ीडेण्ट हेयंस ने उन्हें सलाह दी कि सफलता और यश प्राप्त करने के लिए वह किसी विशेष विषय का अध्ययन करें तथा सस्ती प्रसिद्धि और प्रचार के लोभ में आकर प्रत्येक प्रस्ताव या विधेयक पर न बोलें। अपने विचारों को उसी विषय तक सीमित रखें, जिसका उन्होंने विशेष रूप से अध्ययन किया है। क़ानून की किसी भी एक शाखा को लेकर उसे अपने अध्ययन का विषय बनाइये। चुंगी भी एक ऐसा ही महत्त्वपूर्ण विषय है। उसी विषय का अध्ययन करें; क्योंकि आगामी कई वर्षों तक इस सम्बन्ध में कोई एक निर्णय नहीं लिया जा सकेगा।

मेजर विलियम फ़िनले के कानों में बहुत दिनों तक प्रेज़ीडेण्ट हेयंस के ये शब्द गूंजते रहे। उन्होंने प्रज़ीडेण्ट के सुझाव के अनुसार चुंगी के विषय में विशेष अध्ययन आरम्भ कर दिया और कुछ ही दिनों में वह इस विषय के विशेषज्ञ कहलाने लगे। जब समय आया, तो उन्होंने चुंगी सम्बन्धी विधेयक

पेश किया और उसके सम्बन्ध में भाषण दिया। उसके बाद, जब वह विधेयक पारित हुआ, तो विलियम फ़िनले के जीवन का वह सर्वोत्तम क्षण था।

जो भी व्यक्ति अपने-आपको किसी एक विचार के प्रति पूर्णतया समर्पित कर देता है, वह समय आने पर अवश्य ही कुछ-न-कुछ प्राप्त करता है। यदि उसमें तनिक भी योग्यता और सामान्य ज्ञान है, तो उसे सफलता के साथ-साथ यश भी प्राप्त होता है।

परिस्थितियों को अपने अनुरूप अथवा स्वयं को परिस्थितियों के अनुरूप ढालने का गुण किसी भी व्यक्ति के लिए बहुत आवश्यक है, परन्तु इसके साथ ही यह भी सच है कि आप जिस काम में भी लगें, आपको पूरी तरह वहीं होना चाहिए, उसी के विषय में सोचना चाहिए, उसी के लिए काम करना चाहिए, उसी के सम्बन्ध में योजनाएं बनानी चाहिए, उसी के लिए जीना और उसी के लिए अपना तन-मन-धन, हृदय तथा आत्मा सब कुछ समर्पित कर देना चाहिए। तब सफलता स्वयं आकर आपके गले में जयमाला डालेगी। आज संसार में जो व्यक्ति सफल दिखाई देते हैं, वे वही हैं, जिनके सम्मुख एक ही स्थिर विचार था। उनके जीवन का एक ही उद्देश्य था।

इस सम्बन्ध में जॉन हाकिन्स का उदाहरण दिया जा सकता है। उसने यह घोषणा की थी कि परमात्मा ने मुझे बनाया ही इसलिए है कि मैं विशाल धनराशि कमाऊं और उस धनराशि को निरन्तर बढ़ाता चला जाऊं। मैं जो धनराशि कमाता हूं, वह उधार मांगने वाले निखट्टू और भिखमंगों के लिए नहीं है। यद्यपि उसके इन विचारों के कारण लोग उसे बड़ा कंजूस, कमीना और कोई-कोई तो उसे दांत से पैसा पकड़ने वाला भी कहते थे, तथापि उसने इन व्यर्थ बातों पर कभी ध्यान नहीं दिया। उसका तो बस एक ही उद्देश्य था—लाखों डालर कमाना और अन्त में वह अपने उद्देश्य में सफल भी हुआ। उसके पश्चात् उसने अपना जमा किया हुआ धन खुले हाथों से दान दिया। चालीस लाख डालर तो केवल एक विश्वविद्यालय को दिये तथा बीस लाख डालर अन्य संस्थाओं को दिये। अपना व्यापारिक जीवन प्रारम्भ करते समय उसने जो योजना बनायी थी, वह अन्त तक उसी के अनुरूप चलता रहा और संसार के दानवीरों में अपना नाम अमर कर गया।

जार्ज शार्डी की आयु उस समय केवल उन्नीस वर्ष की थी। उसके पिता एक समृद्ध व्यक्ति थे। एक दिन उसने अपने पिता से कहा—"मैं छुट्टियों में बाहर

जाकर कुछ धन कमाना चाहता हूं।" वृद्ध पिता ने उसे बहुत समझाया कि धन की कोई आवश्यकता नहीं है, ऐसी स्थिति में तुम विदेश क्यों जाते हो? परन्तु बेटे ने तो निश्चय कर लिया था। वह डगलस की व्यापारिक एजेंसी में जा पहुंचा और जाते ही मालिक से बोला—"मुझे आपकी कम्पनी में कुछ काम चाहिए।"

डगलस बोले—"हमारे पास इस समय तुम्हारे लायक़ कोई काम नहीं है।"

वह बोला—"आपके पास मेरे योग्य काम है।"

शार्डी उन दिनों अच्छे रेखाचित्र बना लेता था। उसने तुरन्त ही काग़ज़ और क़लम लेकर वहीं श्री डगलस की मेज़ पर बैठकर हंस का एक सुन्दर-सा चित्र बना दिया।

डगलस ने उसे देखकर आश्चर्य से कहा—"तुम तो सचमुच चित्र बनाना जानते हो।"

"जी हां," शार्डी ने उत्तर दिया।

"अच्छा, हम तुम्हें पांच डालर प्रति सप्ताह वेतन देंगे और ओवरटाइम के लिए पांच सेण्ट प्रति घण्टा मिलेगा।"

युवक शार्डी ने कहा—"मुझे स्वीकार है।"

डगलस बोले—"तो फिर कल से कार्य आरम्भ कर दो।"

शार्डी ने उत्तर दिया—"कल से क्यों, इसी समय से कार्य आरम्भ कराने में आपको क्या आपत्ति है?"

श्री डगलस ने कहा—"ठीक है, अभी से शुरू कर दो।" उन्होंने मैनेजर को एक स्लिप लिखकर भेज दी कि इस युवक के लिए एक डेस्क का प्रबन्ध कर दिया जाये।

कुछ ही दिनों में श्री डगलस को यह पता चल गया कि यह युवक एक सौ पचास शब्द प्रति मिनट के हिसाब से शार्टहैण्ड में लिख सकता है। उन्होंने उसे एक दिन अपने पास बुलाया और अख़बार का एक लेख बोलकर उसकी परीक्षा ली और उसे अपना प्राइवेट सेक्रेटरी नियुक्त करना चाहा, परन्तु जब शार्डी ने इनकार कर दिया, तो डगलस बड़े आश्चर्य में पड़ गये। डगलस ने जब उससे इसका कारण पूछा, तो शार्डी ने उत्तर दिया—"मैं तो डॉक्टर बनना चाहता हूं। आपका सेक्रेटरी बनने से मुझे समय नहीं मिलेगा और मेरी पढ़ाई में बाधा पड़ेगी।"

इस पर श्री डगलस ने उसे हतोत्साहित करते हुए कहा—"तुम्हारा दिमाग़

व्यापार के लिए बना है, तुम कभी डॉक्टर नहीं बन सकते।"

परन्तु बीस वर्ष बाद श्रीमती डगलस डॉक्टर शार्डी के चिकित्सालय में ही चिकित्सा कराने के लिए पहुंचीं।

यदि आप किसी कार्य में इस प्रकार लग जाते हैं कि वह काम ही आपका सब कुछ हो जाता है, तो आप उस कार्य से अवश्य ही लाभ उठायेंगे; क्योंकि आपने उसका पूरा-पूरा मूल्य चुका दिया है। आप पूछ सकते हैं कि यह मूल्य क्या है? यह मूल्य है—ईमानदारी, परिश्रम और बुद्धिमत्तापूर्वक कार्य करना। जीवन का दूसरा नाम संघर्ष ही तो है।

किसी नवयुवक ने एक व्यापारी के यहां नौकरी के लिए आवेदन दिया। जब उसके किसी सम्बन्धी ने व्यापारी से आवेदन के सम्बन्ध में जानना चाहा, तो व्यापारी ने उत्तर दिया—"हां, मैं जानता हूं, उसे नौकरी की आवश्यकता है। वह ईमानदार भी है और इस पद के योग्य भी है, परन्तु पिछले कई सप्ताह से मैंने घर लौटते समय उसे गली के नुक्कड़ पर खड़े हुए कुछ निठल्ले और बेकार लड़कों के साथ ग़प्पें मारते देखा है। मैं ऐसे किसी लड़के को अपने यहां नौकरी पर रखना नहीं चाहता, जो निकम्मे लड़कों के साथ सिगरेट पीता हुआ ग़प्पबाज़ी में अपना समय नष्ट करे। इससे मेरी संस्था का नाम बदनाम होता है। यदि उसके पास कुछ समय ख़ाली है, तो उसे उसका उपयोग किसी अच्छे और गम्भीर कार्य में करना चाहिए।

मिस्टर रेमण्ड 'ट्रिब्यून' में संयुक्त सम्पादक थे। प्रारम्भ में उन्हें आठ हज़ार डालर प्रति सप्ताह वेतन मिलता था। इतना उच्च वेतन पाने पर भी वह प्रतिदिन बारह से चौदह घण्टे तक काम करते थे। जब उन्हें 'न्यूयार्क टाइम्स' का सम्पादक बनाया गया, तो प्रथम अंक में ही बारह कालम से अधिक सामग्री उनकी अपनी लिखी हुई थी। प्रसिद्ध कोशकार वेब्सटर की मृत्यु के समय उन्होंने एक ही बैठक में 'न्यूयार्क टाइम्स' में चौदह कालम लिखे थे।

लार्ड कैम्पबेल जब विद्यार्थी थे, तो कहा करते थे कि सफलता-प्राप्ति के लिए मुझे अन्य विद्यार्थियों की अपेक्षा कठोर परिश्रम करना पड़ा। जब मेरे साथी थियेटर में बैठे नाटक देखा करते थे, तो मैं अपने कमरे में बैठकर काम करता, जब वे सो रहे होते, तो मैं काम करता और जब वे सैर-सपाटे के लिए बाहर चले जाते, तो मैं विश्वविद्यालय में जाकर अपनी पढ़ाई किया करता था।

न्यायाधीश श्री डडले फ़ील्ड का कहना है—"जो व्यक्ति अपने साथियों से

जल्दी सोकर उठता है और अपने स्वास्थ्य की सीमाओं की चिन्ता किये बिना अधिकाधिक काम करता है, वह अन्त में अवश्य ही विजयी होता है।"

टेसला का कहना है—"जीवन में सफलता प्राप्त करने के लिए व्यक्ति को अधिकाधिक कार्य करना चाहिए। उसे दिन-रात लगातार कार्य में लगे ही रहना चाहिए। सफलता के लिए इससे बढ़कर अन्य कोई विचारधारा नहीं है। मैं स्वयं वर्षों से इसी विचारधारा का अनुसरण करता आ रहा हूं।"

श्री टेसला एक महान् वैज्ञानिक थे। उन्होंने अपना सारा जीवन अपनी प्रयोगशाला में निरन्तर परिश्रम करते हुए बिताया। वह वहां प्रातः आठ बजे से रात्रि के आठ बजे तक काम करते रहते थे। दोपहर का भोजन भी वह प्रयोगशाला में ही किया करते थे। उन्होंने बड़ी कठिनाई से किसी से मुलाक़ात करने का समय निकाला होगा। ऐसा केवल श्री टेसला ने ही नहीं किया, वरन् जितने भी महान् और सफल व्यक्ति हुए हैं, उन्हें अपना उद्देश्य पूरा करने के लिए प्रायः ऐसा ही करना पड़ता है।

एक युवक कलाकार किसी अत्यन्त सुन्दर चित्र को देखकर बोला—"काश! मैं भी ऐसे सुन्दर चित्र बना सकता और अपने स्वप्नों को काग़ज़ पर उतार सकता।" इस पर उसके गुरु ने क्रोध से उसे झिड़कते हुए कहा—"तुम्हें ऐसा करने के लिए कम-से-कम दस हज़ार बार प्रयत्न करना होगा। तब तुम अपने स्वप्न को काग़ज़ पर साकार कर सकोगे।"

राबर्टसन का कहना है—"जो व्यक्ति अपने काम के प्रति ईमानदार हैं, उन्हें यह सारा संसार पुरस्कार के रूप में दिया जाता है।"

किसी भी कार्य में सफलता-प्राप्ति के लिए पहली शर्त यह है कि व्यक्ति को अपने काम से प्यार हो। सर्वोत्तम कार्य तभी किया जा सकता है, जब उसके करने वाले को उससे प्यार हो। अपने कर्तव्य को भली-भांति करने वाले को अपूर्व सन्तोष मिलता है। क्या आप यह अनुमान लगा सकते हैं कि जो भी व्यक्ति किसी काम में सफल हुए हैं, उन्होंने विशेष प्रकार के उत्साह का अनुभव नहीं किया?

जैकब ऑस्टर ने अपने कार्यालय के कमरे में बढ़िया क़िस्म की फ़र क्यों लटका रखी थी, जबकि अन्य लोग अपने कमरों में सुन्दर चित्र अथवा कलाकृतियां टांगते हैं? वह क्यों उत्साह से उसका बार-बार स्पर्श किया करता था? वह क्यों उसकी प्रशंसा किया करता था? उसकी प्रशंसा करते हुए वह स्वयं कह उठता

था– "इसके दाम दो सौ डालर तक पहुचेंगे।"

मोण्ट्रेने का कहना है–"यदि किसी व्यक्ति में उत्साह और जोश नहीं है, तो उसमें कुछ भी नहीं है। प्रत्येक आविष्कार, प्रत्येक उत्तम चित्र, प्रत्येक श्रेष्ठ कविता, निबन्ध अथवा उपन्यास से उसके रचनाकार का उत्साह प्रकट होना चाहिए, तभी सारा संसार उसकी प्रशंसा करेगा।"

क्या जवानी के जादू को केवल उफनते उत्साह से रोका जा सकता है? जवानी के सामने कभी अंधेरा नहीं आता। असफलता नाम की चीज़ उसके सामने नहीं आनी चाहिए। उसमें यह विश्वास होना चाहिए कि सारी मानव-जाति उसकी प्रतीक्षा में बैठी है कि वह आगे आये और उसका नेतृत्व संभाले।

इमर्सन का कहना है–"जब कोई व्यक्ति अपने काम में अपना सम्पूर्ण हृदय समो देता है और पूर्ण प्रयत्न करता है, तो उसे शान्ति और उत्साह का अनुभव होता है। यदि वह उसी कार्य को किसी अन्य ढंग से करता, तो उसे ऐसी शान्ति और उत्साह कभी प्राप्त न होता। इस बात का कोई महत्त्व नहीं कि आप क्या काम करते हैं। काम कोई भी हो, आपको उसे इस प्रकार करना चाहिए, मानो वह आपका अपना है। आप भले ही फेरी का काम करते हों, ठठेरे हों, लोहार हों, धर्मप्रचारक हों या राष्ट्रपति ही क्यों न हों, आप कुछ भी करें, वह आपकी हड्डियों में समाया हुआ होना चाहिए, ताकि अन्य व्यक्तियों को यह प्रतीत हो कि सारे ब्रह्माण्ड की अपार ज्योति आप ही में समायी हुई है।

***

सोलहवां महामन्त्र

मानसिक दृष्टिकोण का महत्त्व

हैलन विलियम्स ने कहा है–"यदि आप में अपने-आपको स्थापित करने की हिम्मत और साहस है और आप शान्तिपूर्वक प्रतीक्षा कर सकते हैं, तो भाग्य स्वयं आपकी इच्छाएं पूरी करने के लिए आपके द्वार पर आकर दस्तक देगा।"

यदि किसी अत्यधिक शक्तिसम्पन्न व्यक्ति को सम्मोहन द्वारा मूर्छित कर दिया जाये, तो वह अपनी कुर्सी से हिल-डुल भी नहीं सकेगा, परन्तु सम्मोहन समाप्त होते ही वह हिल भी सकेगा और बोल भी सकेगा। इसी प्रकार यदि कोई दुर्बल स्त्री किसी व्यक्ति को आग अथवा बाढ़ से बचाना चाहती है, तो वह अपने से दुगुने भारी व्यक्ति को भी अपने कन्धों पर उठाकर ले आयेगी; क्योंकि यह सब उसके मानसिक दृष्टिकोण पर निर्भर करता है, शारीरिक शक्ति पर नहीं। यद्यपि इन दोनों ही कामों के लिए मांसपेशियों का सक्रिय होना आवश्यक है, तथापि जीवन के विकास में अधिकांश सफलताएं मानसिक कारणों से ही प्राप्त होती हैं। यदि आप इस सचाई पर ध्यान दें, तो आपको विचारों और मानसिक दृष्टिकोण का महत्त्व स्पष्ट रूप से पता चल जायेगा। युद्ध का मैदान हो या व्यापार-धन्धा, जिन व्यक्तियों ने भी विजय प्राप्त की है, उसके पीछे उनका मानसिक दृष्टिकोण ही काम कर रहा प्रतीत होगा। कार्य करते समय मन में केवल यही भावना व्याप्त रही होगी कि मैं अपनी पूरी शक्ति से लोगों के दिलों पर यह अंकित कर देना चाहता हूं कि सफलता-प्राप्ति के लिए ठीक ढंग से सोचना ही सर्वाधिक महत्त्वपूर्ण है।

अतः युवको उठो और इस सत्य का साक्षात्कार करो। आप उस परमपिता के पुत्र हैं और आपके भीतर महान् कार्य करने की अपूर्व शक्ति का अपार भण्डार छिपा हुआ है। इस सत्य को भली-भांति समझ लीजिये कि आपका जन्म ही सफलता-प्राप्ति के लिए हुआ है। आपको इस धरती पर जिसने भेजा है, वह परमात्मा भी ऐसा ही चाहता है। यदि आप असफल रह गये, तो आपके

स्रष्टा की योजना बिगड़ जायेगी, जो महापाप है। यह तो उसके प्रति विश्वासघात होगा, उसका अपमान होगा, उसका तिरस्कार होगा। लेकिन यदि आपने यह तथ्य समझ लिया, तो आपके जीवन में एक ऐसी क्रान्ति उत्पन्न होगी कि आपके अधिकांश दुःख और कष्ट तुरन्त नष्ट हो जायेंगे।

जब आप यह सोचने लगते हैं कि आपकी शक्तियां सीमित हैं, तो आपकी लक्ष्य प्राप्त करने की शक्ति कम हो जाती है। जिन लोगों के मन में यह विचार घर कर गया कि वे अपनी परिस्थितियों से घिरे हुए हैं, उनसे बाहर नहीं निकल सकते तथा उनके शिकार हैं, वे व्यक्ति दुखी हैं। उनके विचारों ने उनके लक्ष्य प्राप्त करने की शक्ति को नष्ट नहीं किया, तो कम अवश्य कर दिया। इसीलिए उनके विचारों को कार्यरूप देने की योग्यता भी नष्ट हो जाती है तथा इसीलिए उन्हें अपने जीवन में असफलताओं का सामना करना पड़ता है और निर्धनता में जीवन बिताना पड़ता है।

यह सोचकर तो आश्चर्य और करुणा से दिल भर आता है कि अधिकांश लोग दुर्भाग्य को स्वयं ही बुलावा देते हैं। वास्तव में, उन्होंने स्वयं को दुर्बल मान लिया होता है। यह एक मानसिक बीमारी है और इसके परिणाम सदा बुरे होते हैं। इस संसार में व्यक्ति सम्राट् बनने के लिए पैदा हुआ है और यहां प्रभुत्व प्राप्त करना उसका जन्मसिद्ध अधिकार है, लेकिन अपने विचारों पर प्रभुत्व प्राप्त करने के लिए अपने अधिकार का परित्याग करके वह दुर्बलता और क्षुद्रता का स्वयं ही आलिंगन करता है। वह समृद्धि, प्रसन्नता और स्वतन्त्रता को छोड़कर स्वयं ही सौभाग्यहीन और दास बना रहता है। दुर्भाग्यपूर्ण विचारों से कोई भी व्यक्ति तब तक नहीं बच सकता, जब तक उसके मन में यह विचार स्थिर न हो जाये कि वह इस प्रकार के विचारों के घेरे से बाहर आ सकता है। ऐसा कोई भी विज्ञान नहीं, जो इस सम्बन्ध में व्यक्ति की सहायता कर सके। जब तक व्यक्ति को स्वयं ही यह विश्वास न हो कि वह भी कुछ कर सकता है, तब तक वह कुछ भी नहीं कर सकता।

क्या कोई ऐसा उपाय है, जिसके द्वारा मनुष्य ऊपर देखे बिना ऊपर उठ जाये और उन्नति के बारे में विचार किये बिना उन्नति कर सके? क्या कोई ऐसा उपाय है कि व्यक्ति प्रतिक्षण अपनी असफलताओं के विषय में सोचता रहे, उन्हीं के सम्बन्ध में बातें करता रहे और सफल हो जाये? क्या कोई ऐसा उपाय है कि मनुष्य एक ही समय में दो विपरीत दिशाओं में चल सके? यह तो आप जानते

ही हैं कि जहां सन्देह रहता है, वहां निश्चयात्मक वृत्ति नहीं टिक सकती। जब तक आप अपने शब्दकोश से 'दुर्भाग्य', 'सन्देह' या 'संशय' आदि शब्द निकाल नहीं देते, तब तक आप कभी उन्नति नहीं कर सकते।

तनिक सोचिये कि कोई व्यक्ति तब तक कैसे शक्तिशाली हो सकता है, जब तक उसके मन से यह विचार दूर न हो जाये कि वह दुर्बल है, बेकार है? उठते-जागते, सोते-बैठते हर क्षण इन्हीं भावनाओं में लिप्त रहकर वह कभी प्रसन्न नहीं हो सकेगा और उसका मन सदा दुःख और दुर्भाग्य के बीच ही भटकता रहेगा।

यदि कोई व्यक्ति हर समय अपने बिगड़े हुए स्वास्थ्य के विषय में ही चिन्तित रहे, हमेशा उसी की चर्चा करता रहे और अपने स्वस्थ एवं बलवान् होने की आशा छोड़ बैठे, तो क्या वह कभी स्वस्थ व बलवान् बन सकेगा? इसी प्रकार जब कोई व्यक्ति हाथ में लिये हुए काम के सम्बन्ध में यह सोचता रहता है कि उसमें वह काम करने की योग्यता नहीं, तो वह कैसे सफल हो सकता है?

संसार में मन को इससे अधिक कमज़ोर करने वाली कोई बात नहीं कि व्यक्ति अपने काम को पूरा करने की योग्यता के सम्बन्ध में निरन्तर सन्देह करता रहे। ऐसा करके वह अपनी दुबर्लता को स्वीकार कर लेता है। अधिकांश व्यक्तियों के असफल होने का कारण यही है कि वे जिस कार्य को भी अपने हाथ में लेते हैं, प्रारम्भ से ही उसके प्रति अपनी योग्यता में सन्देह करने लगते हैं। काम प्रारम्भ करने से पहले ही उनके मन में सन्देह घुस जाता है। यह बात ठीक वैसी ही है, जैसे कोई व्यक्ति स्वयं ही अपने घर में ऐसे शत्रु को बुलाकर बिठा ले, जिससे इसके अतिरिक्त और किसी बात की सम्भावना नहीं की जाती। सन्देह सफलतारूपी परिवार का शत्रु है। यदि आपने उसे अपने घर में घुसने दिया और उसे खदेड़कर बाहर नहीं किया, तो वह धीरे-धीरे अपने अन्य साथियों को भी आपके घर में ले आयेगा, जिनमें मुख्य हैं—आलस्य और आराम। ये आराम और आलस्य तब तक व्यक्ति के घर में बने रहते हैं, जब तक उसकी सारी महत्त्वाकांक्षाएं पूर्णतया नष्ट नहीं हो जातीं; क्योंकि आपकी समृद्धि और सफलता की इच्छा उस समय व्यर्थ हो जाती है, जब आप आराम और आलस्य को अपने घर में स्थान देते हैं। ये दोनों शत्रु आपकी सारी ऊर्जा को नष्ट कर देते हैं, जिसके कारण सफलता प्राप्त करने की आपकी सारी शक्ति नष्ट हो जाती है और आपके क़दम असफलता की ओर बढ़ने लगते हैं।

इस तथ्य को आप इस प्रकार समझ लीजिये कि ज्योंही आप अपने मन में दुर्बलता को स्थान देते हैं, आप अपनी पराजय को स्वीकार कर लेते हैं और उसी समय समाप्त हो जाते हैं। जिस व्यक्ति ने संघर्ष करना छोड़ दिया, उस व्यक्ति से सफलता की आशा नहीं की जा सकती। यदि संसार में कोई दयनीय है, तो केवल वह व्यक्ति, जिसने हार मान ली, जो सब कुछ छोड़कर बैठ गया, जो कहता है कि वह कुछ नहीं कर सकता, जो यह मानता है कि दुनिया उसके विरुद्ध है तथा भाग्य उसका साथ नहीं दे रहा।

यदि आपने अपने मन में यह विचार स्वीकार कर लिया है कि आप नीचे हैं, तो आप ऊपर कैसे उठ सकेंगे ? यदि आप यही समझते रहेंगे कि सफलता तो दूसरों के लिए है, आपके लिए नहीं, तो आप अपनी दशा को कैसे सुधारेंगे ? जब आप स्वयं ही दुर्भाग्य के सम्बन्ध में बात करते रहेंगे, तो सौभाग्यशाली कैसे बन सकेंगे ? यदि आप सदा यही सोचते रहेंगे कि आप तो दीन, दुखी और दयनीय हैं, तो आप सदा ऐसे ही बने रहेंगे; क्योंकि जब तक आप अपने विचारों से ऊपर न उठ पायेंगे, तब तक आप दीन-हीन, दुखी और दयनीय ही बने रहेंगे। यदि आपका अपने सम्बन्ध में यही विश्वास है कि आप कभी प्रसन्न नहीं रह सकते, सदा ही भाग्यहीन, दुखी और दयनीय रहेंगे, तो सचमुच आप वैसे ही बने रहेंगे। संसार में ऐसी कोई दवा, जड़ी-बूटी अथवा साधन नहीं, जो आपको इस हालत से बाहर निकाल सके। जब तक आपके विचार नहीं बदलेंगे, आपकी स्थिति कैसे बदल सकती है ? विचारों में परिवर्तन होने से ही आपकी स्थिति में परिवर्तन आयेगा। यह बात इतनी सत्य है, जितना सूर्य का प्रकाश एवं वर्षा की फुहार पाकर कलियों का खिलकर फूल बन जाना। यह कोई गुप्त रहस्य नहीं है, यह तो एक वैज्ञानिक तथ्य है।

जो भी व्यक्ति महान् कार्य करते हैं, उनकी संकल्पशक्ति निर्माणात्मक होती है, ध्वंसात्मक नहीं। उन्हें अपनी आत्मा और योग्यता में इतना दृढ़ विश्वास होता है कि कोई भी विरोधी बात उनके पास फटकती तक नहीं। वे जिस काम को भी करने का दृढ़निश्चय कर लेते हैं, उसे पूरा करके ही छोड़ते हैं। भले ही दुनिया उनके बारे में यह कहती रहे कि इनके दिमाग़ में फ़ुतूर समाया हुआ है या उन्हें पागल अथवा बेवुकूफ़ करार दे, परन्तु आज की समृद्ध सभ्यता उन्हीं महान् व्यक्तियों के कर्मों का फल है, जिन्हें अपने उद्देश्य में इतनी अडिग आस्था थी, जिन्हें कभी कोई झुका नहीं सका। यदि वे अपने निश्चय से हट जाते, तो उन्होंने

जो महत्त्वपूर्ण कार्य किये, उन्हें कौन करता? कोरनिक्स और गैलीलियो नामक वैज्ञानिक जब अपने विज्ञान सम्बन्धी कार्यों में लगे हुए थे, तो दुनिया उन्हें पागल समझती थी। यदि वे दुनिया की आवाज़ सुनकर अपने निश्चित कार्य से हट जाते, तो आज इस सिद्धान्त का क्या होता कि भूमण्डल गोल है और पृथ्वी सूर्य के गिर्द घूम रही है?

जिस समय कोलम्बस ने नयी दुनिया की खोज का बीड़ा उठाया, तो सारा यूरोप उसे पागल कह रहा था और उसका मज़ाक उड़ा रहा था, परन्तु यदि वह अपना विश्वास खो बैठता और अपने कार्य को छोड़ देता, तो उसने जो महान् कार्य किया, वह कौन करता?

साइरस डब्ल्यू. फ़ील्ड ने समुद्र को नापने का कार्य आरम्भ किया। टनों तार समुद्र के गर्भ में समा गया। रिश्तेदार और सारी दुनिया के लोग उसे इस काम से हटने के लिए अनेक प्रकार की बातें करते और धन बरबाद करने का दोष उसके सिर मढ़ते। यदि वह उस समय अपने रिश्तेदारों की बात मानकर इस कार्य को छोड़ देता, तो इसे कौन पूरा करता?

फुल्टन भाप से चलने वाले जहाज़ पर कोयला लादकर ले जाने का परीक्षण कर रहा था। वह कोयले की जितनी मात्रा जहाज़ पर लादकर ले जाना चाहता था, लोगों का कहना था कि भाप का जहाज़ उतना कोयला नहीं ले जा सकेगा और बीच समुद्र में ही डूब जायेगा। फुल्टन का मज़ाक उड़ाने के लिए एक पुस्तक भी लिखी गयी, परन्तु वह अपने काम से विचलित न हुआ और वह समय आया, जब भाप से चलने वाले जहाज़ में कोयले के साथ लदकर वह पुस्तक भी समुद्र पार जा पहुंची।

अलैक्ज़ेण्डर ग्राहम बेल को टेलीफ़ोन का आविष्कारक माना जाता है, परन्तु जब वह इस सम्बन्ध में परीक्षण कर रहा था, तो उसकी जेब का अन्तिम डालर तक उस पर ख़र्च हो चुका था। लोग उसे पागल कहा करते थे। यदि वह भी लोगों का कहना मानकर अपना आत्मविश्वास खो बैठता, तो सम्भवतः टेलीफ़ोन का आविष्कार न जाने कितने वर्षों पीछे पड़ जाता?

सबोनरोला एक ग़रीब पादरी था। जब वह फ़्लारेंस पहुंचा, तो उसने देखा कि चारों ओर ग़रीबी, बीमारी और भुखमरी का साम्राज्य फैला हुआ है। वह समझ गया कि कुछ लोग अन्याय से सब कुछ हड़प लेते हैं और ऐश की ज़िन्दगी बिताते हैं। इस स्थिति को देखकर उसने निश्चय किया कि वहां के ग़रीब और

दलित लोगों के जीवन-स्तर को ऊंचा उठाने का प्रयत्न किया जाये। उसे इस रास्ते से हटाने के लिए न जाने कितने प्रयत्न किये गये, अनेक प्रलोभन भी दिये गये, लेकिन वह अपने विश्वास से न हटा। उस समय फ़्लारेंस में छठे पोप की चलती थी। बड़े-बड़े धनी-मानी व्यक्ति उसके साथ थे। सबने सबोनरोला का विरोध किया, परन्तु वह फिर भी हतोत्साहित न हुआ और अकेला ही संघर्ष करता रहा और अन्त में उसने वहां से निरंकुश एवं अत्याचारी राजा का तख़्ता पलट दिया और एक ऐसे राज्य की स्थापना की, जिसमें दुर्बल और निर्धन लोगों का शोषण न हो सके। ईसाई पादरियों और पोप साम्राज्य ने उसे ग़द्दार ठहराकर उस पर अनेक अत्याचार किये। वह शहीद हो गया, परन्तु अन्त तक अपने आदर्शों से नहीं गिरा।

आत्मविश्वास और आत्मा की आवाज़ का एक उदाहरण वुल्फ़ भी है। संसद की एक समिति ने उसे कैनेडा जाने वाले शिष्टमण्डल का नेता चुना और उससे पूछा कि क्या वह उस युद्ध को समाप्त कर सकता है, तो उसने म्यान से अपनी तलवार निकाल ली और नंगी तलवार घुमाता हुआ उस कमरे के चारों ओर घूमने लगा। फिर उसने मेज़ पर ज़ोर से एक मुक्का मारा और ऐसे अभिमान का प्रदर्शन किया, जिससे समिति के सदस्य उसकी निन्दा करने लगे, परन्तु अपने इसी दृढ़आत्मविश्वास के बल पर युवक वुल्फ़ ने अब्राहक के मैदान में फ्रेंच फ़ौजों को आगे बढ़ने से रोक दिया और विजय प्राप्त की।

नेपोलियन, बिस्मार्क, विक्टर ह्यूगो तथा अन्य अनेक महान् व्यक्तियों का अपने-आप में इतना दृढ़विश्वास था, जिसे देखकर लोग उनका विरोध करने लगते थे और अनेक बार तो उनका मज़ाक भी उड़ाते थे, परन्तु आपको यह पता होना चाहिए कि यह एक ऐसा महान् गुण है, जो किसी भी कार्यसिद्धि के लिए आवश्यक है। अपने दृढ़विश्वास के कारण ही उन व्यक्तियों की सामान्य शक्ति चार गुना बढ़ जाती थी। यदि उन व्यक्तियों में आत्मविश्वास की शक्ति न होती, तो नेपोलियन किस प्रकार इतनी विजय प्राप्त करता?

क्या इस प्रकार के दिव्य और उच्च्च कोटि के विश्वास के बिना एक छोटी-सी ग्रामीण लड़की 'जोन आफ़ आर्क' फ्रांसीसी सेना का नियन्त्रण और नेतृत्व कर सकती थी? उसने अपने आत्मविश्वास के बल पर ही उन सबल सैनिकों का नेतृत्व किया, जैसे वे बच्चे हों। इस प्रकार के दिव्य आत्मविश्वास ने ही उसकी शक्ति को कई गुना बढ़ा दिया था। यहां तक कि फ्रेंच सम्राट् भी उसकी आज्ञा

का पालन करने लगे थे।

जिस समय अमेरिका में दास-प्रथा के कारण गृहयुद्ध का ख़तरा पैदा हो चुका था और देश दो भागों में बंटने के कगार पर था, उस समय बेडौल-से, लम्बे-चौड़े एक युवक लिंकन ने प्रमुख राजनीतिज्ञों के पास जाकर उनसे कहा—"यदि आप मुझे राष्ट्रपति पद के लिए नामज़द करें, तो मैं अवश्य ही चुना जा सकता हूं और तब मैं केवल सरकार को ही नहीं चला सकूंगा, अपितु इस गृहयुद्ध को भी समाप्त कर दूंगा।"

क्या आप उस व्यक्ति के आत्मविश्वास की कल्पना कर सकते हैं, जो एक झोंपड़ी में पैदा हुआ हो, शिक्षा और संस्कृति के नाम पर जिसे पिछड़ा हुआ ही कहा जा सकता हो, परन्तु अमेरिका के इतिहास में जो कुछ उसने कर दिखाया, क्या आत्मविश्वास से रहित कोई अन्य व्यक्ति ऐसा कर सकता है?

जनरल ग्राण्ट लिंकन की सेनाओं का प्रधान सेनापति था। युद्ध आरम्भ होने से पहले वह एक सामान्य-सा व्यापारी था। कुछ थोड़े-से लोगों को छोड़कर कोई उसे नहीं जानता था। क्या आप उसके आत्मविश्वास की कल्पना कर सकते हैं? जब उसने लिंकन के पास आकर यह कहा—"मुझे सेनाओं का नेतृत्व सौंप दीजिये, मैं इस गृहयुद्ध को समाप्त कर दिखाऊंगा" और उसने वह कर भी दिखाया। यह बात ठीक है कि उस समय अनेक व्यक्तियों ने उसके कार्य की निन्दा की, परन्तु क्या आप यह अनुमान लगा सकते हैं कि यदि लिंकन व ग्राण्ट को अपने प्रबल आत्मविश्वास पर भरोसा न होता, तो आज संयुक्त राष्ट्र अमेरिका का कुछ दूसरा ही स्वरूप होता?

ग्राण्ट से पहले लिंकन की सेनाओं के सेनापति अपने कार्य में सफल क्यों न हो सके? इसका कारण केवल यही था कि ग्राण्ट अपनी स्थिति का पूर्ण स्वामी था, जबकि उससे पहले के सेनापति अपनी विजय को सन्देह की दृष्टि से देखते थे। ग्राण्ट को पूर्ण विश्वास था कि वह केवल सेना और उपयुक्त अवसर के बल पर ही शत्रु की सेना को परास्त कर सकता था, लेकिन उससे पहले के सेनापतियों के मन में किसी-न-किसी प्रकार का संशय बना रहा। इसीलिए वे पूर्ण विजय प्राप्त न कर सके।

अपनी शक्तियों में विश्वासपूर्ण आस्था रखने से ही मनुष्य उन्नति कर सकता है; क्योंकि आस्था में सृजनात्मक शक्ति होती है। यही शक्ति व्यक्ति को निर्माण की ओर प्रेरित करके लक्ष्य-प्राप्ति कराने में उसकी सहायक होती है। आस्था

और आत्मविश्वास निर्माणात्मक होते हैं, परन्तु अविश्वास से व्यक्ति का कार्य और उसका उत्साह खण्ड-खण्ड हो जाते हैं तथा उसकी कार्यशक्ति नष्ट हो जाती है। यदि व्यक्ति सन्देह और अनिश्चय के स्थान पर आत्मविश्वास का सहारा ले, तो उसकी कार्य करने की शक्ति कई गुना बढ़ जाती है; क्योंकि तब मन की एकाग्रता के कारण विरोधी शक्तियां नष्ट हो जाती हैं। आत्मविश्वास के कारण ही व्यक्ति अधिक दृढ़ता के साथ अपने लक्ष्य की ओर बढ़ता जाता है। उस समय वह दायें-बायें नहीं देखता और उसकी शक्तियां इधर-उधर न होकर संगठित बनी रहती हैं।

ज्ञान की खोज करने वाले अनेक आविष्कारक, सुधारक एवं सेनापति आदि व्यक्तियों में दृढ़निश्चय की भावना ही कार्य करती है, जबकि इसके विपरीत यदि आप असफल व्यक्तियों का विश्लेषण करें और उनके कामों की जांच-पड़ताल करें, तो आपको ज्ञात होगा कि उनकी सबसे बड़ी कमी उनमें आत्मविश्वास का अभाव था। उनमें वह उफनता हुआ आत्मविश्वास नहीं होता, जो सफल व्यक्तियों का एक विशिष्ट गुण होता है।

सफल व्यक्तियों के सम्बन्ध में प्रायः लोग कहा करते हैं—"न जाने उन्हें परमात्मा ने किस प्रकार बनाया है और उनमें क्या विशिष्टता पैदा की है!" वे यह नहीं जानते कि उनमें आत्मविश्वास की मात्रा अन्य किसी भी गुण से अधिक होती है। उनमें वह दृढ़निश्चय होता है, जो किसी भी काम को पूर्णता के स्तर तक ले जाता है। ऐसा सोचना ग़लत है कि परमात्मा ने कुछ विशिष्ट व्यक्तियों को ही विशिष्ट गुण दिये हैं। ऐसी बात नहीं; क्योंकि स्रष्टा अपनी सृष्टि के साथ ऐसा क्रूर मज़ाक नहीं कर सकता कि उनमें सम्भावनाओं के सत्य होने का विश्वास तो पैदा कर दे,परन्तु उन्हें कार्य करने की शक्ति प्रदान न करे। उसने तो सब मनुष्यों को कार्य करने की एक-जैसी शक्ति प्रदान की है, परन्तु बहुत कम लोग ही उस शक्ति को पहचान पाते हैं और उससे लाभ उठाते हैं।

व्यक्ति को चाहिए कि वह न तो अपने-आपको और न किसी अन्य व्यक्ति को ही यह अधिकार दे कि कोई उसके आत्मविश्वास को विचलित अथवा उसकी आत्मनिर्भरता को नष्ट कर सके। यही तो वे गुण हैं, जिनसे कार्यसिद्धि प्राप्त होती है। जब आत्मविश्वास अस्थिर हो जाता है, तो मानव-जीवन का सारा ढांचा गड़बड़ा जाता है। जब तक आप में आस्था, आशा और असीम विश्वास है, तब तक आप में प्रत्येक कार्य की सफलता के शिखर पर पहुंचने की शक्ति

विद्यमान रहती है।

आत्मविश्वास के कारण ही शारीरिक रूप से अशक्त व्यक्ति भी अनेक विस्मयकारी कार्य कर जाते हैं; क्योंकि इससे भय, सन्देह और संशय की भावना जड़ से नष्ट हो जाती है। भय किसी भी कार्यसिद्धि के लिए एक भयंकर शत्रु है। जिस व्यक्ति के मन में सन्देह रहता है, वह शक्ति और उत्साह के साथ कार्य नहीं कर सकता।

कुशलतापूर्वक कार्य करने के लिए दृढ़निश्चय का होना बहुत आवश्यक होता है। जिस व्यक्ति को अपने मन पर विश्वास है, जिसे यह विश्वास है कि मैं यह कार्य कर सकता हूं, वह जिस कार्य में भी हाथ डालेगा, उसे पूर्णता के शिखर तक पहुंचाकर ही दम लेगा। शिक्षकों के लिए तो यह नात और भी आवश्यक है। कई बार ऐसा होता है कि कम पढ़े-लिखे शिक्षक विद्वान् प्राध्यापकों की अपेक्षा अधिक सफल होते हैं। ऐसा इसलिए होता है कि प्रायः अधिक शिक्षित व्यक्ति अपना आत्मविश्वास खो बैठते हैं। इससे उनकी निर्णय शक्ति कमज़ोर हो जाती है और वे अपनी भावनाओं को निश्चित स्वरूप नहीं दे पाते।

आत्मविश्वास से युक्त कम पढ़ा-लिखा व्यक्ति अपने से अधिक सुशिक्षित व्यक्तियों की अपेक्षा भावनाप्रधान कष्टों से बचा रहता है। उसके मस्तिष्क की शक्तियां यह सोचने के कारण दुर्बल नहीं होतीं कि वह इतना जानता है और इतना नहीं जानता। वह तो अत्यन्त साधारण भाव से किसी भी कार्य को करने का निश्चय करके मैदान में कूद पड़ता है, जबकि तथाकथित सुसंस्कृत व्यक्ति हिचकिचाते रह जाते हैं।

यह आज की उच्च शिक्षा का दुर्भाग्यपूर्ण परिणाम है कि नवयुवकों में आत्मविश्वास के स्थान पर कायरता जन्म ले रही है। आप ऐसे नवयुकों को जानते होंगे जिनमें कॉलेज में दाख़िल होते समय असीम उत्साह और अटूट आत्मविश्वास था। उस समय वे यह समझते थे कि हम कुछ भी कर सकेंगे, परन्तु जब वे कॉलेज से पढ़कर निकले, तो ऐसा प्रतीत होता था, मानो उनकी सारी शक्तियां समाप्त हो चुकी हैं। धीरे-धीरे उनके गुणों का स्थान कायरता, अविश्वास और सन्देह ने ले लिया। उनमें इतना भी आत्मविश्वास नहीं रह गया कि वे अपनी किसी भी बात को निश्चयपूर्वक कह सकें। वे प्रत्येक बात से कतराते रहते हैं। इस प्रकार उनकी शक्तियां सर्वथा समाप्त हो जाती हैं।

यह बात प्रसिद्ध है और इसे प्रायः सभी जानते हैं कि वैज्ञानिक अपनी धुन

के कारण दुनिया से दूर रहने को विवश होते हैं, परन्तु बड़े-बड़े विद्वानों का स्वभाव भी ऐसा ही बन जाता है कि वे दुनिया से बचते-फिरते हैं। इसका कारण यह है कि उनमें कार्य करने की शक्ति बहुत कम हो जाती है, स्वाग्रह की भावना प्राय: समाप्त हो जाती है और वे अपने को दीन-हीन समझने लगते हैं।

विनम्रता, धैर्य और सहिष्णुता—बहुत उपयुक्त गुण हैं, परन्तु जब वे आत्मविश्वास की परिधि से बाहर हो जाते हैं, तो व्यक्ति के दुर्भाग्य का कारण बन जाते हैं। जब किसी व्यक्ति में नम्रता, धैर्य, सहिष्णुता, आत्मविश्वास और स्वाग्रह नहीं रहता, तो वह सन्देह में पड़कर क्रियाशील भी नहीं रहता। अत: ऐसे व्यक्तियों को चाहिए कि वे अपनी कार्य करने वाली शक्तियों को सदा सुरक्षित रखें, अन्यथा जीवन में असफलता के सिवा कुछ भी हाथ न लगेगा।

***

सत्तरहवां महामन्त्र
जीवन के वरदान को पहचानें

एक व्यक्ति अपने खेत में हल चला रहा था कि उसके हल की फाल एक इंच ऊपर रह गयी, धरती में गड़े हुए सोने के घड़े तक न पहुंच सकी और वह चूक गया। इसी प्रकार अनेक व्यक्ति जीवन में जो कार्य करते हैं, उनके परिणाम को देखकर बहुत से लोग कहा करते हैं –"आख़िर इसने खो ही दिया।" ऐसा प्राय: तभी कहा जाता है, जब कोई व्यक्ति अपने कार्य में असफल रहता है। जीवन का उत्साह अपनी चरम सीमा पर उस समय होता है, जब मनुष्य नि:स्वार्थ भावना से अपने जीवन की सर्वोत्तम वस्तु प्राप्त करने के लिए कार्य करता है।

अवसर के विषय में आपके क्या विचार हैं? क्या अवसर जीवन का सबसे प्रमुख वरदान नहीं है, और जीवन क्या है? क्या अवसर ही जीवन नहीं है, जो हमारे भीतर ईश्वरप्रदत्त शक्तियों को उजागर करता है, जिससे व्यक्ति की सत्ता, समता तथा एकरसता सुन्दर आकार पाकर धन्य हो सकती है? आप कोई भी व्यापार, व्यवसाय या काम करें, आपको इस बात से सदा सावधान रहना चाहिए कि वह काम उपयोगी और सम्मान प्रदान करने वाला हो। आपको ऐसा काम चुनना चाहिए, जिसके विस्तार की सम्भावनाएं हों और जिसमें आपका व्यक्तित्व भी विकसित हो सके ।

कार्लाइल ने कहा है–"जो आपको आत्मसुधार का अवसर देता है, जो आपको अच्छा इंसान बनने का अवसर प्रदान करता है, वही आपको अनन्त काल तक स्थायी शान्ति भी प्रदान करेगा।"

यदि कोई व्यक्ति अपने जीवन में प्राप्त अवसर का थोड़ा-सा भी लाभ उठाना चाहता है, उसे सोचना चाहिए कि कहीं उसे अन्य स्थायी वस्तुओं से प्राप्त होने वाली प्रेरणा की आवश्यकता तो नहीं है? जीवन की असली गरिमा और सार्थकता का हमारे जीवन से बड़ा निकट का सम्बन्ध है। इसी से हमारे रक्त में तेज़ी आती है और हमारी आत्मा प्रज्ज्वलित होती है। आपकी आध्यात्मिक शक्तियों

के लिए भी इस गरिमा का होना बहुत आवश्यक है। संसार में बड़ा कहलाने का अर्थ केवल धनी-मानी होना ही नहीं है।

फ्रेंच कवि कार्नेली ने कहा है—"जिस व्यक्ति का दिल मर चुका है, यदि उसके लिए स्वर्ग भी अपनी बांहें फैलाये, तो व्यर्थ है। विश्वास से अभावयुक्त व्यक्ति सबके आशीर्वादों से भी वञ्चित रह जाता है।" विक्टर ह्यूगो का भी यही कहना है कि आपकी ओर अपनी बांहें फैलाकर आप तक पहुंचने का प्रयत्न करने वाला केवल एक ही है।

वास्तव में, मनुष्य जीवन का सुनहरा क्षण वही है, जब उसका मन और मस्तिष्क उन्मुक्त हों और उत्पादक शक्तियों की गति से भरपूर हों। क्या जब आपका नैतिक विस्तार होता है, तब आपको उल्लास का अनुभव नहीं होता ? क्या आप में ऐसी शक्ति नहीं है, जिससे आपके भीतर छिपा देवदूत बाहर आकर आपके लिए दैवी जीवन का निर्माण करना आरम्भ कर दे ?

आज संसार में युवकों के सामने कितने शानदार अवसर उपलब्ध हैं। उनके सम्मुख करने के लिए बड़े-बड़े काम हैं। उन्हें चाहिए कि वे अपनी आत्मा की पूंजी उनमें लगायें, लेकिन ऐसा करते समय उनका दृष्टिकोण बुद्धिमत्तापूर्ण और नैतिकतापूर्ण होना चाहिए। यह ठीक है कि आप उन कार्यों से धन कमायें, पर आपके जीवन की प्रत्येक सांस उस कार्य के प्रति समर्पित होनी चाहिए।

वस्तुतः आज के युग में उस व्यक्ति को अन्धा, लूला और लंगड़ा ही कहा जायेगा, जो अवसर से लाभ नहीं उठा सकता। आपको चाहिए कि आप प्रत्येक अवसर को देखें और उसके अनुसार कार्य करने का प्रयत्न करें। वह स्वयं आपको इस बात की प्रेरणा प्रदान कर रहा है, आपका द्वार खटखटा रहा है, आपकी खिड़कियों से झांक रहा है, रास्ते में चलते हुए आपको सहारा दे रहा है और प्रत्येक प्रातःकाल के समाचार-पत्रों द्वारा आपको उपयोगी जीवन के लिए सुझाव दे रहा है।

वस्तुतः वह व्यक्ति नैतिक दृष्टि से अन्धा और लूला-लंगड़ा ही है, जो संसार-भर की ग़ैरज़रूरी वस्तुओं को एकत्र करता रहता है तथा बुरी आदतों में फंसकर अपने जीवन को नष्ट करता है, परन्तु उस सर्वशक्तिमान प्रभु द्वारा दिये गये वरदानों की ऊंचाई तक पहुंचने का कोई प्रयास नहीं करता। ये वरदान किसी एक व्यक्ति के लिए नहीं हैं, ये तो सम्पूर्ण मानव-जाति के लिए हैं और

इनका उपयोग इसी अवसर पर किया जाना चाहिए।

यह बीसवीं सदी का स्वर्णिम युग है। अत: नवयुवको, जागो और अपनी शक्ति के आधार पर निर्णय करो तथा जीवन के उत्तरदायित्वों को पूरी तरह से निभाने की प्रतिज्ञा करो। यदि आपने अवसर के इस क्षण को पकड़ लिया और इसका भरपूर उपयोग करके कुछ कर दिखाया, तो सारा संसार आपको नमस्कार करेगा।

***

अठारहवां महामन्त्र

आत्मविश्वास का महत्त्व

जो व्यक्ति घोर कठिनाइयों में भी अपना रास्ता ढूंढ़ ले और उन कठिनाइयों पर विजय प्राप्त करता हुआ आगे बढ़ जाये, उसे ही 'आशावादी व्यक्ति' कहते हैं। उसके आत्मविश्वास की हमें दाद देनी चाहिए, परन्तु जिस व्यक्ति के मन में सन्देह रहता है, जो सदा सशंकित रहता है, जो अपने सामने के मार्ग को भी नहीं देख सकता, सदा डरता रहता है, इसी दुविधा में भटकता रहता है कि आगे बढ़ूं या नहीं और इस प्रकार हाथ में आये अवसर को गंवा देता है, ऐसा व्यक्ति 'निराशावादी व्यक्ति' कहलाता है। आत्मविश्वास वह कुञ्जी है, जिससे व्यक्ति की कार्यकुशलता एवं योग्यता आगे बढ़कर उसकी उन्नति के मार्ग में पलकें बिछा देती है।

जब आप किन्हीं महान् कार्यों के सम्पन्न होने की बराबर आशा करते रहते हैं, तो यह आपका स्वभाव बन जाता है और आप अपने भीतर छिपी हुई शक्ति को उसके उद्‌गम से खोज निकालते हैं। तब संसार के सम्मुख आपके आत्मविश्वास का वह दिव्य दूत प्रकट होता है, जिसे परमात्मा ने मनुष्य को राह दिखाने के लिए संसार में भेजा है। लेकिन जब-जब व्यक्ति सन्देह अथवा किन्हीं अन्य कुविचारों के कारण मोहग्रस्त हो जाता है, असफल हो जाता है, निराश होने लगता है अथवा उसके रास्ते में निराशा आ खड़ी होती है, तब-तब उसका आत्मविश्वास ही उसे संकट से उबारता है।

क्या आपने कभी यह सोचा कि जो व्यक्ति जंगली जानवरों को भी अपने वश में कर लेते हैं, उनमें कितना आत्मविश्वास होता है? यदि उनके मन में भय, संशय अथवा अविश्वास भरा हो और वे यह सोचें कि ऐसे भयंकर जीवों पर क़ाबू पाना उनके लिए सम्भव नहीं है, तो उनकी इस मनोवृत्ति के कारण, उनके मन की दुर्बलता, सन्देह और भय के विचार उन जंगली जानवरों तक पहुंच जायेंगे और तब क्या होगा, इसकी आप तनिक कल्पना कीजिये। अपने दुस्साहस,

आत्मविश्वास, शौर्य और निश्चय के बल पर ही ऐसे व्यक्ति उन्हीं जंगली जानवरों को परास्त करके अपने वश में कर लेते हैं और तब वही जंगली जानवर उनके एक इशारे पर भीगी बिल्ली बन जाते हैं। वे जो चाहते हैं, उनसे करा लेते हैं। क्या आप जानते हैं कि ऐसा किस प्रकार हो जाता है? इसके लिए आवश्यक है आपकी दृष्टि के पीछे छिपी हुई वह शक्ति, जो उन जंगली जानवरों को परास्त कर सकती है, उन पर क़ाबू पा सकती है, परन्तु उसके लिए आत्मविश्वास और दृढ़निश्चय बहुत आवश्यक है; क्योंकि तनिक-सी भी कायरता अथवा भय की आशंका ऐसे प्राणी के प्राणों को जोखिम में डाल सकती है।

जब तक व्यक्ति को यह विश्वास न हो कि वह जिस वस्तु को प्राप्त करना चाहता है, उसे वह अवश्य ही प्राप्त कर लेगा, तब तक उसके मन में वह अटूट निष्ठा पैदा नहीं हो सकती, जो उस वस्तु की प्राप्ति के लिए आवश्यक होती है, परन्तु एक बार जब यह निश्चय हो जाये कि उसमें सामर्थ्य है और उस काम से अधिक शक्ति उस व्यक्ति में है, तो उसे उस वस्तु के प्राप्त करने में तुरन्त सफलता मिल जायेगी। जो व्यापारी 'करूं' या 'न करूं' की दुविधा में उलझा रहता है, जिसे अपनी योग्यता पर ही विश्वास नहीं, जिसे अपनी शक्ति पर सन्देह है, वह सफल व्यापारी कैसे बन सकता है? इस प्रकार की मनोवृत्ति वाले व्यक्ति कोई भी महान् कार्य नहीं कर सकते।

शरीर और इन्द्रियां मन का ही अनुसरण किया करती हैं। मन को ही नेता बनना होगा, मन को ही आगे चलना होगा, मन को ही दृढ़निश्चयी होना होगा, मन में ही आत्मविश्वास भरना होगा, मन में ही कार्य की सफलता के आकार का स्वरूप देखना होगा, मन में ही उस वस्तु को प्राप्त करने की कल्पना करनी होगी, जिसे आप प्राप्त करना चाहते हैं अथवा जिसका आप निर्माण करना चाहते हैं। जिस काम को पूरा करने में, जिस काम के विषय में आपको अपनी शक्तियों पर पूरा विश्वास होता है, आप उसी काम को कर सकते हैं। जो व्यक्ति यह सोचता है कि संसार के सभी व्यक्ति धनी नहीं हो सकते और अधिकांश व्यक्तियों को ग़रीब ही रहना पड़ेगा और मैं भी उनमें से एक हूं, वह व्यक्ति कभी धनवान् नहीं बन सकता।

आपने प्रायः देखा होगा कि अधिकांश व्यक्ति कॉलेज से पहले ही पढ़ाई छोड़ बैठते हैं। इसका कारण उनका यह सोचना है कि वे इस योग्य कहां? अब आप ही सोचिये कि इस प्रकार के विचारों को मन में लाकर यदि कोई व्यक्ति

कॉलेज में जाता है, तो वह कितना भी अधिक धन ख़र्च कर ले, कितने भी लोग उसकी सहायता करें, उसके सामने कितने भी सुअवसर आयें, वह परीक्षा में उत्तीर्ण नहीं हो सकता, वह प्रगति नहीं कर सकता; क्योंकि उसमें आत्मविश्वास का अभाव है, उसे अपनी योग्यता पर सन्देह है।

जो नवयुवक यह सोचते हैं कि वे कभी अफ़सर नहीं बन सकते, वे निश्चित ही अफ़सर नहीं बन सकते। उनको क्लर्क की कुर्सी भी मिल जाये, तो वही बहुत है। ठीक है, कुछ व्यक्ति जोश में आकर वकील, डॉक्टर या व्यापारी बनने का निश्चय कर लेते हैं, पर उनमें दृढ़संकल्प नहीं होता, उनमें स्थिरता नहीं होती, उनका निश्चय डगमगाता रहता है, इसलिए वे कुछ भी नहीं बन पाते।

उन्हें अवसर मिला था कि वे दृढ़निश्चयपूर्वक अपने उद्देश्य को चुनते और उसे पूरा करते। इसके लिए चाहे उन्हें रात-रात-भर जागना पड़ता, चाहे जितना कठोर परिश्रम करना पड़ता, वे करते। तब तो यह सम्भव था कि वे सफल हो सकते थे, यदि वे चाहते, तो अपनी दुनिया को बदल सकते थे, परन्तु उस समय उन्होंने अपनी ज़िम्मेदारी नहीं समझी, उस समय वे लापरवाह रहे, उस समय उन्होंने नहीं सोचा कि वे कठोर परिश्रम करें और इसीलिए सफल नहीं हो सके, लेकिन ऐसे भी नौजवान हैं, जो उत्साह और उल्लास से भरकर अपने कार्य-व्यापार में लगे रहते हैं। उनका निश्चय अटल होता है और सतत प्रयत्न करना उनका स्वभाव बन जाता है। ऐसे ही नवयुवक उन्नति के शिखर पर पहुंच जाते हैं।

महान् सफलताओं और महान् कार्यकर्ताओं का विश्लेषण कीजिये, उनके महान् बनने का पहला कारण होगा—आत्मविश्वास। जिस व्यक्ति को अपनी योग्यता पर विश्वास हो जाता है और जो यह समझने लगता है कि वह जिस काम को भी करेगा, उसमें अवश्य ही सफल होगा, वह अवश्य ही सफल होगा। भले ही अन्य व्यक्ति उसके विश्वास को दुराग्रह कहें, लेकिन ऐसे व्यक्ति अपनी धुन के पक्के और इतने पक्के होते हैं कि वे अपने अदम्य आत्मविश्वास के बल पर संसार में सफल होकर अपना झण्डा गाड़ ही देते हैं। उन्हें इस बात की परवा नहीं होती कि लोग उन्हें मूर्ख कहते हैं या कुछ और। उन्हें तो काम करने से मतलब होता है। उनकी आंख तो केवल सफलता पर टिकी होती है। उनके मन में आत्मविश्वास भरा होता है। उन्हें अपनी शक्तियों पर भरोसा होता है। वे दूसरों पर यह विश्वास जमा देते हैं कि उनका आत्मविश्वास अटूट है और वे अपने लक्ष्य को प्राप्त करके ही रहेंगे। तब अन्य व्यक्ति भी उनके सहायक बन जाते हैं।

ऐसे व्यक्ति जब किसी कार्य में विशेषज्ञ हो जाते हैं, तो वे अपने आस-पास के वातावरण पर शासन करने लगते हैं। तब उनके एक-एक शब्द से आत्मविश्वास टपकता है, जिसे देखकर दूसरों के मन का सन्देह मिट जाता है और इसीलिए अन्य व्यक्ति उनके सहायक बनना पसन्द करते हैं।

सफल और विजयी व्यक्ति पर सबका विश्वास जम जाता है और सारा संसार ऐसे व्यक्ति का आदर करता है। जिस व्यक्ति में आत्मविश्वास होता है, वही ईमानदार भी होता है और लोग अनजाने ही उसकी ईमानदारी के प्रति आकृष्ट होते चले जाते हैं। जिस व्यक्ति में आत्मविश्वास होता है, उसकी प्रत्येक चेष्टा से—चाहे वह बोल-चाल हो, चाहे चाल-ढाल, चाहे आकार-प्रकार—हर बात से आत्मविश्वास टपकता है और तब उससे प्रभावित होकर लोग उसे अपना लेते हैं, उसे अपना नेता मानने लगते हैं और उसकी आज्ञा का पालन करने में गौरव अनुभव करते हैं।

लोग उन्हीं व्यक्तियों से प्रभावित होते हैं, जो अपनी शक्तियों से उन्हें प्रभावित करते हैं। जिन व्यक्तियों के मन में संशय और भय भरा हो, उनका किसी पर प्रभाव नहीं पड़ सकता। कुछ व्यक्ति प्रथम दर्शन में ही हमारा विश्वास जीत लेते हैं, हमें अपना बना लेते हैं और उन्हें देखते ही लोगों में विजय की भावना का सञ्चार हो जाता है। लोग समझ लेते हैं कि यही हमारा नेता है, यही हमारा पथ-प्रदर्शक है और यही है वह व्यक्ति, जिसमें इतनी शक्ति है कि यह जो चाहे, कर सकता है। ऐसे व्यक्तियों के चाहने मात्र से ही लोगों के मन में विजय की भावनाएं उमड़ने लगती हैं और ऐसे व्यक्ति जब अपनी शक्ति का प्रयोग करके अद्भुत कार्य कर दिखाते हैं, तो सभी लोगों को उन पर विश्वास हो जाता है। विश्वास, यानी साख व्यक्ति की सबसे बड़ी पूंजी है। कोई भी काम हो अथवा व्यापार या व्यवसाय, साखरूपी पूंजी से बढ़ कर और कोई पूंजी नहीं हो सकती। यदि लोगों पर यह विश्वास जम जाये कि आपका उत्पादन निश्चित रूप से अन्य लोगों के उत्पादनों की अपेक्षा बढ़िया, उपयोगी, लाभकारी और सुन्दर होता है तथा उस वस्तु की मांग के अनुसार आप उसे सही रूप और उचित समय पर तैयार करके बाज़ार में पहुंचा सकते हैं, तो आप दूसरों से जितनी भी सहायता की अपेक्षा करेंगे, आपको मिल जायेगी।

जीवन का कोई भरोसा नहीं है। न जाने कब और कहां यह जीवन-लीला समाप्त हो जाये। समय बहुत कम है। हर व्यक्ति दौड़ रहा है और किसी के पास

इतना समय नहीं है कि वह कुछ देर बैठकर अपनी गतिविधियों का निरीक्षण कर सके। प्राय: लोग हाव-भाव तथा मुखकृति से ही आपकी कार्यकुशलता एवं योग्यता का अनुमान कर लेते हैं। यदि आपके विश्वास का सिक्का, आपकी योग्यता की धाक, आपकी कार्यकुशलता की साख उन पर जम जाये, तो वे आप पर विश्वास करने लगेंगे, लेकिन यदि आपको स्वयं ही अपने पर विश्वास नहीं है, आप स्वयं अपने ऊपर सन्देह करते हैं, सशंकित रहते हैं, तो अन्य व्यक्ति आप पर क्यों विश्वास करेंगे? क्यों वे आपकी सहायता करेंगे? किसी भी डॉक्टर के लिए यह आवश्यक नहीं कि वह अपने रोगियों को यह बतलाये कि उसने उनकी चिकित्सा के लिए किस प्रकार समस्त प्रक्रिया का पालन किया है। डॉक्टर को देखते ही रोगी को यह विश्वास हो जाना चाहिए कि उक्त डॉक्टर के इलाज से वह अवश्य ठीक हो जायेगा। जिस डॉक्टर के चेहरे को देखकर रोगी को उस पर विश्वास नहीं होता, वह डॉक्टर उस रोगी का इलाज नहीं कर सकता, लेकिन जिस डॉक्टर के चेहरे से सिद्धान्त का पक्का होना झलकता है और ऐसा लगता है कि कोई भी उसे उसके रास्ते से हटा नहीं सकेगा, सारा संसार उस पर विश्वास करता है और सभी लोग उसकी बात को सच मानकर उसकी इच्छानुसार कार्य करने लगते हैं। ऐसे प्रबल आत्मविश्वासी व्यक्तियों को दूसरे लोगों की सहायता अनायास ही प्राप्त हो जाती है। किसी व्यक्ति के मुंह की ओर थोड़ा ध्यान से देखिये, तो आपको लगेगा कि कुछ व्यक्ति दूर से ही नेता-जैसे प्रतीत होते हैं। दूर से ही उनके चेहरे पर वह छाप नज़र आयेगी, जो किसी नायक अथवा नेता के चेहरे पर होनी चाहिए और जब आप भीड़ में खड़े व्यक्तियों से बात करेंगे, तो आपको पता चलेगा कि वे वास्तव में अपने नेता की प्रतीक्षा कर रहे हैं, ताकि वह आगे आये और वे उसका अनुसरण करें।

आज संसार में लोग इतने व्यस्त हैं कि उनके पास आपकी योग्यता को परखने के लिए अथवा आपके गुणों की परीक्षा करने के लिए समय नहीं है। यह आपका काम है कि आप अपनी योग्यता एवं अपने गुणों से उन्हें प्रभावित करें, परन्तु ध्यान रहे कि अपनी योग्यता को स्वीकार न करना अथवा अपनी असफलताओं का बखान करना आदि कुछ ऐसे दोष हैं, जो प्रत्येक व्यक्ति को निरुत्साहित, निराश और व्यथित कर देते हैं, जिसके कारण लोग सदा ही असफल होते रहे हैं। जब आपको ही अपनी योग्यता पर भरोसा नहीं होता, तो दूसरे लोगों को आप पर भरोसा क्यों होगा? जब आप ही स्वयं को घटिया, दीन-हीन

अथवा मलिन समझते हैं और अपना मूल्य घटाते हैं, तो किसी को क्या पड़ी है कि वह आपका उचित मूल्यांकन करे और आपका मूल्य बढ़ाये ? आप स्वयं ही ऐसा कार्य करें, जिससे आपकी योग्यता व आपके गुण उभरकर सामने आयें, तभी आप लोगों की नज़रों में चढ़ सकेंगे और तभी आपको आपका उचित मूल्य मिल सकेगा।

दूसरों की नज़रों में गिरकर कोई भी व्यक्ति महान् कार्य नहीं कर सकता और न ही आप जितने काम की किसी से आशा करते हैं, उससे अधिक काम ले सकते हैं, लेकिन यदि आप कुछ महान् कार्य करना चाहते हैं और अपनी समस्त शक्तियों को उक्त कार्य के लिए एकत्रित करके तथा अपनी मनोवृत्ति को उस कार्य के प्रति एकाग्र कर देते हैं, तो आपको अपनी इच्छानुसार ही उक्त कार्य का परिणाम प्राप्त होगा। याद रखें कि विशेष कार्य के लिए आपको प्रयत्न भी विशेष ही करना होगा, विशेष व्यक्ति भी बनना होगा, साधारण लोगों की भीड़ से अलग होना होगा, आम लोगों की भांति आरामपसन्द अथवा सुस्त नहीं रहना होगा तथा अपना मूल्य भी स्वयं ही लगाना होगा। स्वयं को कीट-पतंगों के समान दीन-हीन नहीं मानना होगा, अपितु मूल्यवान् रत्नों के समान अपना मूल्य आंकना होगा। जैसी आपकी भावना होगी, जैसी आपकी मुखमुद्रा होगी, उसकी स्पष्ट झलक दिखाई दे जायेगी।

इस बात को भली प्रकार समझ लीजिये कि आपने अपना जो मूल्य आंक रखा है, उससे अधिक आपको कहीं नहीं मिल सकता। अपनी योग्यता का जितना अनुमान आप कर सकते हैं, दूसरे उससे अधिक नहीं कर सकते। आप अपने हाव-भाव या बोल-चाल आदि से अपना जो मूल्य निर्धारित करते हैं, संसार भी आपका वही मूल्य आंकेगा, उससे अधिक नहीं। यदि आप स्वयं को साधारण व्यक्ति समझते हैं, तो आपके चेहरे से भी वह साधारणपन प्रकट होगा। यदि आप स्वयं अपना सम्मान नहीं कर सकते, तो यह भी आपके चेहरे से सपष्ट हो जायेगा और तब अन्य लोग भी आपका सम्मान नहीं करेंगे। आपके मन में अपनी योग्यता और अपने गुणों का जैसा भण्डार होगा, वैसा ही गुण, वैसी ही योग्यताएं आपके चेहरे पर भी स्पष्ट झलकनी चाहिए। जब आप स्वयं को ग़रीब अथवा दरिद्र मानेंगे, तो धनी कैसे बन सकेंगे? लेकिन यदि आप स्वयं को गुणी, योग्य और समर्थ मानें, शक्तिसम्पन्न मानें, तो आपको इन गुणों, योग्यताओं एवं कार्यशक्ति का फल अवश्य प्राप्त होगा।

पहले विचार उत्पन्न होता है, प्रयत्न उसके बाद आरम्भ होता है। यदि आप लोगों पर अपना प्रभाव जमाना चाहते हैं, तो आपके मन में उसी प्रकार के विचार भी होने चाहिए। विचारों की आभा आपके मुखमण्डल पर स्पष्ट दृष्टिगोचर हो जाती है, परन्तु यह केवल दृढ़आत्मविश्वास के कारण ही सम्भव होता है। आप अमुक कार्य को कर सकते हैं, जब आपको अपने ऊपर इतना दृढ़विश्वास हो जाता है, तब आप जिस काम में भी हाथ लगाते हैं, उसे कर ही डालते हैं। जिसे अपने ऊपर दृढ़विश्वास हो जाता है, अनेक दुविधाओं एवं अनिश्चितताओं से उसकी रक्षा होती है और न जाने उसकी कितनी चिन्ताएं नष्ट हो जाती हैं। आत्मविश्वास ही सफलतारूपी महल की नींव का पत्थर है। रास्ते की बाधाओं को दूर करने का यही एकमात्र महामन्त्र है। यही एक शब्द है, जिसमें कठिनाइयों के बड़े-से-बड़े पहाड़ों को भी हटा देने की शक्ति भरी पड़ी है। याद रखिये कर्ता और कर्म—इन दोनों को जोड़ने वाला पुल आपका आत्मविश्वास ही है। यदि कर्म की प्रेरणा के लिए आत्मविश्वास अनिवार्य है, तो कर्ता को भी आत्मविश्वास ही सहायता प्रदान करता है। यदि आत्मविश्वास के द्वारा कर्ता अपने कर्म में प्रवृत्त हो जाये, तो उसे समस्त साधन स्वयं ही उपलब्ध होते जाते हैं तथा अनेक व्यक्ति प्रसन्नतापूर्वक उसकी सहायता करने के लिए दौड़े चले आते हैं।

***

उन्नीसवां महामन्त्र

दुर्बल विचार आपकी सफलता के शत्रु हैं

दुर्बल, शक्तिहीन एवं अकर्मण्य विचारों को ही ऋणात्मक विचार कहा जाता है। ऐसे विचारों के द्वारा कोई भी व्यक्ति कभी सफलता प्राप्त नहीं कर सकता। इस प्रकार के विचारें का परिणाम तो केवल हानि और नाश ही हो सकता है। किसी भी सफल व्यक्ति का सबसे बड़ा शत्रु उसका अपना हीन भाव होता है। जो व्यक्ति हमेशा निराशा, कपट, कठिनाइयों, अस्वास्थ्य तथा ग़रीबी की ही बातें करता है, वह किस प्रकार सफल हो सकता है? वह तो स्वयं अपने पांव पर कुल्हाड़ी मार रहा है। अपने प्रयत्नों को स्वयं ही नष्ट कर रहा है। इस प्रकार के बाधक विचारों वाले व्यक्ति के पास साधक विचार नहीं आ सकते। जो सदा निराशा से घिरा हो, उसकी ओर आशा कैसे आकर्षित हो सकती है? ध्वंसात्मक विचारों के वातावरण में रचनात्मक सिद्धान्त कैसे पल सकते हैं? इसीलिए ध्वंसात्मक विचारों से घिरे रहने वाले व्यक्ति छोटे-से-छोटे काम में भी सफल नहीं हो सकते। उसके प्रत्येक प्रयत्न का फल केवल असफलता ही होगा। ऐसे व्यक्ति पहले तो किसी काम के लिए 'हां' ही नहीं कह सकते और यदि 'हां' कह भी दें, तो काम में मन लगाकर प्रयत्न नहीं कर सकते और यदि प्रयत्न करते दिखाई भी दें, तो भी वह सब दिखावा होता है।

ऋणात्मक या ध्वंसात्मक विचार मनुष्य की महत्त्वाकांक्षा का गला घोट देते हैं। ऋणात्मक विचारों से ग्रस्त व्यक्ति में ऊंचा उठने की कोई आकांक्षा ही नहीं रह जाती। ऐसे विचार व्यक्ति के जीवन में विष घोल कर उसके कार्य करने की शक्ति को नष्ट कर देते हैं। इस प्रकार के ऋणात्मक विचारों से व्यक्ति का आत्मविश्वास इतना दुर्बल हो जाता है कि वह हाथ में आये अवसर को भी नहीं पकड़ पाता तथा सम्मुख आयी परिस्थिति का स्वामी बनने की अपेक्षा उसका दास बन जाता है।

काम को पूरा करने की सामर्थ्य व्यक्ति के आत्मविश्वास पर ही निर्भर

करती है। काम चाहे कितना भी छोटा हो, कैसा भी हो, जब तक आपको यह विश्वास न हो जाये कि आप उसे विधिवत् एवं सुरुचिपूर्ण ढंग से सम्पन्न कर सकते हैं, तब तक आप उसे सम्पन्न नहीं कर सकते। कोई भी कार्य पहले व्यक्ति के मन में सम्पन्न होता है, काम को पूरा करने की विधि पहले व्यक्ति के मन में उपजती है, पहले मन द्वारा ही काम को बिगाड़ा अथवा बनाया जाता है, उसकी सफलता अथवा असफलता प्राप्त की जाती है, उसके बाद ही उसे सम्पन्न किया जा सकता है। जिस काम को आप पसन्द ही नहीं करते, जिसके पूरा होने में आपको सन्देह है, संशय है, उस काम को आप कभी पूरा नहीं कर सकते। संसार का ऐसा कोई ज्ञान-विज्ञान नहीं है, जिसके बल पर आप उस काम को सही रूप में पूरा कर सकें, जिसे आप पसन्द नहीं करते। अपने द्वारा ही बनायी सीमाओं को पार करने की शक्ति किसी भी व्यक्ति में नहीं होती।

सफलता प्राप्त करने के लिए व्यक्ति को पहले अपने विचारों से छुटकारा पाना चाहिए। अपने मन के सन्देह को दूर करना चाहिए। सफलता से पहले सफलता की आशा करना और उसमें विश्वास करना बहुत आवश्यक है। अपनी कार्य-सामर्थ्य तथा कार्यक्षमता पर पूरी तरह भरोसा किये बिना न तो कोई व्यक्ति अपने काम को भली-भांति कर ही सकता है और न उसमें सफल ही हो सकता है। कार्य में सफलता प्राप्त करते हुए भी अपने इस विश्वास को निरन्तर दोहराते रहना चाहिए—"मैं इस कार्य को भली-भांति सम्पूर्ण करके ही दम लूंगा।"

उदाहरणार्थ, यदि एक बालक प्रात:काल नींद खुलते ही यह कहने लगे कि 'मैं उठ ही नहीं सकता' तो निश्चित है कि वह बिस्तर से नहीं उठ सकेगा। वह बिस्तर से तभी उठ सकता है, जब उसे अपनी शक्ति पर, अपनी सामर्थ्य पर पूर्ण विश्वास हो कि वह उठ सकता है। जो व्यक्ति अपने मन में सदा यही दोहराता रहता है कि "मैं तो इस काम को कर ही नहीं सकता या मैं इस काम को कैसे कर सकता हूं? कोई अन्य व्यक्ति भले ही इसे कर ले, पर मैं इसे नहीं कर सकता अत: इसके बारे में प्रयत्न करना बेकार है," वह वास्तव में उस काम को नहीं कर सकेगा।

जो विद्यार्थी अपने मन में यह सोचता है कि वह कॉलेज में प्रवेश नहीं पा सकेगा, वह किस प्रकार ऊंची शिक्षा प्राप्त कर सकता है? वह तो चार शब्दों के इस वाक्य—'मैं नहीं कर सकता'—का शिकार हो जाता है और जब तक वह इस प्रकार के ऋणात्मक विचारों से अपना पल्ला नहीं झाड़ लेता, तब तक वह

वास्तव में कुछ भी नहीं कर सकता। यह छोटा-सा शब्द 'नहीं' व्यक्ति के सम्पूर्ण आत्मसम्मान को जड़-मूल से नष्ट कर देता है। इस एक शब्द ने न जाने कितने व्यक्तियों की योग्यता तथा कार्य करने की शक्ति को नष्ट कर दिया है, लेकिन इसके विपरीत जो व्यक्ति सदा यह कहता है—'मैं कर सकता हूं' उसके मार्ग में भले ही कितनी भी विघ्न-बाधाएं आयें, वह अपने आत्मसम्मान एवं आत्मविश्वास की रक्षा हेतु इस प्रकार के शब्दों से प्रेरणा प्राप्त कर अपने काम में जुट जाता है और सफलता प्राप्त कर लेता है।

जिस प्रकार कोई व्यक्ति सफल वकील तभी बन सकता है, जब वह क़ानून के नियमों और सिद्धान्तों को समझे एवं कानून सम्बन्धी ग्रन्थों का अध्ययन करे, लेकिन यदि वह दवाओं अथवा डॉक्टरी उपकरणों के बारे में सोचता रहेगा, तो क्या वह सफल वकील बन सकेगा? यह सब कहने का आशय यही है कि यदि आप जिस विषय में भी विशेषज्ञ बनना चाहते हैं, उसे छोड़कर अन्य विषयों के अध्ययन में लगे रहे, तो अपने लिए चुने गये विषय में सफलता कैसे प्राप्त कर सकते हैं? इस प्रकार यह कहना बिल्कुल उचित है कि जब आपका मन निराशा के विचारों से ग्रस्त है, तो आपकी मनोवृत्ति सफलता के लिए किस प्रकार समर्थ व सक्षम बन सकती है? जब तक आप स्वयं को किसी भी प्रकार के दोष से ग्रस्त समझेंगे, तब तक आप वहां नहीं पहुंच सकते, जहां पहुंचकर आप सफलता प्राप्त कर सकते हैं। जब तक आपकी मन:स्थिति इतनी उन्नत नहीं हो जाती, आप अपने उद्देश्य में सफल नहीं हो सकते। जब तक आपके मन में नकारात्मक, ध्वंसात्मक तथा ऋणात्मक विचार भरे हैं, तब तक आपका मनोबल गिरता ही रहेगा। तब तक आप किसी रचना, किसी निर्माण या किसी कार्य के सृजन में सफल नहीं हो सकेंगे। आपकी ही भांति अनेक व्यक्ति जीवन-भर केवल इस प्रकार के दुर्बल विचारों से घिरे रहने के कारण ही सफल नहीं हो पाते।

यदि कोई लड़की सुन्दर व स्वस्थ रहना चाहती है, तो उसके लिए सबसे पहली व आवश्यक बात यह होगी कि वह अपने मन से कुरूपता एवं अस्वास्थ्य सम्बन्धी विचारों को निकाल फेंके तथा उनके स्थान पर निरन्तर सुन्दरता एवं स्वास्थ्य के आदर्श को ध्यान में रखे और स्वयं को उन आदर्शों के अनुरूप ढालने का प्रयत्न करे। इस प्रकार निरन्तर सुन्दरता का ध्यान करने से, स्वास्थ्य का ध्यान करने से, वह अपने आदर्श के अनुकूल अपने को ढाल कर सुन्दर एवं

स्वस्थ बन सकती है, लेकिन यदि वह हर समय यही सोचती रहेगी कि वह तो कुरूप है, भद्दी है, अस्वस्थ या बदसूरत है, तो सौन्दर्य और स्वास्थ्य भी उससे हमेशा कोसों दूर ही रहेंगे।

यह बड़े दुभाग्य की बात है कि अनेक नवयुवक एवं नवयुवतियां हर समय अपनी दुर्बलता एवं अक्षमता का ही रोना रोते रहते हैं। उन्हें नहीं मालूम कि उनके इस प्रकार के हीन विचार उनकी सफलता व प्रसन्नता के लिए कितने घातक हैं। उन्हें चाहिए कि इस प्रकार के विचारों को अपने मन से सदा-सदा के लिए निकाल बाहर करें तथा निराशा के अन्धकार से बाहर निकलकर आशा के प्रकाश की ओर बढ़ें। निराशा का अन्धकार बड़ी विषाक्त दुर्गन्ध फैलाता है, जिसमें व्यक्ति का दम घुटकर रह जाता है। उसे छोड़ ही देना होगा। श्रेष्ठता, सुन्दरता एवं सफलता की चोटी पर चढ़ने का संकल्प कीजिये। जब तक आप यह न समझ लें कि असफलता का विचार एक बीमार विचार है, तब तक आप श्रेष्ठता के स्तर तक पहुंचने में समर्थ नहीं हो सकते। श्रेष्ठता के स्तर तक पहुंचने के लिए असफलतारूपी विचारों को छोड़ना ही होगा। अतः अभी निश्चय कीजिये कि आपको उन्नति करनी है तथा सफलता के सर्वोच्च शिखर पर पहुंचना है। इस प्रकार के विचार मन में आते ही आप स्वयं प्रयत्न करना आरम्भ कर देंगे और तब आपके सभी अंग-प्रत्यंग आत्मप्रेरित होकर अपने उद्देश्य को प्राप्त करने में जुट जायेंगे।

हीन भावनाओं का प्रभाव बड़ा घातक होता है। जो व्यक्ति हर समय ग़रीबी के विचारों में ही उलझा रहता है, वह कभी सम्पन्न नहीं बन सकता। जब उसके मन में यह विश्वास ही नहीं होता कि वह धनी अथवा सौभाग्यशाली है, तो वह कभी धन-सम्पत्ति अर्जित नहीं कर सकता, कभी सौभाग्यशाली नहीं बन सकता। जब तक किसी व्यक्ति के मन में ही धन-सम्पत्ति प्राप्त करने की ललक नहीं होगी, तब तक वह इस सम्बन्ध में कोई संघर्ष अथवा प्रयत्न नहीं करेगा। जब तक वह अपने मन में यही सोचता रहेगा कि धन-सम्पत्ति तो औरों के लिए है, तब तक वह कभी उन साधनों का प्रयोग नहीं कर सकता, जिनके द्वारा सिद्धि प्राप्त होती है। जब तक वह अपने मन के द्वारा खड़ी की गयी बाधाओं को दूर नहीं कर लेता, तब तक वह दूसरों के द्वारा खड़ी की गयी विघ्न-बाधाओं को किस प्रकार लांघ सकता है और कैसे उन्नति की ओर बढ़ सकता है? जिसके मन में ग़रीबी के विचार हों, जिसे हर ओर ग़रीबी ही दिखाई देती हो, जो सदा

ग़रीबी के ही सपने लेता हो तथा ग़रीब रहने के ही काम करता हो, यदि वह ग़रीब रहे, तो इसमें आश्चर्य क्या है?

अनेक व्यक्ति इसी प्रकार अकर्मण्यता की चादर में लिपटे बरसों पड़े रहते हैं। उन्हें यह विश्वास ही नहीं होता कि उनकी यह अकर्मण्यता उन्हीं के विचारों की देन है। उनका आत्मविश्वास डोल जाता है और उनकी समझ में नहीं आता कि वे क्या करें। वास्तव में, उनके विचार ऋणात्मक हो चुके होते हैं, जिसके कारण उनकी योग्यता उनसे दूर भाग जाती है और वे असफल रह जाते हैं। ऐसे व्यक्तियों को चाहिए कि वे अपने विचारों की ग़ुलामी के बन्धन को तोड़ दें, निराशा की ओर से अपना मुंह घुमा लें, जीवन में जो कुछ भी श्रेष्ठ और सुन्दर है, स्वस्थ है, उसे अपना आदर्श बनायें, अपने मनोबल को पुष्ट करके, अपनी कार्यकुशलता पर पूरी तरह विश्वास करके तथा ध्वंसात्मक, ऋणात्मक एवं नकारात्मक विचारों पर विजय प्राप्त करके निर्माणात्मक एवं सकारात्मक विचारों के द्वारा अपने आदर्श को प्राप्त करें।

***

बीसवां महामन्त्र
निश्चयरूपी रसायन का सेवन करें

यदि आप में पीछे बताये गये गुणों में से किसी गुण की कमी है, तो उस कमी को आप निश्चयरूपी रसायन के सेवन से दूर कर सकते हैं। अनेक व्यक्तियों के स्वभाव में कायरता होती है, परन्तु वे इसे अपने उत्साह और निश्चय से दूर कर सकते हैं।

यदि आप अपनी आत्मा के वास्तविक स्वरूप को ध्यान से देखें, तो आपको ज्ञात होगा कि वह पूर्ण रूप से निर्भय है तथा उत्साह से परिपूर्ण है। संसार में ऐसी कोई वस्तु नहीं, जो उसे हानि पहुंचा सके। कायरता को दूर करने के लिए आप इसी शक्ति को अपने मन में बसाइये और बार-बार इसका मनन कीजिये। यदि आप गम्भीरता से विचार करेंगे, तो आपको इस बात का पता लग जायेगा कि मनुष्य भय से क्यों डरता है। आगामी क्षण के विषय में उसका सन्देह ही उसके भय का कारण होता है। यदि इस सन्देह के विषय में विचार किया जाये, तो अपने ऊपर सन्देह करना उस महान् स्त्रष्टा की योजना पर अविश्वास करना होगा। यदि आप ध्यान से देखें और अपने इस भय पर विचार करें, तो आपको अपने पर हंसी आने लगेगी। इसलिए आवश्यक है कि आप उस परमेश्वर पर विश्वास करते हुए सन्देहात्मक वृत्तियों को अपने से सदा दूर ही रखें।

क्या आप इतने विशाल ब्रह्माण्ड की अनेकानेक वस्तुओं के विद्यमान होने से भी यह अनुमान नहीं लगा सकते कि इसका निर्माता अपरिमेय शक्ति का स्वामी है? यह किस प्रकार इस सारी सृष्टि को थामकर बैठा है और फिर मनुष्य तो उसकी सर्वश्रेष्ठ कृति है। यदि आप उस पर विश्वास करेंगे, तो आपका भय स्वयं समाप्त हो जायेगा।

यदि आपने इस शक्ति को पहचान लिया कि यह सृष्टि एक महान् योजना है और आप उस योजना के अनेक कार्य करने के लिए एक कार्यकर्ता हैं, तो आपको महान् प्रसन्नता होगी। यदि आप ऐसा विश्वास लेकर जीवन-पथ पर

आगे बढ़ेंगे, तो सफलता आपके चरण चूमेगी। उस समय आपको यह ज्ञात हो जायेगा कि आपकी योजना के विपरीत जो भय आपके मस्तिष्क में आया था, वह मिथ्या था, आपके दुर्बल मन की कल्पना था। सृष्टि के सम्बन्ध में सत्य का साक्षात्कार करने से भय दूर होता है और साहस व उत्साह का प्रादुर्भाव होता है, अत: जब भी आपके मन में भय का आगमन हो, तो आप इस मन्त्र का उच्चारण करें—मैं अमृतपुत्र हूं, भय एक मिथ्या भ्रम है, भय का कोई कारण नहीं है; क्योंकि परमात्मा की योजना के विरुद्ध इस सृष्टि में कुछ भी नहीं हो सकता। एक पत्ता भी नहीं हिल सकता। अत: भय कुछ भी नहीं है। एक मिथ्या भ्रम है, धोखा है, अवास्तविकता है।

वास्तव में, यदि देखा जाये, तो भय मूर्खता पर आश्रित होता है। व्यक्ति जब कभी भयभीत होता है, तो वह भूल जाता है कि इस ब्रह्माण्ड को रचने वाला, इसका पालन-पोषण और सञ्चालन करने वाला परमात्मा उसका रक्षक है। अत: अपने मन में इस सत्य को भली-भांति स्थापित कर लेना चाहिए कि भय अवास्तविक है।

इमर्सन ने इस सत्य को समझ लिया था, तभी तो उसने कहा था—"हमें निश्चय के द्वारा निरन्तर शक्ति प्राप्त करनी चाहिए।"

आप एक क्षण के लिए भी ऐसा कोई विचार अपने मन में न आने दें, जिसका आपके जीवनोद्देश्य से कोई मेल न हो। निराशा और विषमता के विचारों को अपने मन से धकेलकर बाहर निकाल दें। यदि आपके मन में आशा और विश्वासपूर्ण विचार विद्यमान हैं, तो निराशारूपी गन्दे विचार मन में प्रवेश कर नहीं सकते। सदा यही प्रयत्न करें कि आपके मन का छोटे-से-छोटा कोना भी क्षण-भर के लिए ख़ाली न रहे। उसमें निर्माण और उत्साह के विचार भरे रहें। मन को सदा सुन्दर और स्वस्थ विचारों से परिपूर्ण रखें। उसमें इस प्रकार के शुभ विचार भर दें कि अशुभ विचार उसमें प्रवेश ही न कर सकें। ऐसी स्थिति में वे स्वयं वापस लौट जायेंगे।

यदि कभी आपके मन में उत्साह को कम करने वाले विचार आने लगें, तो आप किन्हीं महापुरुषों का जीवन-चरित्र पढ़ना आरम्भ कर दें। इससे आपको विशेष लाभ होगा। उनके जीवन की घटनाओं को आप अपने मन में दोहरायें अथवा किसी महान् लेखक की ये पंक्तियां ही याद करना आरम्भ कर दें—"मैं अपनी दृष्टि और मनोवृत्तियां उस महान् स्रष्टा की विशालता की ओर केन्द्रित

करता हूं। ऐसा करने से मेरे मन में प्रकाश और उत्साह का समुद्र लहराने लगेगा। मेरे जीवन-संग्राम में आधी विजय तो मुझे मेरे दृढ़ एवं शिव संकल्प के द्वारा ही प्राप्त हो चुकी है। अब मुझे केवल शेष आधी विजय प्राप्त करने के लिए ही प्रयत्न करना है।"

व्यक्ति के मन में बड़े-बड़े स्वप्न होते हैं। आपके मन में भी अनेक स्वप्न होंगे। परमात्मा के महान् पुत्र होने के नाते ऐसा होना भी चाहिए, परन्तु उस महान् स्रष्टा ने यह जीवन उन सपनों को पूरा करने के लिए प्रदान किया है। यदि आप भी उन सपनों को पूरा करना चाहते हैं, तो घोर परिश्रम करें। इसके लिए आवश्यक है कि आपका मन पूर्ण स्वस्थ हो और मन को स्वस्थ रखने के लिए आपको परमात्मा की अपरिमेय शक्ति का ध्यान करना होगा। यह दोहराते रहना होगा कि जीवन का प्रभात हो चुका है, अत: उठो, आज ही योजना बनाओ और अपने कर्तव्य-पथ पर बढ़ चलो। रास्ता सब के लिए खुला हुआ है। जो भी अपने दृढ़विश्वास के साथ उस पर चल पड़ते हैं, वे एक-न-एक दिन अपने लक्ष्य को प्राप्त कर ही लेते हैं, परन्तु जो निरुत्साहित होकर पड़े रहते हैं, वे सदा रोते-कलपते रहते हैं।

***

इक्कीसवां महामन्त्र
आत्मविश्वास का प्रभाव

कार्लाइल ने लिखा है—"आप अपने विचारों द्वारा ही अपने भाग्य पर विजय प्राप्त करते हैं। यदि आप यह समझ लें कि व्यक्ति अथवा संगठनों के भाग्य-निर्माण में विचार ही एकमात्र कारण होते हैं, तो आपको हाथ में तलवार लेने की आवश्यकता नहीं पड़ेगी। जैसे आपके विचार होंगे, निश्चित रूप से परिणाम भी उन्हीं के अनुरूप होंगे।"

सफलता केवल इसी बात पर आश्रित नहीं होती कि आप में कितना उत्साह और कितना आत्मविश्वास है या दूसरे व्यक्ति आप पर कितना विश्वास करते हैं। सफलता के प्रमुख कारणों में यह भी एक कारण है, परन्तु दूसरे आप पर तभी विश्वास करेंगे, जब आप में आत्मविश्वास होगा। दूसरों का आप पर विश्वास करना आपके आत्मविश्वास का ही प्रतिबिम्ब है। यह आपके व्यक्तित्व का ही प्रभाव है, अर्थात् अपने मन की प्रवृत्तियों द्वारा ही आप दूसरों का विश्वास प्राप्त करने में सफल हो सकते हैं।

किसी कार्य को उत्साहपूर्वक करने की आपकी दृढ़इच्छाशक्ति का प्रभाव संक्रामक होता है, जिसका प्रभाव दूसरों पर अवश्य पड़ता है। आपके सम्पर्क में आने वाले उन लोगों पर उसका प्रभाव अवश्य ही पड़ता है, जिन पर आप किसी प्रकार का अधिकार जताना चाहते हों या जिन्हें आप प्रभावित करना चाहते हों।

यदि आपने अपने व्यक्तित्व को आत्मविश्वास के वातावरण में पूरी तरह घेर रखा है, तो इस बात का दूसरे लोगों पर जादू का-सा असर होता है। यदि आप इस बात को पूर्णतया अपनाने का अभ्यास कर लें, तो आपको स्वयं पता चल जायेगा कि दूसरे भी उससे बहुत जल्दी प्रभावित होते हैं। इसके साथ ही आप जिस कार्य को भी अपने हाथ में लेंगे, दूसरों को विश्वास हो जायेगा कि वह कार्य आप अवश्य ही पूरा कर लेंगे। इसी एक गुण के द्वारा मनुष्य को स्थायी प्रतिष्ठा प्राप्त होती है।

जो व्यक्ति हाथ में लिये हुए कार्य को पूरा करने की अपनी योग्यता में पूर्ण श्रद्धा और विश्वास रखते हैं, उनका चरित्र उच्च, दृढ़ और सृजनात्मक गुणों से युक्त होता है। जब आपको यह विश्वास हो जाता है कि यह आपका-अपना अधिकृत क्षेत्र है, तो इस आत्मविश्वास का दूसरों पर भी प्रभाव पड़ता है। आपमें आत्मविश्वास होगा, तो आपकी बातों से वह अवश्य टपकेगा। तब अन्य व्यक्ति स्वयं समझ जायेंगे कि आप में सफल होने की शक्ति और गुण हैं। यदि उस समय आपके बारे में दूसरों के मन में कोई सन्देह होगा, तो वह भी दब जायेगा। आपका दृढ़निश्चय अन्य व्यक्तियों के मन में आपके विश्वास की प्रेरणा भरता है।

प्राय: लोग उसी व्यक्ति पर विश्वास करते हैं, जिसका कोई कार्यक्रम होता है, जिसे यह पता होता है कि उसकी क्या इच्छा है, जो अस्थिर और चञ्चल नहीं होता तथा जो कुछ काम करके दिखाता है। उसे ऐसा प्रतीत होता है कि संसार की प्रत्येक वस्तु उसका साथ दे रही है। तब सभी व्यक्ति ऐसे आत्मविश्वासपूर्ण व्यक्ति का साथ देने को तैयार हो जाते हैं और उसके सहायक बन जाते हैं। जो बातें आत्मविश्वासविहीन व्यक्ति को कमज़ोर करती हैं, वही बातें आस्थावान् एवं आत्मविश्वासपूर्ण व्यक्ति को बल प्रदान करती हैं।

संसार का यह नियम है कि लोग उदय होते सूर्य को ही अर्घ्य देते हैं। इसी प्रकार जो व्यक्ति ऊंचा उठ रहा होता है, सारा संसार अपने आप उसकी सहायता करने लगता है, उसकी जय-जयकार के नारे लगाता है, परन्तु नीचे गिरने वाले व्यक्ति को ठोकरें खानी पड़ती हैं। जिस व्यक्ति को अपने ऊपर विश्वास नहीं, उस पर दुनिया कैसे विश्वास कर लेगी ? संसार ऐसे व्यक्ति की ही प्रशंसा करता है, जो अपने-आप पर विश्वास रखता है। ऐसे व्यक्ति का कितना ही मज़ाक उड़ाया जाये, उसके विरोध में कितना ही लिखा जाये, उसके सम्बन्ध में कितनी ही बेतुकी बातें बनायी जायें, उसे गिराया नहीं जा सकता। वह निर्धनता से निरुत्साहित नहीं होता, दुर्भाग्य उसे हिला नहीं सकता, कठिनाइयां उसे अपने मार्ग से विचलित नहीं कर सकतीं। जिस व्यक्ति के मुख पर दृढ़निश्चय झलकता है और लौह के समान जिसकी इच्छाशक्ति दृढ़ होती है, वह आधी लड़ाई तो काम आरम्भ करने से पहले ही जीत लेता है।

मैं एक ऐसे व्यक्ति को जानता हूं, जो जिस कार्य को भी हाथ में लेता है, उसे बड़े अच्छे ढंग से पूरा कर दिखाता है। वह कभी हिचकिचाता नहीं और उसे अपनी योग्यता पर कभी सन्देह नहीं होता। कभी-कभी ऐसा प्रतीत होता है कि

उसका आत्मविश्वास अहंकार की सीमा तक पहुंच गया है और लोग उससे विरक्त होने लगते हैं, परन्तु कुछ ही समय पश्चात् उन्हें उसके सम्मुख अपनी पराजय स्वीकार करनी पड़ती है। इसके विपरीत मैं कुछ ऐसे व्यक्तियों को भी जानता हूं, जो पूर्णतया शिक्षित हैं, उनके विचार सशक्त हैं, जो ख़ूब सोचते-विचारते भी हैं, परन्तु जब उनके सामने कोई कार्य आता है, तो वे संशय में पड़ जाते हैं और यह सोचने लगते हैं कि उन्हें उस कार्य को करने से हानि होगी या लाभ। वे कोई निश्चय नहीं कर पाते और नाना प्रकार के सन्देहों में पड़े रहते हैं, जबकि उतनी ही देर में दृढ़आत्मविश्वासी व्यक्ति उस कार्य को पूर्ण कर दिखाता है और अपने विरोधियों को मजबूर कर देता है कि वे उसे योग्य समझें और उसका विश्वास करें।

भले ही किसी व्यक्ति में साधारण योग्यता हो, परन्तु यदि उसमें आक्रामक ढंग का दृढ़आत्मविश्वास हो, तो वह विशिष्ट व्यक्ति बन सकता है। इसके विपरीत दूसरा असाधारण योग्यता वाला व्यक्ति, जो डरपोक और हिचकिचाने वाला हो तथा जिसमें आत्मविश्वास की कमी हो, कभी सफल नहीं हो सकता। एक अध्यापक, जिसका ज्ञान और विद्वत्ता भले ही सामान्य हो, परन्तु जिसका आत्मविश्वास दृढ़ हो, उस अध्यापक से अधिक सफल होगा, जो भले ही अधिक विद्वान् हो, परन्तु जिसमें आत्मविश्वास की कमी है। अध्यापक की यह बात आदर्श की दृष्टि से भले ही न्यायसंगत न हो, परन्तु संसार में यही होता आया है। इसका प्रतिकार यही है कि बुद्धिमान् और योग्य व्यक्तियों को चाहिए कि वे अपने भीतर आत्मविश्वास की जोत जगाये रखें।

आपका प्रत्येक कार्य और व्यापार इस बात पर निर्भर करता है कि दूसरे यह समझें और उन्हें यह विश्वास हो कि आप योजनाओं को पूर्णता तक पहुंचा देंगे, आप अच्छा उत्पादन कर सकेंगे, आप कार्यकर्ताओं को अनुशासन में रख सकते हैं और आप कोई भी ऐसा कार्य बख़ूबी कर सकते हैं, जिसे मालिक चाहता है।

यदि आप विचार करें, तो जान जायेंगे कि जीवन बहुत छोटा है और व्यक्ति इतना व्यस्त है कि उसके पास इतना समय ही नहीं कि वह यह जांच करता रहे कि अमुक व्यक्ति उस कार्य को कर सकता है या नहीं, जिसे पूर्ण करने का दावा वह करता है। प्राय: यही होता है कि व्यक्ति जो कुछ कहता है, उसे स्वीकार कर लिया जाता है। उसके बाद वह उस विश्वास को बनाये रखे या खो दे। यह बात

बिल्कुल उसी तरह है, जैसे कोई व्यक्ति काला कोट और काली टाई लगाकर चले और लोग उसे वकील समझते रहें, जब तक कि वह स्वयं इससे इनकार न कर दे। इसी प्रकार डॉक्टर को रोगी के सामने यह सिद्ध करने की आवश्यकता नहीं होती कि उसने चिकित्सा सम्बन्धी पाठ्यक्रम पढ़ा है और उससे सम्बन्धित परीक्षाएं पास की हैं।

ध्यान देने योग्य बात यह है कि अयोग्यता को स्वीकार करना और मामूली से सन्देह को भी स्थान देना, असफलता को निमन्त्रण देना है। आपका मार्ग कितना भी कण्टकाकीर्ण क्यों न हो, दूसरों के मन में आपके प्रति जो विश्वास होता है, उसे नष्ट करने में आपके मन का सन्देह और संशयात्मक वृत्तियां ही कारण बनती हैं। इस सन्देह को आपके सम्पर्क में आने वाले व्यक्ति बहुत शीघ्र अनुभव कर लेते हैं। अनेक व्यक्तियों के असफल होने का कारण यही होता है कि वे अपनी पराजित मनोवृत्ति सब जगह प्रकट करते रहते हैं।

यदि आप किसी संस्थान के मालिक हैं, तो आपको अपने कार्यकर्ताओं पर यह प्रकट करना चाहिए कि आपने विजेता के रूप में कार्य प्रारम्भ किया था और आप अपने आत्मविश्वास के द्वारा इस कार्य को सफलता के चरमोत्कर्ष तक पहुंचा कर ही दम लेंगे। यदि आप अपने संस्थान के कर्मचारियों के सामने थके-हारे और टूटे हुए व्यक्ति का आदर्श प्रस्तुत करेंगे, तो आपके संस्थान में सन्देह और निराशा का वातावरण छा जायेगा। आपके कर्मचारी आपकी भाव-भंगिमा और व्यवहार से ही यह अनुमान लगा लेते हैं कि आप एक सफल व्यक्ति हैं या असफल व्यक्ति।

अपना आत्मविश्वास दूसरों पर प्रकट करने के लिए यह आवश्यक है कि आप अपने-आप में दृढ़ हों, आप में स्वाग्रह हो। किसी सेल्समैन के लिए तो यह बहुत ही आवश्यक है। व्यापारी, सेल्समैन या किसी स्टोर के मालिक को इस प्रकार के आत्मविश्वास का विकास करना होता है, ताकि वह अपने ग्राहकों पर तुरन्त अपनी सम्मोहन शक्ति का प्रभाव डाल सके। अधिकांश ग्राहक अनिश्चय की स्थिति में होते हैं। सेल्समैन ही उनके अनिश्चय को हटाकर उन्हें एक-आध चीज़ ख़रीदने के लिए बाध्य कर देता है। वह अपने अत्मविश्वास के द्वारा ग्राहक को यह अनुभव करा देता है कि उसे वही वस्तु ख़रीदनी है, जिसे सेल्समैन ने पैक करना आरम्भ कर दिया है। वस्तुतः यह सेल्समैन की दक्षता का ही एक अंग है, परन्तु जब तक उसके व्यवहार में दृढ़ता, निश्चय और आत्मविश्वास नहीं

होगा, तब तक ये बातें ग्राहक को आकृष्ट नहीं कर सकतीं। यदि ग्राहक को सेल्समैन पर अविश्वास हो जाये, तो वह ख़रीदने के अपने निश्चय को तुरन्त स्थगित कर देता है।

आत्मविश्वास से युक्त मानसिक प्रवृत्तियों को दूसरों तक पहुंचाने की सबसे अधिक आवश्यकता अध्यापकों को होती है। एक स्थिर स्वभाव वाला अध्यापक अव्यवस्थित छात्रों से भी अच्छा कार्य ले सकता है। बच्चों और युवकों के मन को शीघ्र प्रभावित किया जा सकता है, परन्तु ऐसा तब होता है, जब उन्हें यह विश्वास हो कि अध्यापक उनमें रुचि ले रहा है। उन्हें यह समझ में आना चाहिए कि अध्यापक उनकी सहायता करना चाहता है; क्योंकि स्वार्थ और सहानुभूति से रहित स्वभाव वाले अध्यापकों को उनके छात्र तुरन्त पहचान लेते हैं।

***